Georg Lukács
Sein Leben in Bildern, Selbstzeugnissen und Dokumenten

Georg Lukács

Sein Leben in Bildern, Selbstzeugnissen und Dokumenten

Zusammengestellt von Éva Fekete und Éva Karádi

Corvina Kiadó, Budapest · 1981

Originaltitel: Lukács György élete képekben
és dokumentumokban
Corvina Kiadó, Budapest 1980

Deutsch von Miklós Pogány

Gestaltung von Gabriella Szvoboda

Fotos von Mátyás Bencseki, János Szerencsés,
Ferenc Szvoboda

© Éva Fekete und Éva Karádi, 1980, 1981
ISBN 963 13 0774 3

In Gemeinschaft mit J. B. Metzlersche
Verlagsbuchhandlung und Carl Ernst Poeschel Verlag
GmbH in Stuttgart

Printed in Hungary 1980, 1981
Druckerei Kner, Gyoma

Danksagung

für die bei der Zusammenstellung dieses Bandes geleistete Hilfe
den Familienmitgliedern: Maria Popper-Lukács, Anna Jánossy, Ferenc Jánossy;
den Freunden und ihren Kindern: Charles de Tolnay, Michail Lifschitz, András Benedek, Eva Zeisel-Striker, Eva Carocci-Vedres, Sándor Varga, Marina Ussijewitsch, Zoltán Zalai;
und den Mitarbeitern folgender Institute: Magyar Tudományos Akadémia Filozófiai Intézete, Lukács Archívum és Könyvtára (LA; Lukács-Archiv des Philosophischen Instituts der Ungarischen Akademie der Wissenschaften), Magyar Munkásmozgalmi Múzeum (MMM; Museum für Ungarische Arbeiterbewegung), Petőfi Irodalmi Múzeum (IM; Literaturmuseum „Petőfi"), Magyar Távirati Iroda Képszolgálata (MTI; Bilderdienst des Ungarischen Nachrichtenbüros), Párttörténeti Intézet (PTI; Institut für Parteigeschichte), Magyar Tudományos Akadémia Könyvtára és Kézirattára (MTA; Manuskriptarchiv der Bibliothek der Ungarischen Akademie der Wissenschaften), Magyar Nemzeti Galéria (MNG; Ungarische Nationalgalerie), Magyar Fotóművész Szövetség (MFSZ; Verband Ungarischer Fotokünstler), Országos Levéltár (OL; Ungarisches Landesarchiv), Budapesti Történeti Múzeum (BTM; Budapester Historisches Museum), Hadtörténeti Múzeum (HTM; Museum für Kriegsgeschichte), Filmtudományi Intézet Archívuma (FA; Archiv des Instituts für Filmwissenschaft), Népszabadság Archívuma (NA; Archiv der Zeitung *Népszabadság*), Kossuth Kiadó Archívuma (KA; Archiv des Kossuth-Verlags), Országos Széchényi Könyvtár (OSZK; Nationalbibliothek Széchényi), Fővárosi Szabó Ervin Könyvtár (FSZEK; Hauptstädtische Bibliothek Ervin Szabó), Egyetemi Könyvtár (EK; Universitätsbibliothek, Budapest), Országgyűlési Könyvtár (OGYK; Parlamentsbibliothek, Budapest).
Die Zitate entnahmen wir teilweise den deutschsprachigen Lukács-Werken mit der freundlichen Genehmigung des Luchterhand Verlages, Neuwied.

„Es ist eine allgemeinbekannte Tatsache, daß ich aus einer kapitalistischen Familie des wohlhabenden bürgerlichen Budapester Bezirks Lipótváros stamme. Ohne den Leser mit biographischen Angaben zu belasten, deute ich nur kurz darauf hin, daß ich seit meiner Kindheit mit der Art der Lebensführung im damaligen Lipótváros zutiefst unzufrieden war. Da wir jedoch durch die Wirtschaftstätigkeit meines Vaters mit den Vertretern des städtischen Patriziertums und der Beamten-Gentry in ständigem Kontakt standen, dehnte sich diese abweisende Einstellung von selbst auch auf diese aus. So herrschten in mir schon sehr früh heftige Oppositionsgefühle gegenüber dem gesamten offiziellen Ungarn. Entsprechend meinem damaligen unreifen Niveau, erstreckte sich diese Opposition in gleicher Weise auf alle Lebensbereiche, von der Politik bis zur Literatur, und kam in mir offenbar in einer Art ‚grünem' Sozialismus zum Ausdruck. Da mir davon keinerlei schriftliches Dokument erhalten geblieben ist, hege ich natürlich gewisse Zweifel, ob ich diese Entwicklungstendenz nicht im nachhinein stilisiere. Marcell Benedek, mit dem ich mich mit etwa fünfzehn Jahren befreundete, verzeichnete in seinem Tagebuch die auf Grund unseres Zusammentreffens erhaltenen Eindrücke, und wenn er auch vielleicht unter dem Einfluß der Überraschung die Wohlfundiertheit meines damaligen Standpunktes überschätzt, so berührt er offensichtlich doch das Wesen: die leidenschaftliche Ablehnung des damaligen ungarischen Systems."
(György Lukács: *Magyar irodalom — magyar kultúra*. Válogatott tanulmányok. Előszó [Ungarische Literatur — ungarische Kultur. Ausgewählte Aufsätze. Vorwort]. Budapest 1969, S. 5. Im weiteren: Lukács: *Magyar irodalom…*)

Andrássystraße, charakteristische Radialstraße der sich zu Ende des vergangenen Jahrhunderts rasch entwickelnden ungarischen Hauptstadt. (MTI)

Hier, im Hause der heutigen Népköztársaság útja 52, wurde am 13. April 1885 Georg Lukács geboren. (Foto: Demeter Balla)

Der Vater von Georg Lukács. (Gemälde von Károly Ferenczy)
József Lukács (1853–1928) wurde mit 24 Jahren Direktor der Englisch-Österreichischen Bank. Er war ein aus eigener Kraft aufgestiegener, kulturliebender gebildeter Großbürger, der aus Achtung vor dem echten Talent die jungen Künstler und Wissenschaftler förderte.

„Was ich gegen meine Mutter führte, war eine Art Partisanenkrieg, meine Mutter war nämlich streng zu uns. Zu den Strafen gehörte, daß sie uns so lange in eine dunkle Kammer im Haus sperrte, bis wir um Verzeihung baten. Ich machte in dieser Frage eine scharfe Differenz. Wenn es morgens um zehn Uhr passierte, so bat ich um zehn Uhr fünf um Verzeihung, und alles war in Ordnung. Mein Vater kam stets um halb zwei nach Hause. Bei seiner Ankunft wollte meine Mutter keine gespannte Lage im Hause haben. Wenn sie mich also nach ein Uhr einsperrte, hätte ich um nichts in der Welt um Verzeihung gebeten, da ich wußte, daß sie mich fünf Minuten vor halb zwei auch ohne Abbitte hinauslassen würde."
(Interview von Erzsébet Vezér und István Eörsi mit Georg Lukács vom 27. 3. 1971. Der volle Text des Interviews liegt im Lukács-Archiv des Philosophischen Instituts der Ungarischen Akademie der Wissenschaften vor. Im weiteren: Vezér-Eörsi-Interviews, LA.)

Georg Lukács im Jahre 1896. (LA)　　　　　　　　　　Seine jüngere Schwester Mici (Maria). (LA)

„Mein Bruder war ein Jahr älter als ich. Er lernte lesen. Das interessierte mich sehr. Ich setzte mich am Tisch meinem Bruder gegenüber und lernte lesen, verkehrt herum. Ich erlernte es früher als mein Bruder, aber nur im verkehrt herum gehaltenen Buch, und da verbot man es mir, und nach über einem Jahr erlaubte man mir, normal lesen zu lernen." (A. a. O.)

Sein älterer Bruder János. (LA)

Adele Wertheimer, die Mutter von Georg Lukács, war eine gebürtige Österreicherin und sprach mit ihren Kindern deutsch; eine im damaligen Gesellschaftsleben bewanderte, als klug geltende Frau, deren konventionelle Anschauung die Atmosphäre im Hause Lukács lange Zeit hindurch beherrschte. (LA)

Der Deákplatz am Ende des vergangenen Jahrhunderts. ▷
In diesen Platz mündet die Sütőstraße ein, in der Lukács zur Schule ging. (BTM)

"Meine ersten literarischen Lektüreerinnerungen stammen aus meinem neunten Lebensjahr, damals las ich die ungarische Prosaübersetzung der *Ilias,* die einen riesigen Eindruck auf mich machte, denn ich war für Hektor und nicht für Achilles. Dazu kam damals noch *Der letzte der Mohikaner.* Das hatte nämlich deshalb eine riesige Bedeutung, weil mein Vater ein sehr anständiger, ordentlicher Mensch war, als Bankdirektor vertrat er aber selbstverständlich die Weltanschauung, daß der Erfolg das Kriterium für das richtige Handeln bildet. Nun, ich habe aus diesen beiden Büchern gelernt, daß nicht der Erfolg das Hauptkriterium ist. Man kann auch dann richtig handeln, wenn die Sache nicht von Erfolg gekrönt wird…" (A. a. O.)

Das Schulgebäude in der Sütőstraße heute. (Foto: Demeter Balla)

Lukács' Zeugnis aus der ersten Mittelschulklasse. (LA)

„Da im damaligen Lipótváros das Evangelische Gymnasium als wirklich vornehm galt, ließen mich meine Eltern diese Schule besuchen... Mehrere der führenden Persönlichkeiten des ungarischen literarischen Konservativismus unterrichteten mich an dieser Mittelschule... Meine Versuche, mich geistig von der intellektuellen Sklaverei des offiziellen Ungarn zu befreien, erhielten den Akzent einer Verherrlichung des internationalen Modernismus gegenüber dem als beschränkt konservativ eingeschätzten Ungarn, das ich unter diesen Umständen weitgehend mit der gesamten damaligen offiziellen Welt identifizierte. Dieser Oppositionsgeist kam zuerst in meinen Schulaufsätzen zum Ausdruck, die bei den Lehrern heftige Entrüstung auslösten." (Lukács: *Magyar irodalom...* S. 6.)

Auszug aus dem Protokoll des Selbstbildungsvereins des Gymnasiums: „...Schüler Lukács (VIII. Kl.) liest seinen Aufsatz ‚Hebbels Wirkung auf die Dramenliteratur' vor. ... Der Aufsatz, der die Auffassung, die ästhetischen und lyrischen Werke Hebbels, ihre Wirkung auf Ibsen und Hauptmann, ferner die Tragikomödie behandelt, wird vom Schüler Hammerschlag (VIII. Kl.) kritisiert. Der Opponent beurteilt den Aufsatz trotz einiger geringerer Fehler als sehr gut und empfiehlt ihn zur Eintragung in das Verdienstbuch. István Rakovszky hält den Aufsatz ebenfalls für sehr gut, er bemängelt nur die Themenwahl... und empfiehlt überhaupt keine Verdienstnote." (LA)

„Mein Vater besaß als typisch liberaler Leser der Wiener Zeitung *Neue Freie Presse* zufällig in der Familienbibliothek das Buch *Entartung* von Max Nordau. Ich las es und ersah daraus, was für niederträchtige Dekadenzler Ibsen, Tolstoi, Baudelaire, Swinburne usw. waren. Zum Glück zitierte Nordau die Gedichte von Baudelaire, Swinburne und anderen im Wortlaut, und diese rissen mich ganz mit, und selbstverständlich akzeptierte ich sofort Tolstoi und Ibsen, die zu Hause verpönt waren. Ich beschaffte mir ihre Werke in Heftausgaben und gelangte auf diese Weise mit 15 Jahren zu einem damaligen extremistischen, westlichen, modernen Standpunkt; und wie alle jungen Leute, träumte auch ich davon, solche Dramen wie die von Ibsen oder Hauptmann zu schreiben."
(*Emlékezések* [Erinnerungen]. Hg. Erzsébet Vezér. Petőfi Irodalmi Múzeum, Budapest 1967, S. 17. — Im weiteren: *Emlékezések*.)

Die Wohnung der Familie Lukács in der Budapester Benczúrstraße. (Foto: Demeter Balla)

Bildnis des berühmten Cellisten Dávid Popper (1846–1913) mit einer Widmung an seine Schülerin Mici Lukács. (LA)

„Da Dávid Popper meine Schwester im Cellospiel unterrichtete, besuchte uns die Familie Popper ständig. Bei diesen Besuchen entstand die Freundschaft zwischen mir und Leó, und zwar auf eine Art – das muß man wirklich so sagen –, daß sie meinerseits eine Achtung und Ergebenheit gegenüber seinem Gefühl für Qualität war, denn dieses war bei mir, besonders zu jener Zeit, sehr wenig entwickelt. Seither habe ich viele Erfahrungen gesammelt, vielerlei ist dazwischengekommen, doch daß in der Kunst das Gefühl für Qualität das wichtigste Problem ist, habe ich hier gelernt."
(Vezér-Eörsi-Interviews vom 8. 5. 1971, LA.)

„Leó Popper, geboren 1886 in Budapest, war der Sohn des berühmten Cellisten und Professors an der Musikakademie in Budapest, Dávid Popper. Aufgewachsen in einer künstlerischen Umgebung, musikalisch begabt, war er Zeichner, Maler und Komponist." (LA)
(Charles de Tolnay: „Megjegyzések egy elfelejtett művészeti kritikusról" [Bemerkungen über einen vergessenen Kunstkritiker]. In: *Acta Historiae Artium*, 1971/1–2.)

Über seine als Gymnasiast in der Manier Ibsens und Hauptmanns geschriebenen Dramen sagte Lukács nachträglich: „Gott sei Dank blieb von ihnen nichts erhalten, sie waren bestimmt entsetzlich schlecht. Mit etwa 18 Jahren verbrannte ich alle meine Manuskripte, und von da an hatte ich ein geheimes Kriterium für die Wirkung der Literatur, nämlich: Was auch ich verfassen könnte, ist schlecht. Literatur beginnt dort, wo ich fühle, daß ich das nicht schreiben könnte."
(*Emlékezések*, S. 17.)

Elek Benedek (1859–1929), Schriftsteller, Vater von Marcell Benedek. Begründer der ungarischen Kinderliteratur, geistiger Führer der Pädagogen. **(MMM)**

Marcell Benedek (1886–1969), der spätere Schriftsteller, Lukács' Jugendfreund (Eigentum von András Benedek)

Marcell Benedek schreibt über dieses Zusammentreffen: „Seltsam, daß ich, der Sohn eines armen, von Bauersleuten stammenden Schriftstellers, der in Baczon mit Häuslerkindern spielte, vom Sohn des Generaldirektors der Englisch-Österreichischen Bank erfahre, daß es auf der Welt auch eine soziale Frage gibt, daß in Ungarn drei Millionen Agrarproletarier unter jämmerlichen Bedingungen leben und daß die soziale Frage nicht nur von gewissen ‚herzlosen Aufwieglern' auf der Tagesordnung gehalten wird."
(Marcell Benedek: *Naplómat olvasom* [Beim Lesen meines Tagebuches]. Budapest 1965, S. 76–77.)

„Meine Schwester ist mit Marcell Benedeks Schwester in eine Schule gegangen, und als sie uns einmal besuchten, lernte ich auch Marcell Benedek kennen. Diese Freundschaft förderte meine literarische Tätigkeit in außerordentlichem Maße, und dabei spielte eine nicht einmal rein literarische, sondern eher literaturethische Wirkung eine Rolle, die Elek Benedeks Person auf mich ausübte. Ich muß hinzufügen, daß ich mit Elek Benedek als Schriftsteller nie etwas zu tun hatte, auch damals nicht. Aber im Gegensatz zu dem Milieu, in dem ich lebte und in dem sozusagen das einzige Kriterium der menschlichen Werte in dem durch Kompromisse und sogar durch viel üblere Dinge erreichten Erfolg bestand, trat Elek Benedek auf seine puritanische Art immer für seine eigene Wahrheit ein. Ich kann sagen, daß es mich weder damals noch später interessierte, worum es bei dieser Wahrheit ging. Aber diese Tatsache an sich, diese Tatsache seines Eintretens, bewirkte, daß Elek Benedek als moralische Persönlichkeit zu den dauerhaftesten Einflüssen meiner Jugend gehörte."
(*Emlékezések*, S. 17.)

Georg Lukács als Gymnasiast, zur Zeit des Erscheinens seiner ersten Schriften. (LA)

Das in der Redaktion von Elek Benedek erscheinende Blatt *Magyarság* publizierte 1902 die ersten Artikel von Lukács. (OSZK)

Sándor Bródy (1863—1924), Schriftsteller, einer der Schöpfer der ungarischen naturalistischen Prosa. (IM)

„Der impressionistische Stil Alfred Kerrs machte einen großen Eindruck auf mich, und als Primaner verschaffte ich mir durch Familienbeziehungen einen Auftrag als Theaterkritiker bei der sehr wenig verbreiteten Zeitschrift *Magyar Szalon*... Das hatte wiederum in meiner literarischen Entwicklung die weitere Konsequenz, daß ich mit jugendlicher Unverschämtheit – im Alter von 18 Jahren – gegen die gesamte ungarische Kritik war. Im Budapester Nationaltheater nahm man damals den Zyklus ‚Königsidylle' von Sándor Bródy vor, der vollständig durchfiel; Sándor Bródy wurde als unpatriotisch gebrandmarkt, und man behauptete, er verfälsche die ungarische Geschichte. Mir jedoch gefielen diese Stücke sehr, und ich führte, im Gegensatz zur Kritik, meine Begeisterung sehr aufrichtig aus. Das hatte zur Folge, daß Sándor Bródy über einen gemeinsamen

Zu Lukács' ersten Publikationen gehören die 1902 in der Zeitschrift *Magyar Szalon* erschienenen Theaterkritiken. (OSZK)

Bekannten ein Zusammentreffen mit mir suchte; ich glaube, er war enttäuscht, als er in dem ihn als einziger lobenden Kritiker einen Gymnasiasten kennenlernte... Bródy unterdrückte seine Enttäuschung und sagte, ich solle mich bei der Zeitschrift *Jövendő* melden, die er zu dieser Zeit plante. Das tat ich auch, und in der *Jövendő* erschien im gleichen Alfred-Kerr-Stil ein Aufsatz von mir über Hauptmann und ein anderer über Hermann Bang. Eigentlich war das der Beginn meiner literarischen Laufbahn, die jedoch sehr bald abbrach, da ich mich mit Bródy verzankte. Er wollte von mir nämlich einen großen Aufsatz über das Buch *Leonardo da Vinci* von Mereschkowski, für das er sich sehr begeisterte, mir war jedoch dieses Buch zuwider. In der Jugend ist man nicht sehr diplomatisch. Wir zerstritten uns, und ich verließ die *Jövendő*."
(A. a. O.)

Ibsen (IM). Als Belohnung für seine erfolgreiche Reifeprüfung machte Lukács im Sommer 1902 eine Reise nach Skandinavien, als deren Höhepunkt er Ibsen aufsuchen durfte. Dazu gratulierte ihm Marcell Benedek brieflich:
„Zum Treffen mit Ibsen – unter ‚gelungen' kann ich nur das verstehen – beglückwünsche ich Dich von Herzen. Ich bitte Wort für Wort um Euer Gespräch – Du weißt es gewiß auswendig –, und zwar nach Möglichkeit in der Originalsprache..."
(Brief von Marcell Benedek an Lukács vom 20. 8. 1902, LA.)

József Bánóczi (1849—1926), Vater von László Bánóczi, Literaturhistoriker, schrieb auch philosophische Artikel und Aufsätze; übersetzte gemeinsam mit Bernát Alexander Kants *Kritik der reinen Vernunft* ins Ungarische. (MTA)

László Bánóczi (1884—1945), Studienkollege und Freund von Lukács. (MSZI) Später Theaterregisseur, zwischen den beiden Weltkriegen eine führende Gestalt der hauptstädtischen Organisation der Sozialdemokratischen Partei Ungarns. Während seiner Universitätsjahre war seine Freundschaft für Lukács am wichtigsten.

„Du weißt, wie sehr ich früher Menschen und menschliche Beziehungen brauchte. Letzten Endes gab es drei, die das Zentrum berührten: Laci, Irma und Du."
(Brief von Georg Lukács an Leó Popper, um den 20. 11. 1910, LA.)

Marcell Benedek und seine Universitätskollegen, die unter anderen die „Thália" unterstützten. (Eigentum von András Benedek.)

„Auf der Universität machte ich die Bekanntschaft von László Bánóczi, und wieder folgte eine Wende allgemeiner Natur, wie sie früher auf moralischem Gebiet durch Elek Benedek ausgelöst worden war. Jetzt wirkte das Bánóczi-Milieu auf mich. Ich suchte meinen eigenen Weg, war aber nicht nur als Schriftsteller miserabel, sondern auch als Kritiker ein reiner Dilettant. Jetzt lernte ich in der Familie Bánóczi, wie man sich nicht mechanisch, sondern wissenschaftlich und ernst mit Theorie und Geschichte beschäftigen muß. József Bánóczi war ein resignierter, feiner alter Herr, kein großes Talent, aber ein intelligenter Mensch, der jeden Dilettantismus mit einer epikuräischen Ironie à la Anatole France behandelte, und ich gewahrte, daß einesteils – wie gesagt – meine ganze Literatur nichts taugte und andernteils dieser ganze Kerrsche Impressionismus nur großspuriges Zeug war. Ich ging vor allem darum nicht zu Bródy zurück, weil ich beschloß zu lernen."
(A. a. O.)

Lukács und Bánóczi – in der Gesellschaft von Mici (rechts) und ihrer Freundin Rózsi Hochstätter zur Zeit der Organisierung der Gesellschaft „Thália". (LA)

Unterschrift der Tischgesellschaft der „Thália", in der Mitte die Unterschrift des „Schauspielerfürsten" Imre Pethes. (OSZK)

„Statuten der Künstlergesellschaft ‚Thália' "

„Abends pflegten wir gemeinsam das Café Baross zu besuchen, wo immer Pethes obenan saß, den wir ‚den Fürsten' nannten und in allen Theaterfragen als höchste Autorität betrachteten."
(*Emlékezések*, S. 18.)

„Im Herbst 1903 brachte Georg Lukács den Plan der Gründung einer modernen Bühne vor, die seiner damaligen Vorstellung gemäß dem Muster des Dramatischen Vereins in Wien entsprechen sollte. Mit László Bánóczi beschäftigten wir uns zu dritt mit diesem Plan, der voraussichtlich das Los der übrigen Studentenpläne geteilt hätte, wären wir nicht mit Sándor Hevesi, dem jungen Regisseur des Nationaltheaters, in Kontakt gekommen, der uns zur Annahme seiner wesentlich ausgereifteren künstlerischen Vorstellungen veranlaßte und dessen schon damals gut klingender Name uns eine Möglichkeit gab, auf gesellschaftlicher Basis, durch die Gründung eines Vereins, den bescheidenen materiellen Bedarf eines ungarischen ‚Freien Theaters' zu sammeln." (Marcell Benedek: a. a. O., S. 83.)

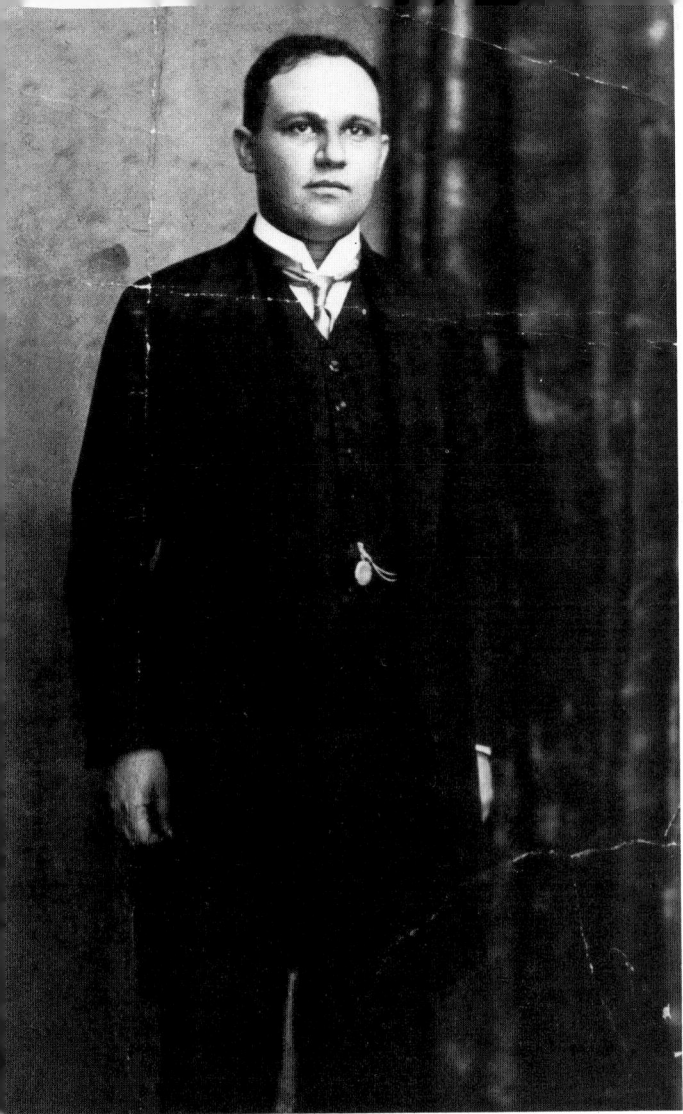

Sándor Hevesi (1873–1939), Hauptregisseur der „Thália", hervorragende Gestalt der ungarischen Theatergeschichte. (OSZK)

Rózsi Forgács (1886–1944), führende Schauspielerin der „Thália", in Gorkis *Nachtasyl*. (OSZK)

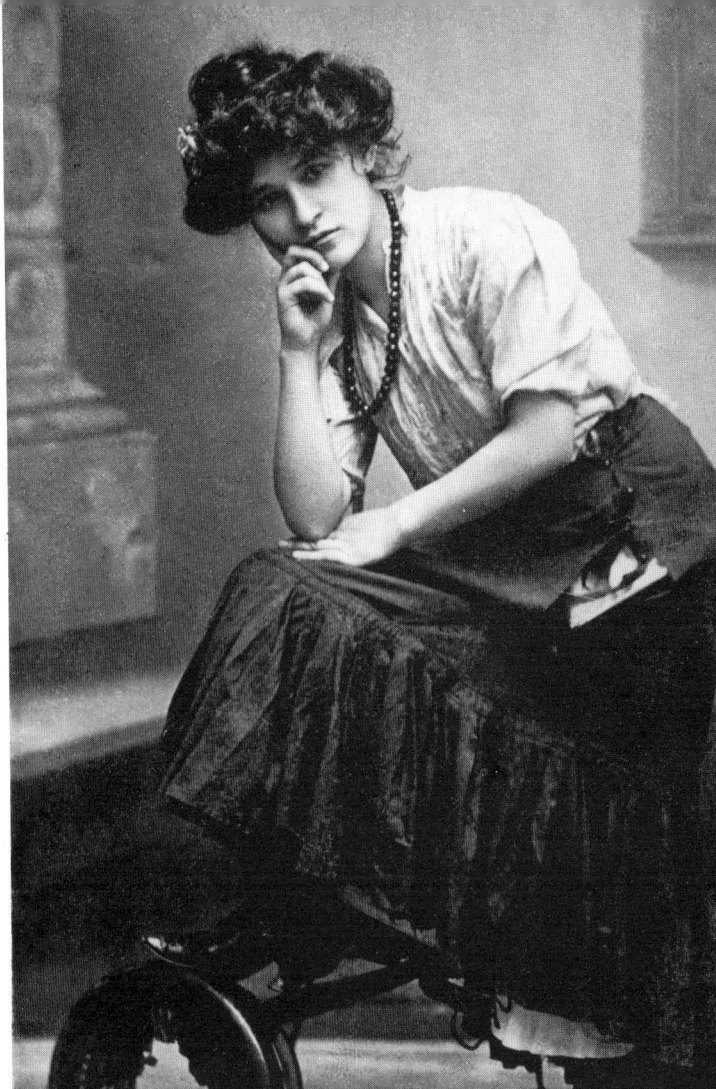

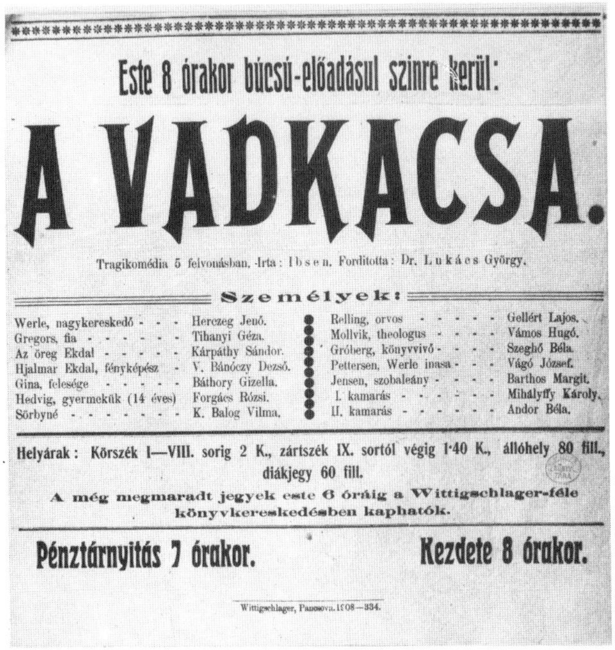

Este 8 órakor búcsú-előadásul szinre kerül:

A VADKACSA.

Tragikomédia 5 felvonásban. Irta: Ibsen. Forditotta: Dr. Lukács György.

Személyek:

Werle, nagykereskedő	Herczeg Jenő.	Relling, orvos	Gellért Lajos.
Gregors, fia	Tihanyi Géza.	Mollvik, theologus	Vámos Hugó.
Az öreg Ekdal	Kárpáthy Sándor.	Gróberg, könyvvivő	Szeghő Béla.
Hjalmar Ekdal, fényképész	V. Bánóczy Dezső.	Pettersen, Werle inasa	Vágó József.
Gina, felesége	Báthory Gizella.	Jensen, szobaleány	Barthos Margit.
Hedvig, gyermekük (14 éves)	Forgács Rózsi.	I. kamarás	Mihályffy Károly.
Sörbyné	K. Balog Vilma.	II. kamarás	Andor Béla.

Helyárak: Körszék I—VIII. sorig 2 K., zártszék IX. sortól végig 1·40 K., állóhely 80 fill., diákjegy 60 fill.

A még megmaradt jegyek este 6 óráig a Wittigschlager-féle könyvkereskedésben kaphatók.

Pénztárnyitás 7 órakor. Kezdete 8 órakor.

Wittigschlager, Pancsova. 1908—334.

Theaterzettel zur Abschiedsvorstellung der „Thália". Auf dem Programm: Ibsen: *Die Wildente*. Übersetzt von Georg Lukács. (OSZK)

Klausenburg (Cluj-Napoca) am Anfang des Jahrhunderts; die Universitätsbibliothek mit der St.-Georg-Statue. Hier machte Lukács im Oktober 1906 seinen Doctor juris bei Felix Somló. (MMM)

Felix Somló (1873–1920) war einer der hervorragendsten Vertreter der ungarischen bürgerlichen Rechtswissenschaft, er gehörte zur Vorhut der progressiven sozialen und geistigen Bewegungen zu Beginn des Jahrhunderts und war Begründer der Társadalomtudományi Társaság (Sozialwissenschaftlichen Gesellschaft). (OSZK)

Gertrud Bortstieber, spätere Lebensgefährtin von Lukács, mit ihrer Freundin Rózsi Hochstätter, über die sie schon als junges Mädchen mit der Familie Lukács gut bekannt war. (LA)

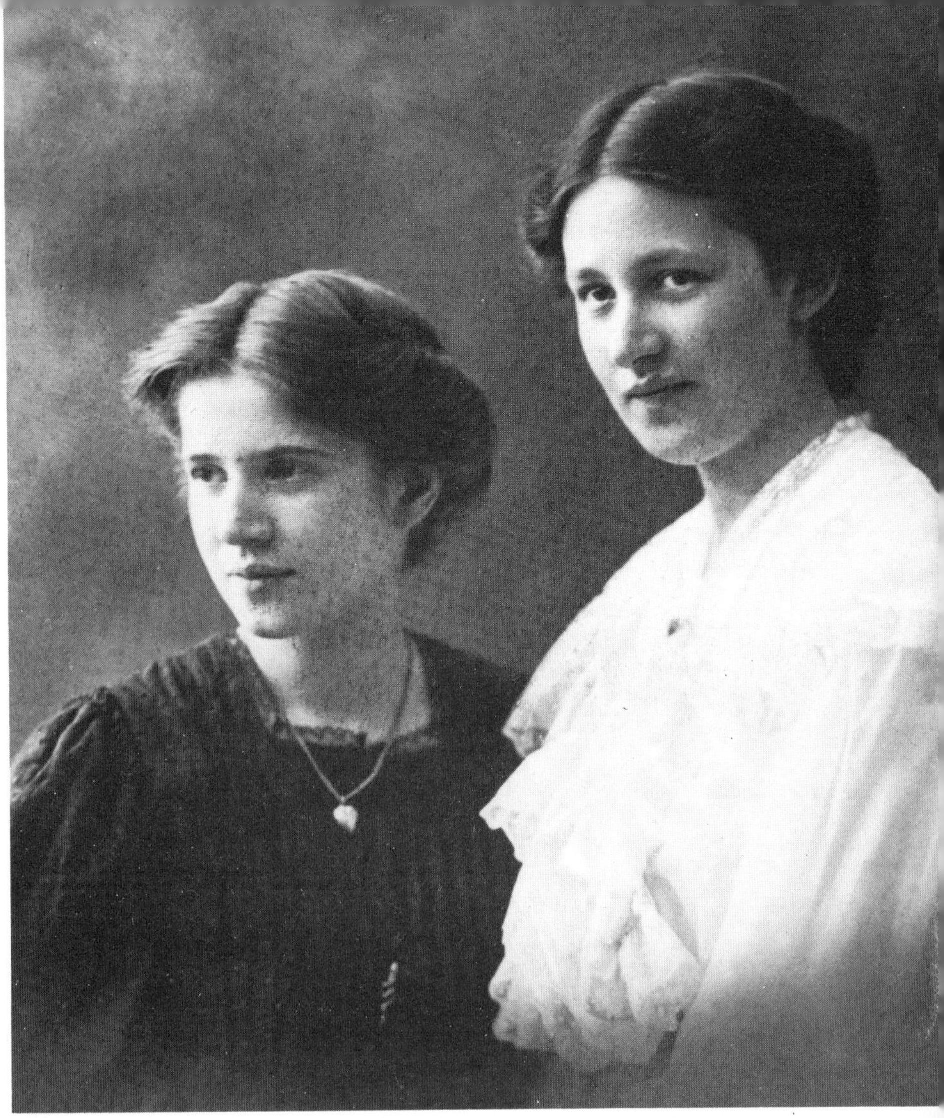

„Im ersten Augenblick war ich überrascht, daß Sie Ibsen als romantisch bezeichnen, aber nur, weil ich einsehe, daß ich von der Romantik einen sehr oberflächlichen Eindruck hatte, mit dem Wesen haben Sie mich bekanntgemacht... Ihre übrigen Gedanken habe ich ohne jeden Widerstand übernommen. – Kritisieren will ich nicht, halte mich auch nicht genug kompetent dafür, und Sie wünschen das ja auch nicht, Sie wollen nur, daß ich mit ‚aufnahmebereitem' Sinn lese. Diese Rolle übernehme ich jederzeit gerne, wenn Sie wann immer einen Leser brauchen, stehe ich Ihnen mit Freuden zur Verfügung. Es tut mir leid, daß es mir kaum möglich sein wird, Gegendienste von Ihnen zu verlangen."
(Brief von Gertrud Bortstieber an Lukács vom 7. 9. 1906, LA.)

TÁVIRAT.

Lapszám: 72
Vezeték száma:

Lukács gyoergy doctor kvar
. newyork szalloda =

A kézbesitőnek kiadatott:

Felvette:
Továbbitotta:
Távirdahivatal:
Hivatalos megjegyzések:

=". de budapest 53+729 18 3 25=
a i-mereszee, a - diploma veled oeruetuenk es melegen
uedvoezluenk lukacseek including rozsi =+".

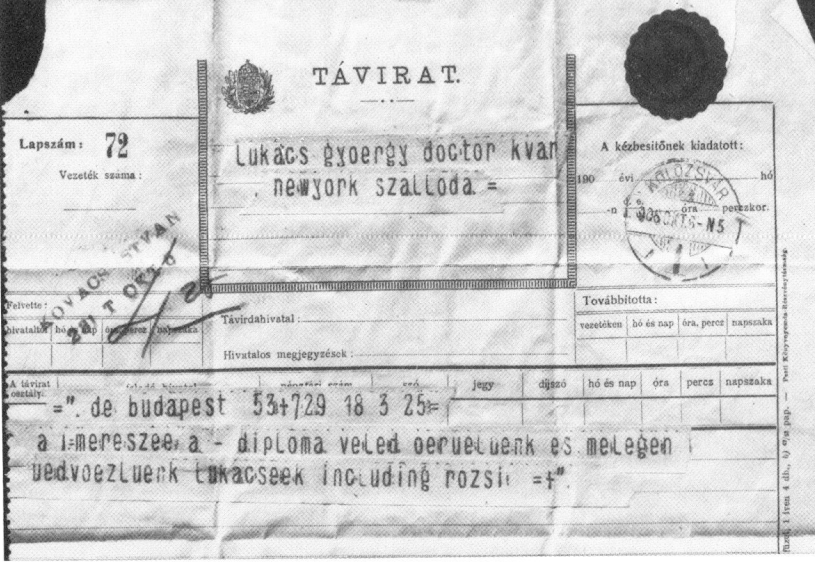

Glückwunschtelegramm der Familie anläßlich der Erlangung des Doktorgrads. (LA)

„Der Band *Új versek* [Neue Gedichte] hatte auf mich eine absolut umformende Wirkung; um mich grob auszudrücken, es war die erste ungarische literarische Schöpfung, in der ich heimfand und die ich als mein eigen ansah. Eine andere Frage ist, wie ich jetzt über die alte ungarische Literatur denke – das ist schon eine Folge langer Erfahrungen. Zu jener Zeit hatte ich – ich muß gestehen – mit der klassischen ungarischen Literatur nichts gemein, ich erhielt nur aus der Weltliteratur prägende Einflüsse, in erster Linie aus der deutschen, skandinavischen und russischen Literatur, ferner aus der deutschen Philosophie. Die deutsche Philosophie beeinflußte mich mein ganzes Leben lang, und daran änderte im Grunde genommen natürlich auch das erschütternde Erlebnis mit Ady nichts, hob es nicht auf und brachte mich nicht nach Ungarn zurück – man könnte sagen, daß für mich zu jener Zeit die Ady-Gedichte Ungarn bedeuteten. Es gab aber etwas, dessen Bedeutung ich erst später verstand: daß in der deutschen Entwicklung, nicht nur in Kant, den ich damals schon kannte, sondern auch in Hegel – 3-4 Jahre später trat ich von Kant aus Hegel näher – sowie in den modernen Deutschen, die ich las, immer eine riesige Dosis konservativer Weltanschauung steckte. Ich weiß zwar, daß ich einen Anachronismus begehe, indem ich ein späteres Ady-Gedicht zitiere, aber bei Ady herrscht von Anfang an eine ‚Eb ura fakó', eine ‚Ugocsa non coronat'-Stimmung [beide in Ungarn benutzten Ausdrücke dokumentieren die Auflehnung der Ungarn gegen die Habsburgerherrschaft: der erste besagt etwa: „Ihr habt mir nichts zu befehlen", der zweite bedeutet, daß das kleinste Komitat, Ugocsa, auch das Recht hatte, gegen die Krönung des Königs Einspruch zu erheben – Hrsg.], und diese gab mir immer als Begleitmusik die Untermalung zu Hegels *Phänomenologie* und auch zu seiner *Logik*. So kam eine Mischung zustande, die es in der damaligen Literatur nicht gab, daß nämlich jemand als Hegelianer und als Vertreter der Geisteswissenschaften zugleich auch einen fortschrittlichen und in gewissem Maße sogar revolutionären Standpunkt vertrat. Jetzt spreche ich nicht von der riesigen Menge dichterischer und literarischer Einflüsse, die auf mich einwirkten, auf jeden Fall muß ich aber feststellen, daß in dieser Be-

Der Dichter Endre Ady (1877–1919), die größte Gestalt der ungarischen Lyrik, geistiger Führer der ungarischen literarischen Erneuerung und der demokratisch-revolutionären Bewegung, der auf die Orientierung des jungen Lukács einen entscheidenden Einfluß hatte. (IM)

Lukács in den Jahren seines Universitätsstudiums. Nach Erlangung des Jura-Diploms nahm Lukács für kurze Zeit eine Stellung als Hilfskonzipist im Ministerium an, setzte sodann seine Hochschulstudien auf literarischem und philosophischem Gebiet in Budapest und Berlin fort. (LA)

ziehung die Begegnung mit der Ady-Lyrik – auch abgesehen von ihren literarischen Beziehungen – eines der entscheidendsten Erlebnisse meines Lebens war. Das war keine zufällige Entdeckung, wie sie in jungen Jahren oft vorkommt, sondern – das brauche ich vielleicht gar nicht zu sagen – ich blieb in meinem ganzen Leben dem Œuvre Adys treu, und das ist kein Projizieren in die Vergangenheit, denn ich war in Ungarn der erste, der 3-4 Jahre später den persönlichen Zusammenhang zwischen Ady und der Revolution beschrieb, daß Ady ein Revolutionär war, der die Revolution für seine individuelle Vollendung für nötig hielt. Wenn ich heute diese erste verworrene Impression für 1906 ansetze, glaube ich nicht, einen starken Anachronismus zu begehen; natürlich hatte ich damals keine blasse Ahnung von der Bedeutung der Sache, sondern spürte nur eine aufrichtige, große und vorbehaltlose Begeisterung für die Ady-Gedichte."
(*Emlékezések*, S. 21.)

„Georg Simmel war zweifellos die bedeutendste und interessanteste Übergangserscheinung in der ganzen modernen Philosophie. Deshalb war er für alle wirklich philosophisch Veranlagten der jüngeren Denkergeneration (die mehr als bloß kluge oder fleißige Einzelwissenschaftler in philosophischen Einzeldisziplinen waren) so überaus anziehend, daß es fast keinen unter ihnen gibt, der nicht für kürzere oder längere Zeit dem Zauber seines Denkens erlegen wäre."
(Lukács: „Georg Simmel." In: *Pester Lloyd* vom 2. 10. 1918.)

„Unter den damals herrschenden, in erster Linie durch Kant beeinflußten Philosophen übten Simmel und Dilthey den größten Einfluß auf mich aus. – Dieser gedankliche Klärungsprozeß hing notwendigerweise mit gesellschaftlichem und historischem Lesestoff zusammen. Daher fällt meine erste einigermaßen ernst zu nehmende Bekanntschaft mit den Schriften von Marx in diese Zeit; in einzelnen seiner Werke hatte ich zwar schon in meiner Gymnasiastenzeit geblättert, ein ernsteres Studium aber erfolgte erst jetzt. Wie ich in anderem Zusammenhang bereits ausführte, konnte damals natürlich nur von einem Marx-Studium durch Simmels Brille die Rede sein. Dennoch: diese Studien führten dazu, daß es mir möglich wurde, mein Werk *A modern dráma fejlődésének története* [Entwicklungsgeschichte des modernen Dramas] erst auszuarbeiten (1906/7) und dann gründlich zu überarbeiten (1908/9). Dieser Entwicklungsabschnitt erfuhr dann in der Studie *Az irodalomtörténet elméletéről* [Über die Theorie der Literaturgeschichte] seine gedankliche Vollendung."
(György Lukács: *Utam Marxhoz*. Válogatott filozófiai tanulmányok. I–II. Előszó [Mein Weg zu Marx. Gesammelte philosophische Aufsätze. I–II. Vorwort]. Budapest 1971, S. 10. – Im weiteren: Lukács: *Utam Marxhoz*.)

Georg Simmel (1858–1918), dessen Vorträge Lukács an der Berliner Universität seit 1906 regelmäßig belegte; er nahm auch am Privatseminar in der Wohnung des Philosophen teil. Seit dieser Zeit verfolgte und unterstützte Simmel die wissenschaftliche Tätigkeit von Lukács. (Repr.)

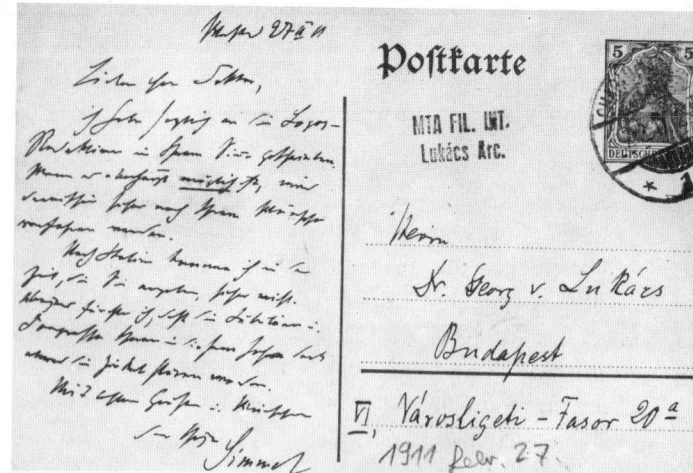

Berlin zu Beginn des 20. Jahrhunderts. Hier lebte Lukács von 1906 bis Anfang 1911 mit kürzeren Unterbrechungen. (MTI)

◁ Postkarte Simmels an Lukács. (LA)

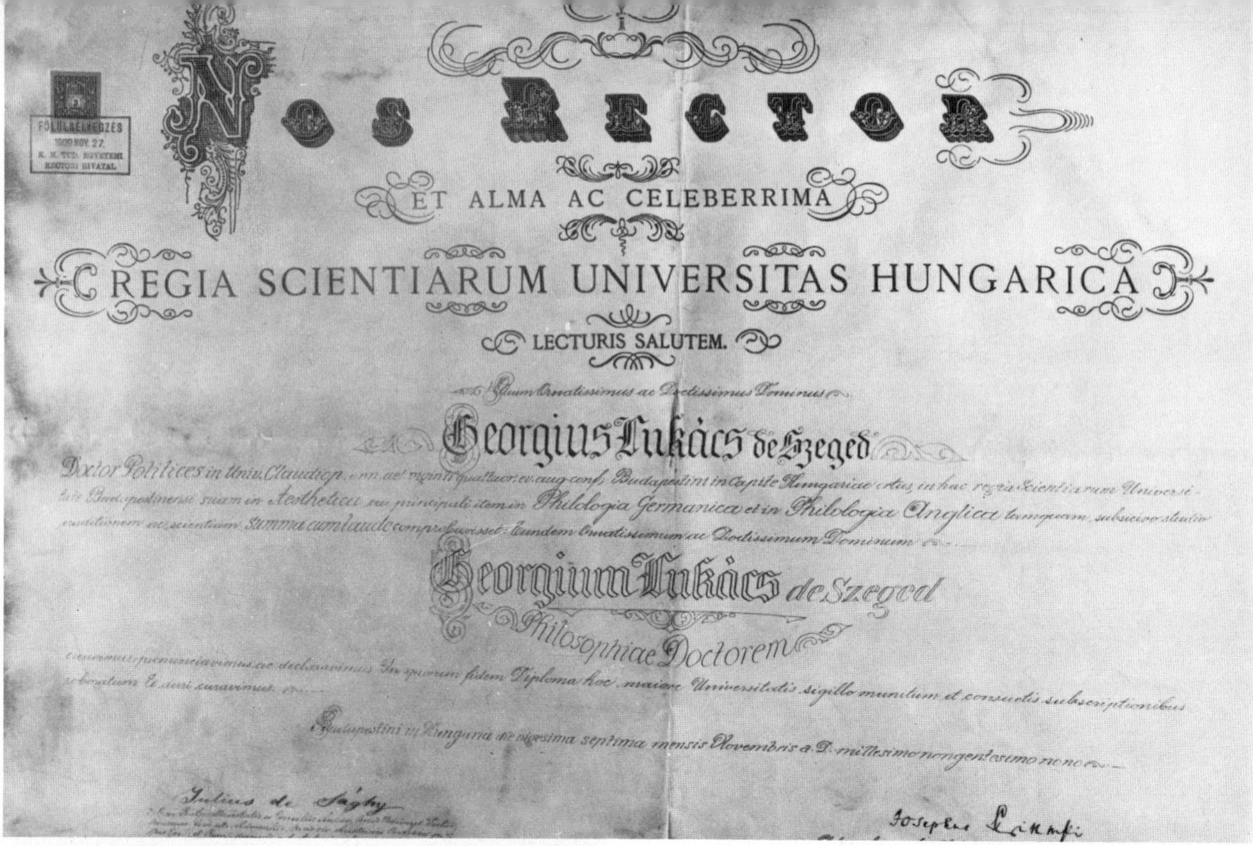

NOS RECTOR
ET ALMA AC CELEBERRIMA
REGIA SCIENTIARUM UNIVERSITAS HUNGARICA
LECTURIS SALUTEM.

Georgius Lukács de Szeged

Philologia Germanica et in Philologia Anglica

summa cum laude

Georgium Lukács de Szeged

Philosophiae Doctorem

Budapestini in Hungaria die vigesima septima mensis Novembris a. D. millesimo nongentesimo nono.

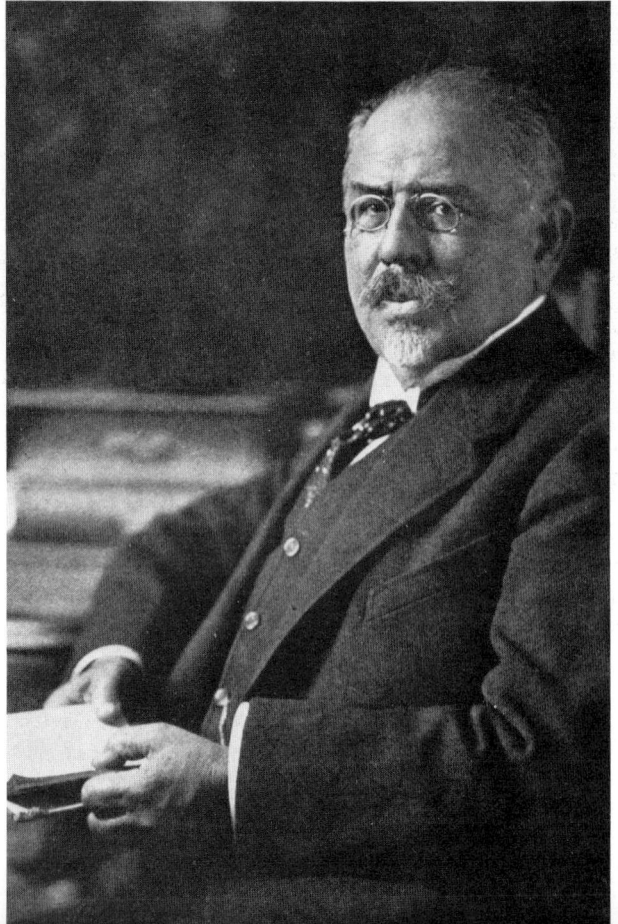

Doktordiplom der Philosophie von Georg Lukács in den Fächern Ästhetik, deutsche und englische Literaturgeschichte. Seine Doktordissertation war der theoretische Teil seines Werkes über das Drama: *Die Form des Dramas.* (LA)

Bernát Alexander (1850–1927), Ästhetiker, Philosoph, Universitätsprofessor. Er war der Opponent der Preisschrift von Lukács in der Kisfaludy-Gesellschaft. (Foto: Aladár Székely)

„Ich schätze mich glücklich, durch die Ausschreibung des Wettbewerbs am Entstehen dieses prächtigen, großangelegten, frischen und interessanten Werkes beteiligt zu sein. Es ist beinahe sicher, daß Sie bzw. das zweibändige Werk den Preis erhält. Kommen Sie auf jeden Fall am Sonntag zur Generalversammlung; ich habe veranlaßt, daß die Preise sofort nach Verlesung des Berichts des Sekretärs verkündet werden und nicht wie bisher am Ende der Sitzung. Ich will Sie nicht warten lassen."
(Brief Bernát Alexanders an Lukács vom 21. 1. 1908, LA.)

József Lukács, der sich verpflichtete, seinem Sohn die materiellen Voraussetzungen für das Leben eines Wissenschaftlers zu sichern. (LA)

Das preisgekrönte Werk, das von Lukács 1911 überarbeitet und in Buchform unter dem Titel Entwicklungsgeschichte des modernen Dramas veröffentlicht wurde. (LA)

„Was ich Dir und dadurch mir selber wünsche, ist, daß Du Dir auch gegenüber Deinen Freunden die ruhige und manchmal in ihrer Unbarmherzigkeit beinahe grausame Objektivität bewahrst, die Du Deiner Umgebung gegenüber in so hohem Maße zu bezeigen imstande bist. Du sagst selbst, daß ich Dir in Deiner Entwicklung und der Wahl ihrer Wege freie Hand gebe. Das tue ich bewußt, weil ich Dir unbegrenzt vertraue und Dich unendlich liebe – ich opfere alles auf, um Dich groß, anerkannt, berühmt werden zu sehen, ich werde es als mein höchstes Glück empfinden, wenn man von mir sagt, ich sei der Vater von Georg Lukács – weil dem aber so ist, möchte ich Dich vor weiteren Enttäuschungen bewahren und sehen, daß Dich bei der Wahl Deiner Gesellschaft und Freunde das berechtigte Bewußtsein und das aristokratische Auswählen leiten, auf die Deine gesamte Persönlichkeit, Vergangenheit, Gegenwart und Zukunft naturgemäß verweisen."
(Auszug aus dem Brief von József Lukács an seinen Sohn vom 23. 8. 1909, LA.)

Georg Lukács auf einem Spaziergang. (LA)

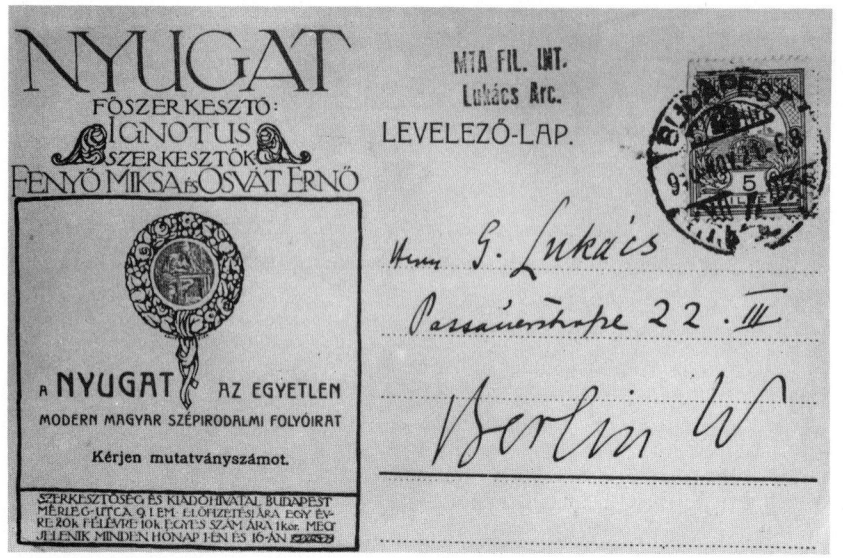

Postkarte von Ignotus an Lukács zur Zeit der Lukács-Babits-Diskussion in den Spalten der Zeitschrift *Nyugat*. Ignotus war Chefredakteur der *Nyugat*, des führenden Literaturorgans des progressiven Lagers. (LA)

„Kosztolányi sucht die Lyrik des heutigen Lebens, den Rhythmus der ratternden Eisenbahnen, die Reflexe des Lampenscheins, die aus dem Lärm der Großstadtstraßen heraushörbaren Melodien… Die Bedeutung Kosztolányis besteht darin, daß er all das sieht, was die wenigen Besten unserer Maler sehen und daß er oft Worte dafür findet. Gäbe es noch einige, die mit so intensiver Kraft die neue ungarische Sprache suchen wie er, so könnte man in zehn Jahren alles auch ungarisch schreiben."
(Lukács: „Kosztolányi — Négy fal között" [Kosztolányi — Zwischen vier Wänden]. In: *Huszadik Század*, 1907.)

Dezső Kosztolányi (1885—1936). (Foto: Dénes Rónai)   Mihály Babits (1883—1941). (Foto: Olga Máté)

„In Babits' Rhythmus und seinem Aufeinanderhäufen von Bildern liegt eine gewisse wunderbar ungebrochene Vehemenz, ein unglaublich starkes Anrennen gegen die Dinge, gegen die extremsten, wildesten, merkwürdigsten Ausdrücke; eine sonderbar tiefe und dennoch kühle Hingabe an die Dinge, eine Hingabe, bei der immer jede Distanz eingehalten ist, aus der niemals eine Verschmelzung wird."
(Lukács: „Új magyar líra" [Neue ungarische Lyrik]. In: *Huszadik Század*, 1909.)

„Es gibt heute doch einige Frauen, die beginnen, die mehrere Jahrtausende alte intellektuelle und künstlerische Männerkultur in einen fraulichen Inhalt umzuwandeln und auf diese Weise zu erobern, für die alle Klugheit, Denken, Wissenschaft, seelische Vertiefung und Verfeinerung nur Kosmetika, nur neue Mittel zur Erreichung der uralten, stets gleichen weiblichen Ziele sind. Und wenn solche Frauen zu schreiben oder zu malen beginnen (und sie Talent dazu haben), so wird der Klang ihrer niedergeschriebenen Worte so schön wie der in stillen Stuben hingeflüsterter Worte und der Rhythmus ihrer Linien so wie ihre schönsten Schritte."
(Lukács: „Kaffka Margitról" [Über Margit Kaffka]. In: *Magyar Hírlap*, 1910.)

„Über diesen Band muß man im Ton der wärmsten Freude sprechen. Er enthält echte ungarische Novellen, ungarisch im einfachsten, gebräuchlichsten und verbrauchtesten Sinn des Wortes. Es ist unnötig, ihnen zuliebe diesem Wort einen neuen Sinn zu geben oder das Neue in ihm polemisch zuzuspitzen. In diesen Novellen erklingt das unbestritten ‚echt' ungarische Gepräge, mit allen Mitteln der sichersten und ernstesten Schreibkunst und mit dem vielfarbigen Schillern der mit Worten ins Ziel treffenden und erfinderischen Laune der neuen ungarischen Literatur."
(György Lukács: „Móricz Zsigmond novelláskönyve" [Ein Novellenband von Zsigmond Móricz]. In: *Huszadik Század*, 1909.)

Zsigmond Móricz (1879–1942). (IM)

Margit Kaffka (1880–1918). (Foto: Olga Máté)

HUSZADIK SZÁZAD
(LE VINGTIÈME SIÈCLE)
REVUE MENSUELLE DE SCIENCES ET POLITIQUE SOCIALES
ORGANE DE LA SOCIÉTÉ DE SOCIOLOGIE

Xᵉ ANNÉE   NUMÉRO 10   OCTOBRE 1909

TABLE DES MATIÈRES:

Lánczi, Eugène: Ludwig Gumplowicz ... 245
Buday, Désiré: Le système de l'enfant unique dans le comitat Baranya (I) ... 260
Antal, Alexandre: La lutte des classes en Suède ... 269

NOTES ET REVUES

Harkányi et Rónai: Un manuel collectif hongrois de sociologie ... 278
Lukács, Georges: La nouvelle poésie lyrique hongroise ... 286
Jászi, Oscar: Les nationalités et le parti indépendant ... 293
Lengyel, Géza: Les artistes de Gödöllő ... 301
Leopold, Louis: Les ascètes de la politique ... 307
Les Rédacteurs: Chronique contemporaine ... 313—325

COMPTES RENDUS
326—342.

Kropotkin: Memoirs of a Revolutionist (B.). — Bateson: The methods and scope of Genetics (Fülöp). — Viallate: L'avenir économique du Japon (V. J.). — Holitscher: Alkoholsitte—Opiumsitte (M. J.). — Ágoston: L'esclavage du travail (Nyári). — La poésie de Mme. Lesznai (Ady). — La traduction d'Also sprach Zarathustra par M. Wildner (B. Z.).

NOTES BIBLIOGRAPHIQUES
343—348.

DEUTSCH & CIE., ÉDITEURS
BUDAPEST, V., DOROTTYA-UTCA 9.

Imprimerie Sam. Márkus, Budapest, V., Báthory-utca 20.

Die Zeitschrift *Huszadik Század* mit einem Artikel von Lukács. Dieses Organ des bürgerlichen Radikalismus schnitt mit kompromißloser Konsequenz nacheinander die brennendsten Probleme der ungarischen Gesellschaft auf hohem wissenschaftlichem Niveau an. — Die Freischule für Gesellschaftswissenschaften war jahrelang die einzige Einrichtung der Arbeiterbildung. Auf ihrer Basis kam auch die Serie der systematischen Arbeitergrundkurse zustande, die die Studenten des Galilei-Kreises veranstalteten. (OSZK)

Ervin Szabó (1877—1918) links, Oszkár Jászi (1875—1957) (rechts), die zentralen Gestalten des Kreises um die *Huszadik Század*, mit dem Ehepaar Dienes. (Eigentum von Erzsébet Vezér)

„...ich blieb sowohl im Kreise der *Nyugat* als in dem der *Huszadik Század* eine isolierte Erscheinung. Vergebens schnitt meine Dramengeschichte zahlreiche gesellschaftliche Fragen an, bei der positivistischen Einstellung der ungarischen Soziologen erweckten diese kein Interesse; ich muß sagen, nicht einmal bei Ervin Szabó, den ich auch damals schon als die bedeutendste wissenschaftliche und menschliche Erscheinung des ganzen Kreises außerordentlich verehrte... Mein Verhältnis zur Soziologischen Gesellschaft ließe sich am kürzesten folgendermaßen zusammenfassen: Wenn sie das damalige Ungarn kritisierte, war ich oft mit vielen ihrer Gesichtspunkte einverstanden; jedenfalls machte ich ihren theoretischen Widersachern nie auch nur die geringste Konzession. Ich hatte aber nie das Gefühl, daß die Bestrebungen der Gesellschaft letzten Endes mit meinen eigenen zusammentreffen."

(Lukács: *Magyar irodalom...* S. 11.)

a) A Galilei Kör előadásai:
1. 1908 december 6. *Pikler Gyula,* egyet. ny. r. tanár: A lelki élet két alaptörvénye.
2. 1909 február 21. *Salgó Jakab dr.,* egyet. m. tanár: Kóros elmebeli állapotok az irodalomban.
3. 1909 február 28. *Harkányi Ede dr.:* Tudomány és katholicizmus.
4. 1909 március 7. *Kunfi Zsigmond dr.:* A valláserkölcsi középiskola kiépítése Magyarországon.
5. 1909 március 21. *Diner-Dénes József:* Monizmus és modern ismeretelmélet.
6. 1909 március 25. *Polányi Adolf:* Művészet és társadalom.
7. 1909 március 28. *Detre László dr.,* egyet. m. tanár: A szervezet automatizmusa.
8. 1909 április 4. *Mérő Gyula dr.:* A munkásmozgalom ujabb irányai.
9. 1909 április 18. *Lukács György dr.:* A drámai hatás lélektani feltételei.
10. 1909 április 25. *Pfeifer Ignác,* müegyet. c. rk. tanár: A természettudományi oktatás a középiskolában.
11. 1909 május 14. *Garami Ernő:* A szocializmus.

Ein Vortrag von Lukács auf dem Programm des Galilei-Kreises am 18. 4. 1909: „Die psychologischen Bedingungen der dramatischen Wirkung". (PTI)

„Lieber Gyuri,
Sonntag nachmittag um 6 wird in der TT [Soziologischen Gesellschaft] der *wissenschaftliche Zirkel ‚Galilei'* (jetzt heißt er so!!) eine *Diskussionssitzung* mit dem Thema ‚Was ist wissenschaftliche Wahrheit?' abhalten. Dazu lade ich Dich feierlich ein. Die Diskussionspunkte kannst Du (wenn sie Dich interessieren) bei mir oder in der TT erfahren. Bitte, komm hin. 1. Es wird interessant sein. 2. Viele gute Freunde werden da sein. 3. Wir möchten ein *sehr gutes* Publikum... Übrigens, *würdest Du vielleicht zum ersten Diskussionspunkt das Wort ergreifen?* Er lautet: ‚Merkmale der wissenschaftlichen Wahrheit gegenüber sonstigen »Wahrheiten« (z. B.: moralische, künstlerische usw...)' Das ist die erste Frage, vielleicht hättest Du etwas über *die wissenschaftliche und künstlerische Wahrheit* zu sagen: es wäre sehr interessant und dankbar... Herzlichst Dein Karli."
(Brief von Károly Polányi an Lukács vom 9. 12. 1908, LA.)

Károly Polányi (1886–1964), Freund von Lukács und Leó Popper, Gründungsmitglied und erster Vorsitzender des freidenkerischen Galilei-Kreises der radikalen Universitätshörer. Auf dem Bild: Leó Popper, Károly Polányi und Mihály Polányi. (Aus dem Polányi-Nachlaß)

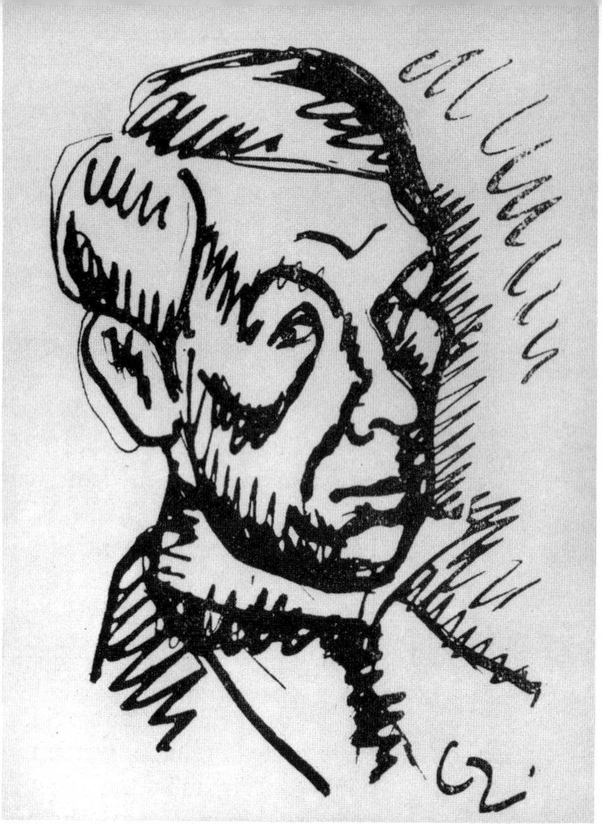
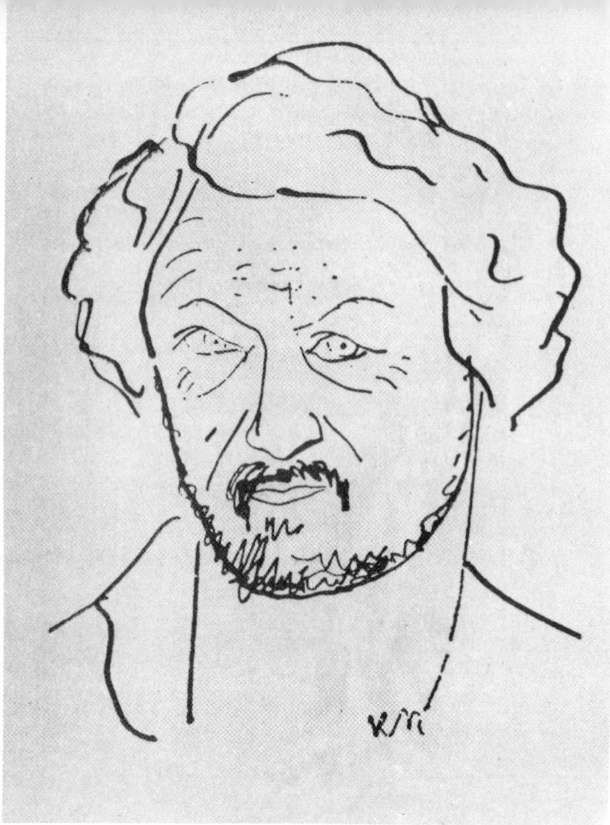
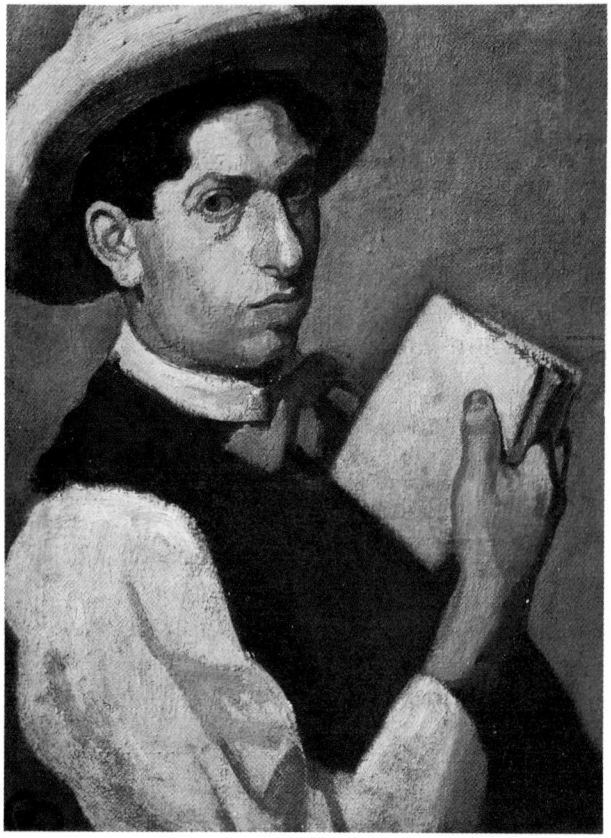
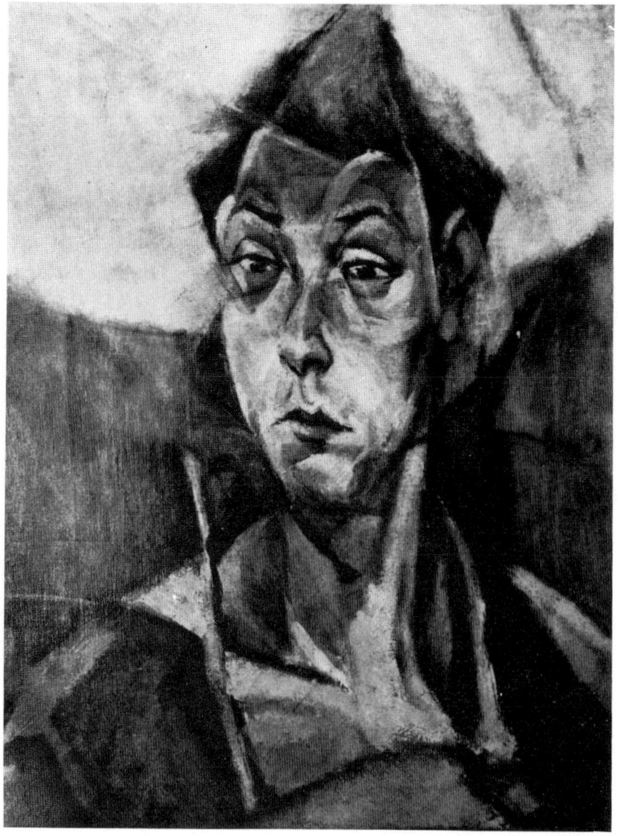

Das Bild „Einsamer Reiter" von Károly Kernstok in der Wohnung der Familie Lukács. (LA)

„Károly Kernstok hat schon gesagt, worum es hier geht. Daß die Bilder, die er und seine Freunde malen... das Wesen der Dinge ausdrücken wollen. Das Wesen der Dinge! Mit diesen einfachen, unpolemischen Worten ist das große Diskussionsmaterial gekennzeichnet, der Punkt, wo sich die Wege trennen. Denn die ganze Weltauffassung, in der wir aufwuchsen, die Kunst, von der wir unsere ersten großen Eindrücke erhielten, kannte keine Dinge und bestritt, daß irgend etwas ein Wesen haben könnte... In ihr war nichts fest und beständig. Denn es gab keine Dinge, nur eine unaufhörliche Folge von Stimmungen, und zwischen Stimmungen gibt es und kann es keine Wertunterschiede geben. Heute sehnen wir uns wieder nach Ordnung in den Dingen... Wir sehnen uns nach Beständigkeit, nach Meßbarkeit unserer Taten und nach Eindeutigkeit, Kontrollierbarkeit unserer Behauptungen... Und schon der Glaube, daß es im Wirbel der Augenblicke etwas greifbar Beständiges gibt, die Überzeugung, daß es Dinge gibt und daß sie ein Wesen haben, schließt den Impressionismus und alle seine Offenbarungen aus. Dann gibt es nämlich Ziele, die anzustreben sinnvoll und sogar notwendig ist, und die Richtung der Wege ist nicht mehr gleichgültig... Die vielleicht größte Bedeutung Károly Kernstoks und seiner Freunde besteht darin, daß sie dieser Gefühls- und Betrachtungsweise bisher den reinsten, stärksten und künstlerischsten Ausdruck verliehen haben."
(Lukács: „Az utak elváltak" [Die Wege haben sich getrennt]. In: *Nyugat*, 1910.)

◁ Aus den Selbstporträts der Malergruppe „Nyolcak" (die Acht): Károly Kernstok (1873–1940), Dezső Czigány (1883–1937), Róbert Berény (1887–1953), Lajos Tihanyi (1885–1938). (MNG)

Irma Seidler (1883–1911), Jugendliebe von Lukács, Inspiratorin seiner Essays, Malerin. Lukács suchte sie mit Leó Popper in Florenz auf; den schönen Tagen in Florenz folgten ungewisse Monate des Briefwechsels. Lukács kann sich nicht entscheiden, ob er „den Ruf des Lebens", die Liebe, auf sich nehmen darf. Irma setzt der Ungewißheit ein Ende und heiratet einen Malerkollegen. (LA)

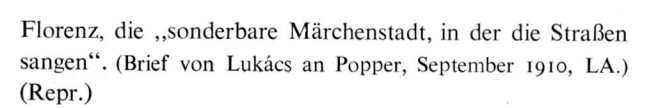

Florenz, die „sonderbare Märchenstadt, in der die Straßen sangen". (Brief von Lukács an Popper, September 1910, LA.) (Repr.)

„Es gibt Menschen, für die um ihrer Größe willen alles auf ewig verboten sein muß, was auch nur ein wenig an Glück und Sonnenschein erinnert."
(Georg Lukács: „Sören Kierkegaard und Regina Olsen." In: *Die Seele und die Formen*. Fleischel, Berlin 1911, S. 73.)

„Der Philippe-Essay reift sonderbar heran. Das wird scheinbar der echteste Irma-Essay. Die Lyrik des gegenwärtigen Stadiums. Die wirklich große lyrische Serie wird also fertig: George, Beer-Hofmann, Kierkegaard, Philippe. In diesen vieren wird aber die Geschichte des Ganzen enthalten sein."
(Lukács' Tagebuchnotizen vom 20. 5. 1911, LA.)

Lukács zur Zeit seiner Liebe zu Irma Seidler. (LA)

LUKÁCS GYÖRGY
A LÉLEK ÉS A FORMÁK
KISÉRLETEK

„Ich kann Dir gar nicht sagen, mit welch glücklichem Sicherheitsgefühl mich eine Kritik *von innen* wie die Deine erfüllt, und wenn sie nein sagt, ist sie noch wichtiger, als wenn sie bejaht. Will nicht viel darüber sprechen: fühle, worin Du mir der Einzige warst (wenn auch nicht allein darin), darin bist Du jetzt noch mehr: einer, dessen Wort etwas bedeutet; Verhalten, Nachdenken, Glück oder Schmerz."
(Brief von Georg Lukács an Leó Popper vom 21. 10. 1909, LA.)

BUDAPEST 1910
FRANKLIN-TÁRSULAT

△
Der Essayband von Lukács: *A lélek és a formák* (Die Seele und die Formen) erschien 1910 in Budapest. (LA)

Leó Poppers Braut, die Holländerin Beatrice de Waard. Lukács war in diesen Jahren viel mit ihnen in Berlin und in Schweizer Kurorten zusammen. (LA)
▽

„In meinem Essayband *A lélek és a formák* [Die Seele und die Formen] äußerte sich das Streben nach Konkretheit darin, daß ich bemüht war, die innere Struktur, die allgemeine Natur gewisser typischer menschlicher Verhaltensformen zu verstehen und mittels der Darstellung und Analyse der Lebenskonflikte mit den literarischen Formen in Zusammenhang zu bringen."
(György Lukács: *Művészet és társadalom*. Válogatott tanulmányok. Előszó [Kunst und Gesellschaft. Ausgewählte Aufsätze. Vorwort]. Budapest 1969, S. 6.)

Brief von Popper an Lukács. (LA)

Brief von Lukács an Popper. (LA)

„Dieses Gefühl, das ich Dir gegenüber ... immer empfand – daß ich Deine Substanz erahne – und was sonst nichts auf der Welt hätte bestätigen können, ist durch Dich insgesamt bestätigt."
(Brief von Leó Popper an Lukács vom 21. 8. 1908, LA.)

Leó Popper, der einzige intime Freund und kundige Kritiker von Lukács in diesen Jahren. (LA)

„Béla Balázs ist seit langen Jahren mein vertrauter Freund, aber – und auch dieses persönliche Bekenntnis schreibe ich nur den Gutgläubigen zuliebe hierher – ich kann aktenmäßig nachweisen, daß ich mich als Kritiker zugunsten seines Œuvres schon früher eingesetzt habe, als unsere Freundschaft begann, daß wir zu Freunden wurden, weil diese Gemeinschaft unserer Überzeugungen – über jede persönliche Sympathie hinaus – uns diese Freundschaft aufgezwungen hat und weil nicht aus der Freundschaft eine Interessengemeinschaft erwuchs, wie es bei uns selbst die Ehrlichen gewohnt sind, bei der die Verwandtschaft der Überzeugungen als ideologische Hülle verwendet wird."
(György Lukács: *Balázs Béla és akiknek nem kell*. Előszó [Béla Balázs und denen er nicht paßt. Vorwort]. Kner, Gyoma 1918, S. 5.)

Béla Balázs (1884–1949), Dichter, Erzähler, später Filmästhetiker. Béla Balázs schrieb die Libretti für Bartóks Oper *Herzog Blaubarts Burg* und sein Ballett *Der holzgeschnitzte Prinz*. Lukács hält ihn nach Ady und neben Babits für den bedeutendsten Lyriker. Er verfolgt die poetische Entwicklung und die dramatischen Versuche Balázs' mit kritischer Aufmerksamkeit.
Anläßlich der Premiere des Dramas von Béla Balázs „Doktor Szélpál Margit" am 30. 4. 1909: Lukács und Béla Balázs. In der zweiten Reihe ihre Freunde: Böske Révész, Ilona Waldbauer, Hilda Bauer, László Révész, Edith Hajós. (LA)

Béla Balázs' Zeichnung von Lukács. Aufschrift: Georg von Lukács schreibt einen Ady-Artikel. (LA)

„Seit etwa fünf, sechs Monaten unterhalte ich eine große und schöne und abwechslungsreiche Korrespondenz mit Hilda Bauer... Darum fahre ich im Sommer auf einen Monat nach Ammerland, wo wir zusammen sein werden, damit ich die Lage klar sehe."
(Brief von Lukács an Leó Popper vom Juni 1909, LA.)

„Die ehrlichste, unvoreingenommenste und produktivste Form unserer Beziehung ist die Freundschaft. Und die Entgleisungen waren nur durch das Alleinsein und die angehäuften Wünsche von uns beiden verursacht, die wir aus der Luft aufgefangen haben. Vielleicht waren sie auch durch etwas anderes verursacht, vielleicht durch ein gewisses überströmendes freundschaftliches oder geschwisterliches Gefühl, aber jetzt ist es schon egal."
(Brief von Hilda Bauer an Lukács vom 16. 8. 1909, LA.)

Hilda Bauer, die jüngere Schwester von Béla Balázs, mit der Lukács nach der plötzlichen Heirat von Irma Seidler für einige Zeit ein Liebesverhältnis unterhielt. (LA)

Béla Balázs und Georg Lukács. (Foto: Edith Hajós, LA)

Essayband von Lukács: ▷
Esztétikai kultúra (Ästhetische Kultur), der größtenteils seine Artikel aus der *Renaissance* enthält. Später veröffentlichte Lukács seine Kritiken über Béla Balázs in einem besonderen Band unter dem Titel *Balázs Béla és akiknek nem kell* (Béla Balázs und denen er nicht paßt). (LA)

Literarische und künstlerische Zeitschriften, die Arbeiten von Georg Lukács und Béla Balázs veröffentlichten; von diesen hielten sie besonders die *Renaissance* für ihr Organ und hätten gern ein eigenes Blatt, eine Anti-*Nyugat,* daraus gemacht. (OSZK)

RENAISSANCE

POLITIKAI·TÁRSADALMI·MŰVÉSZETI
ÉS KÖZGAZDASÁGI FOLYÓIRAT
I. ÉVF. 9. SZÁM

EHHEZ A FÜZETHEZ VAN MELLÉKELVE
AZ I. KÖTET (1–8. SZ.) TARTALOMJEGYZÉKE

BUDAPEST   ÁRA 1 KOR.

1910·IX 10

M K
MODERN KÖNYVTÁR

60 FILLÉR

Szerkeszti Gömöri Jenő.

LUKÁCS GYÖRGY

ESZTÉTIKAI KULTURA

— TANULMÁNYOK —

201–203. SZÁM.

BUDAPEST. KIADJA AZ ATHENAEUM
IRODALMI ÉS NYOMDAI R. T.

SZÍNJÁTÉK

Szerkeszti BÁRDOS ARTUR

I. ÉV 12. SZÁM

1910. MÁJUS 19.

Írják: Ambrus Zoltán, Alexander Bernát, Adorján Andor, Balázs Béla, Bálint Lajos, Bíró Lajos, Bródy Miksa, Csathó Kálmán, Csáth Géza, Erényi Nándor, Falus Elek, Feleki Géza, Fenyő Miksa, Füst Milán, Gerő Ödön, Góth Ernő, Góth Sándor, Hatvany Lajos, Heltai Jenő, Hevesi Sándor, Ignotus, Ivánfi Jenő, Jób Dániel, Karinthy Frigyes, Kern Aurél, Kéméndy Jenő, Komor Gyula, Kosztolányi Dezső, Lengyel Menyhért, Lukács György, Márk Lajos, Márffy Ödön, Miklós Jenő, Moly Tamás, Nádai Pál, Nagy Endre, Osvát Ernő, Relle Pál, Révész Béla, Ruttkay-Rothauser Miksa, Salgó Ernő, Sebestyén Károly, Siklós Albert, Szilágyi Géza, Szini Gyula, Vajda László, Vámos Árpád, Váradi Antal.

I. év 4. sz.

Aurora

irodalmi és művészeti hetilap
Szerk. Cserna Andor

Lukács mit Balázs in Italien. (Foto: Edith Hajós, LA)

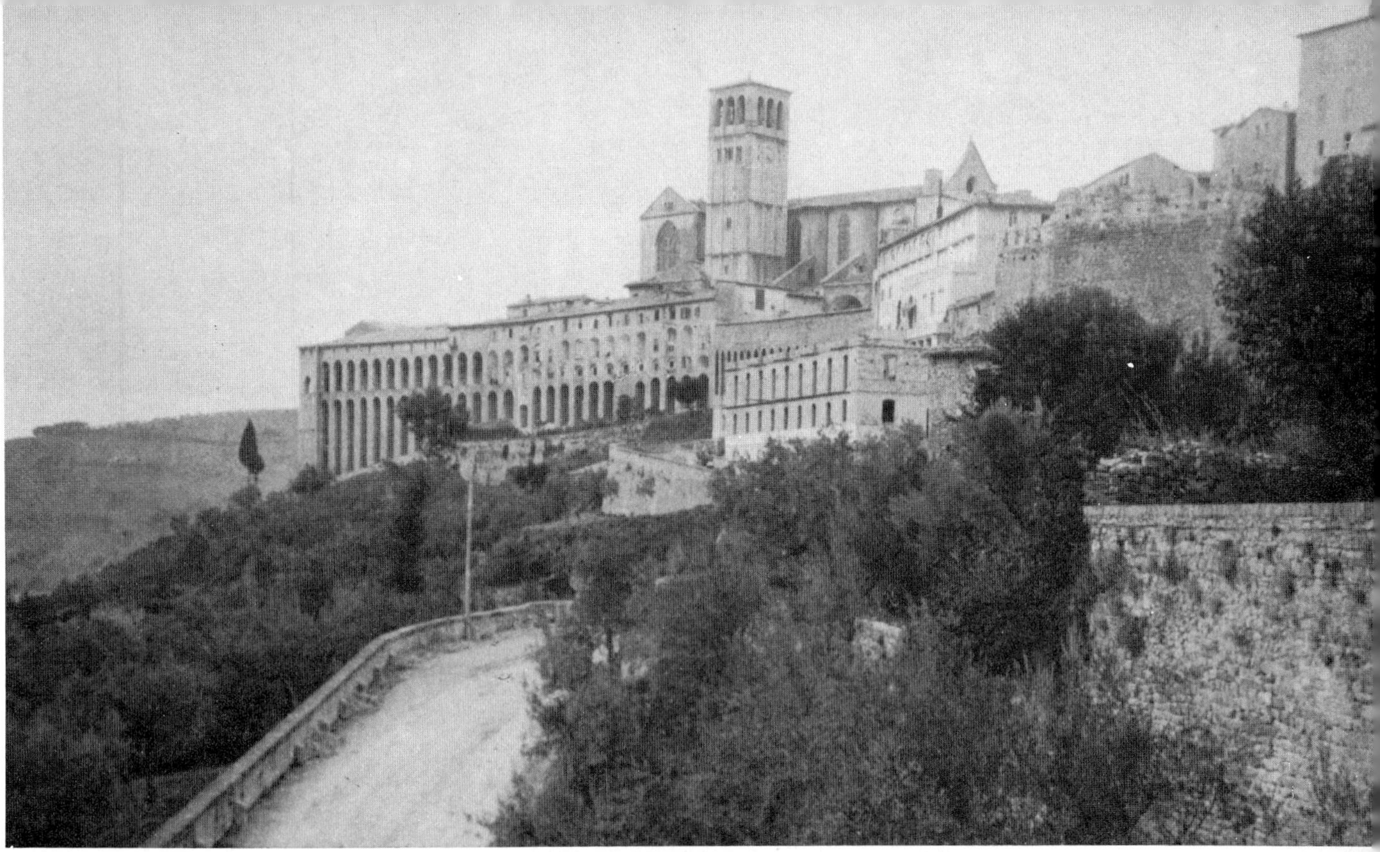

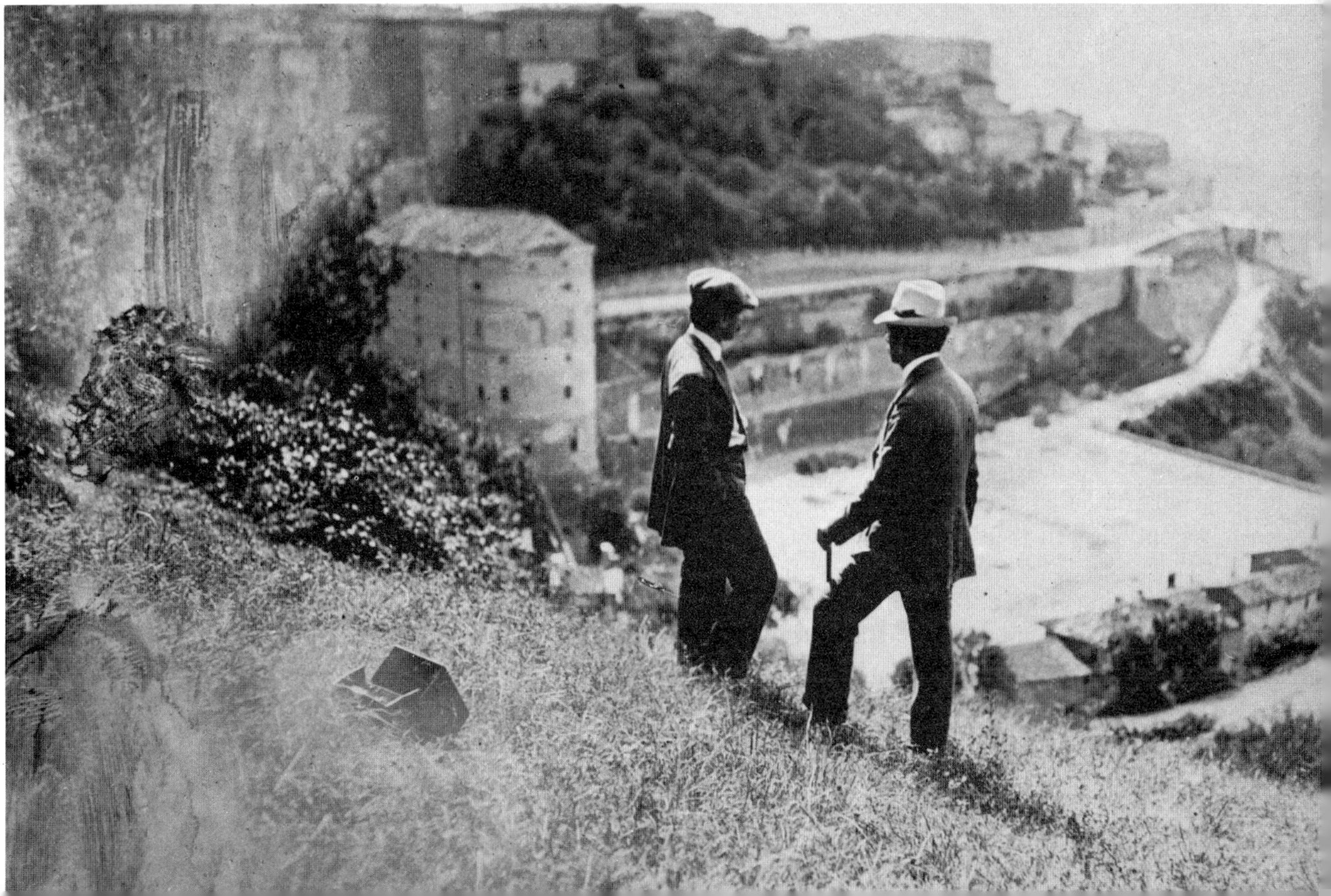

Lajos Fülep (1885—1970), Kunsthistoriker, Philosoph, Redakteur der Zeitschrift *A Szellem*. (MTA)

„Seit einigen Monaten geben wir – ich und einige gleichgesinnte Freunde – eine philosophische Zeitschrift heraus, die in manchem Ähnlichkeit und Berührung mit dem *Logos* hat. Daß keine Fusion zustande gekommen ist, daß unsere Zeitschrift nicht als die ungarische Ausgabe des *Logos* erscheint, was wir selbst gerne gehabt hätten und worüber wir auch mit einigen Herren vom *Logos* gesprochen haben, hat seine Gründe in der spezifischen Lage der ungarischen philosophischen Kultur. Wir müssen, da sehr geringe Vorarbeit geleistet worden ist, ein viel allgemeineres und elementareres Verfahren wählen, als dies für Deutschland nötig ist. So bringen wir z. B. in jeder Nummer Übersetzungen aus wichtigen alten Philosophen, deren Kenntnis in Deutschland eine selbstverständliche Voraussetzung ist, die jedoch selbst in philosophisch interessierten Laienkreisen bei uns beinahe völlig unbekannt sind; so z. B. Plotinos, Meister Eckhart etc."
(Brief von Georg Lukács an Leopold Ziegler vom August 1911, LA.)

Béla Zalai (1883—1915), jung verstorbener, begabter ungarischer Philosoph, Mitarbeiter von *A Szellem*. Arbeitete an einer Theorie der philosophischen Systeme. Seine Schriften erschienen in ungarischen und deutschen philosophischen Zeitschriften. Aus dem Lukács-Nachlaß kam ein bisher unbekanntes, umfangreiches, unveröffentlichtes Manuskript von ihm ans Tageslicht. (Foto: Olga Máté)

Die als „ungarischer Logos" gedachte philosophische Zeitschrift *A Szellem*, 1911 unter der Redaktion von Lajos Fülep und Lukács herausgegeben, erlebte zwei Nummern. Es erschienen Aufsätze über metaphysische, ethische, religionsphilosophische und ästhetische Themen sowie Übersetzungen der Schriften von Plotinos, Meister Eckhart und Hegel. In der ersten Nummer (März 1911) erschien Lukács' Essay „A tragédia metafizikája" (Metaphysik der Tragödie), in der zweiten (Dezember 1911) das Essay „A lelki szegénységről" (Von der Armut am Geiste). (OSZK)

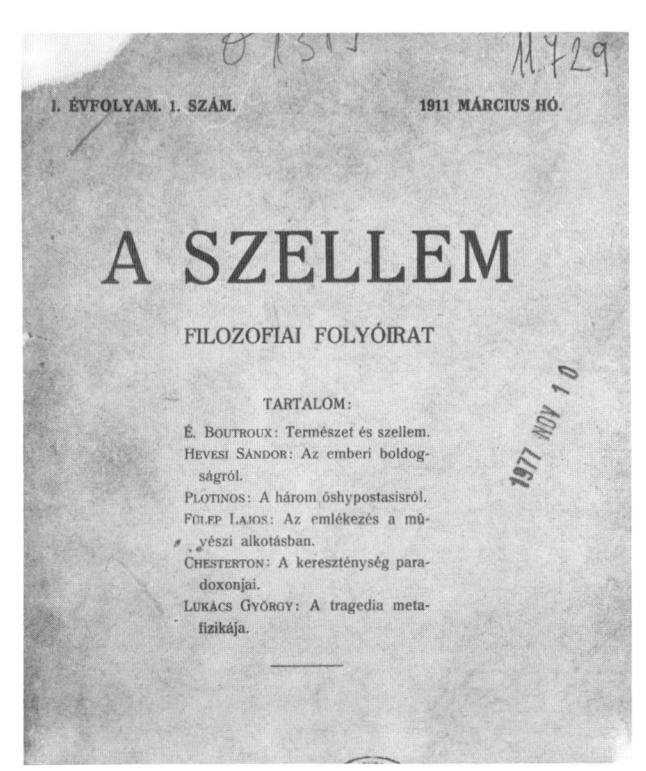

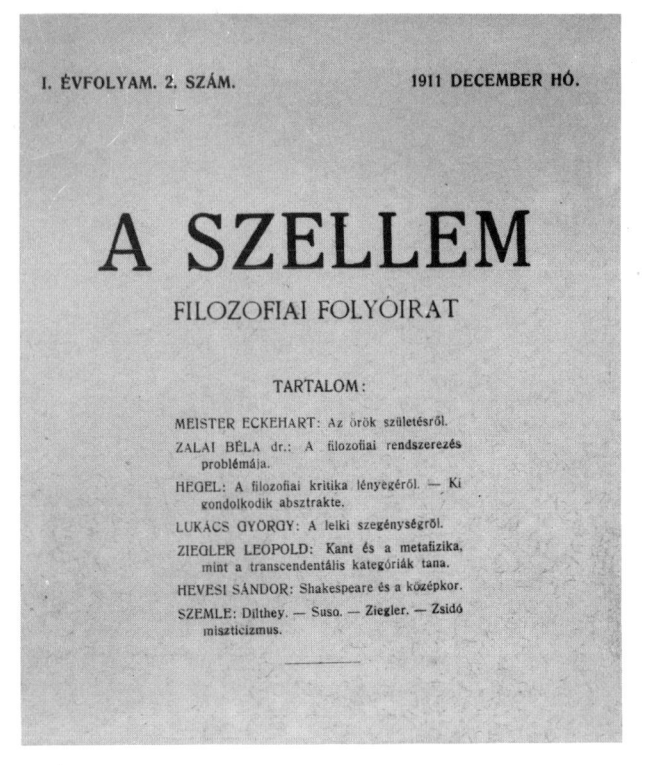

„So arm ist keiner, Gott kann ihn nicht ärmer machen. Das wußte ich nicht. Jetzt weiß ich: es ist zu Ende. Alle Bande sind gerissen. Und jetzt gibt es nur Zielgemeinschaften; und Dinge; und Arbeit. Denn sie war alles. Alles, Alles. Alle meine Gedanken waren nur Blumen, die ich ihr brachte und die Freude und der Lebenswert: sie gehören ihr – vielleicht sieht sie sie und freut sich an ihnen..."
(Tagebuch von Lukács – am 24. Mai 1911, eine Woche nach dem Selbstmord von Irma Seidler. LA)

„Ja: ich trage die Schuld an ihrem Tode; vor Gott, versteht sich. Nach allen Satzungen menschlicher Sittlichkeit habe ich nichts verschuldet – habe im Gegenteil alle meine Pflichten redlich erfüllt. Ich habe alles getan, was ich tun konnte. Wir sprachen einmal mit ihr über Helfenkönnen und Helfenwollen, und sie wußte: Es gibt nichts, was sie von mir vergebens gefordert hätte. Sie aber hat nichts gefordert, und ich habe nichts gesehn und gehört. Für die laute, hilfeschreiende Stimme ihres Schweigens habe ich keine Ohren gehabt. Ich hielt mich an den lebensfrohen Ton der Briefe. Sagen Sie bitte nicht: Ich hätte es nicht wissen können. Vielleicht ist es wahr. Ich hätte es aber wissen müssen. Ihr Schweigen wäre weit über die Länder, die zwischen uns lagen, geklungen, wenn ich mit der Güte begnadet wäre..."
(Georg Lukács: „Von der Armut am Geiste." In: *Neue Blätter*, 1912.)

Lukács im Jahre 1911, als er die beiden Menschen verlor, die ihm wirklich nahestanden: die unglückliche Ehe von Irma Seidler, ihr verpfuschtes Leben endeten am 18. Mai 1911 mit Selbstmord, und am 23. Oktober 1911 starb auch Leó Popper nach mehrjähriger Behandlung in verschiedenen Lungensanatorien. (Foto: Edith Hajós, LA)

„Die Form ist die letzte und stärkste Wirklichkeit des Seins. Das an Umfang kleine Werk Leó Poppers schwebt, von der Kraft seiner Formvision getragen, hoch über allen Möglichkeiten seines empirisch gegebenen Lebens, es ragt in das seinsollende Leben hinein und findet dort eine Heimat: voll Kraft, Schönheit, Reichtum und Gewandtheit ist alles, was er geschrieben hat, es ist aus der Fülle geboren und mit der edlen Bewußtheit der Fülle gemeistert: aus dem qualvoll Sinnlosen und Fragmentarischen seines Lebens ist kein Schatten auf dieses Leuchten gefallen. Dieser Glanz muß jede Klage dämpfen: die Heldenhaftigkeit, mit der er sein Wesen aus seinem Leben heraushob und zur Wesenheit formte, gebietet Staunen und Stille der Andacht; vor ihr muß jede Trauer tränenlos werden."
(Lukács: „Leó Popper". Ein Nachruf. In: *Pester Lloyd* vom 18. 12. 1911.)

Irma Seidlers Entwurf des Titelblattes zur deutschen Ausgabe der Lukács-Essays. (LA)

Selbstbildnis von Leó Popper. (LA)

„Gestern starb Leó. Wie weit war er mir schon, wie hatte ich schon damit abgerechnet, daß er nicht mehr für mich da sein wird, daß er nicht mehr existiert... Jetzt ist alles anders. Jetzt bin ich wieder in mich selbst zurückgesunken. Nacht und Leere umgeben mich."
(Tagebuch von Lukács, 24. Oktober 1911, LA)

Franz Baumgarten (1880–1927), aus Ungarn stammender, in Deutschland lebender Ästhetiker, Kritiker, der spätere Begründer des Baumgarten-Literaturpreises; er schrieb eine Monographie über C. F. Meyer. Hingebungsvoll organisierte und vermittelte er Lukács' Beziehungen in Deutschland. (IM)

„Sie dürfen sich nicht mit einer vermeintlich objektiven Selbstkritik quälen. Schon der Vergleich mit Dilthey deutet auf eine Neigung zur Selbstquälerei. Sie messen Ihr erstes Werk an den ausgereiftesten und auch innerhalb des Gesamtwerkes von D. ganz allein dastehenden Schöpfungen D.-s. Und wie Sie wissen, ist Dilthey überhaupt kein Maßstab, sondern eine ganz individuelle Erscheinung in Deutschland. Nein, lieber Freund, Sie dürfen Ihrer Zukunft in Deutschland voller Hoffnungen entgegensehen! Mir sagt man umsonst, Sie wären 160 cm groß (oder größer?); ich sehe Sie auf dem Piedestal Ihres Buches stehend und immer höher steigend. Also: Hoffnung und Selbstsicherheit..."
(Brief von Franz Baumgarten an Lukács vom 27. 5. 1909, LA.)

LOGOS

Internationale Zeitschrift für Philosophie der Kultur

Unter Mitwirkung von

Rudolf Eucken, Otto von Gierke, Edmund Husserl, Friedrich Meinecke, Heinrich Rickert, Georg Simmel, Ernst Troeltsch, Max Weber, Heinrich Wölfflin

herausgegeben von

Richard Kroner und Georg Mehlis

Logos, 1910 gegründete deutsche philosophische Zeitschrift, brachte 1911 das Essay von Lukács „Die Metaphysik der Tragödie". (LA)

Das Haus von Paul Ernst in Weimar, wo Lukács in den Jahren um 1910 ein häufiger und gern gesehener Gast war. (Paul-Ernst-Archiv)

„Mein Verhältnis zu Ernst ist sehr herzlich und angenehm, Sonnabend abend war ich bei ihm. Otto Stoessl und Samuel Lublinski waren noch dort. Er las sein neues Lustspiel *Der heilige Crispin* vor. Es ist schön. – Das Verhältnis scheint so sicher, daß ich dazu und auch zu *Ninon de L'Enclos* einige Einwände vorbrachte – und er nahm alles an. In der Sache liegt etwas aufregend Schweres: die zwanzig Jahre Altersunterschied; außerdem die Probleme der professionsmäßigen Distanz. Der Dichter ist immer ‚stärker' als der Kritiker – aber er ist doch ein ‚Anlaß' für mich. – Scheinbar geht aber doch alles so gut mit ihm."
(Brief von Georg Lukács an Leó Popper vom 17. 7. 1910, LA.)

Paul Ernst (1866–1933), deutscher neoklassizistischer Dichter und Dramatiker. Lukács hatte von seiner Kunst und seiner gesamten ästhetischen Einstellung eine sehr hohe Meinung. 1910 wandte sich Lukács mit einem Brief an ihn, suchte ihn dann in Weimar auch persönlich auf, und von da an bildeten sich trotz des großen Altersunterschiedes zwischen ihnen eine gute Freundschaft und dauernde Beziehungen heraus. Paul Ernst schrieb eine Würdigung über Lukács' Essayband. Die Dramen Paul Ernsts gaben Lukács den Anlaß zur Abfassung der „Metaphysik der Tragödie". (Paul-Ernst-Archiv)

Ernst Bloch (1885–1977), Philosoph, der ursprünglich gleichfalls zum Kreise um Simmel gehörte und 1910 mit Lukács Bekanntschaft schloß. Seine Persönlichkeit und Denkart sind für Lukács in den folgenden Jahren von hoher Bedeutung. (LA)

„Unser damaliges Leben war eine richtige Symbiose. Alle Gedanken teilten wir miteinander. Ich verreiste oft aus H., eigentümlicherweise aber bewegten sich unsere Gedanken auch während der voneinander entfernt verbrachten Wochen in der gleichen Richtung. Wir standen in einer sehr starken geistigen Verwandtschaft zueinander, so daß wir genötigt waren, unsere Arbeitsgebiete aufzuteilen, um nicht vor unseren Freunden dasselbe zu sagen."
(Interview mit Bloch. In: *Les Nouvelles Littéraires* vom 6. 5. 1976.)

„Meine Begegnung mit Bloch (1910) brachte das Erlebnis, daß heute doch eine Philosophie im klassischen Sinn möglich ist. Unter dem Eindruck dieses Erlebnisses verbrachte ich den Winter 1911/12 in Florenz, um meine Ästhetik als den ersten Teil meiner Philosophie ganz ungestört überdenken zu können. Im Frühjahr 1912 kam Bloch nach Florenz und überredete mich, gemeinsam mit ihm nach Heidelberg zu fahren, wo die Umgebung für unsere Arbeit günstig sei. Auf Grund der obigen Ausführungen gab es verständlicherweise kein Motiv, das mich davon abgehalten hätte, auf längere Zeit nach Heidelberg zu ziehen und mich sogar eventuell dort niederzulassen. Mir hatte zwar der italienische Alltag immer besser gefallen als der deutsche, aber stärker als alles andere wirkte die Hoffnung, auf Verständnis zu stoßen. So fuhr ich denn nach Heidelberg, ohne zu wissen, wie lange ich dort leben würde."
(György Lukács: *Magyar irodalom...* S. 13.)

Lukács um 1910. (LA)

Die süddeutsche Universitätsstadt Heidelberg; hier lebte Lukács zwischen 1912 und 1918. (Foto: Gábor Varró)

Emil Lederer (1882–1939), Nationalökonom, Redakteur des von Max Weber und Edgar Jaffé gegründeten *Archivs für Sozialwissenschaft und Sozialpolitik*, wurde 1911 Privatdozent in Heidelberg. Seine Frau, Emmy Seidler, war die Schwester von Irma Seidler. Auf dem Bild rechts Laura Polányi (Schwester von Károly und Mihály Polányi). Die Familie Lederer, die Lukács noch aus Pest kannte, nahm ihn in Heidelberg liebevoll auf, in ihrem Freundeskreis kam er mit zahlreichen namhaften Persönlichkeiten des Heidelberger Geisteslebens in Kontakt. (Aus dem Nachlaß von Laura Polányi.)

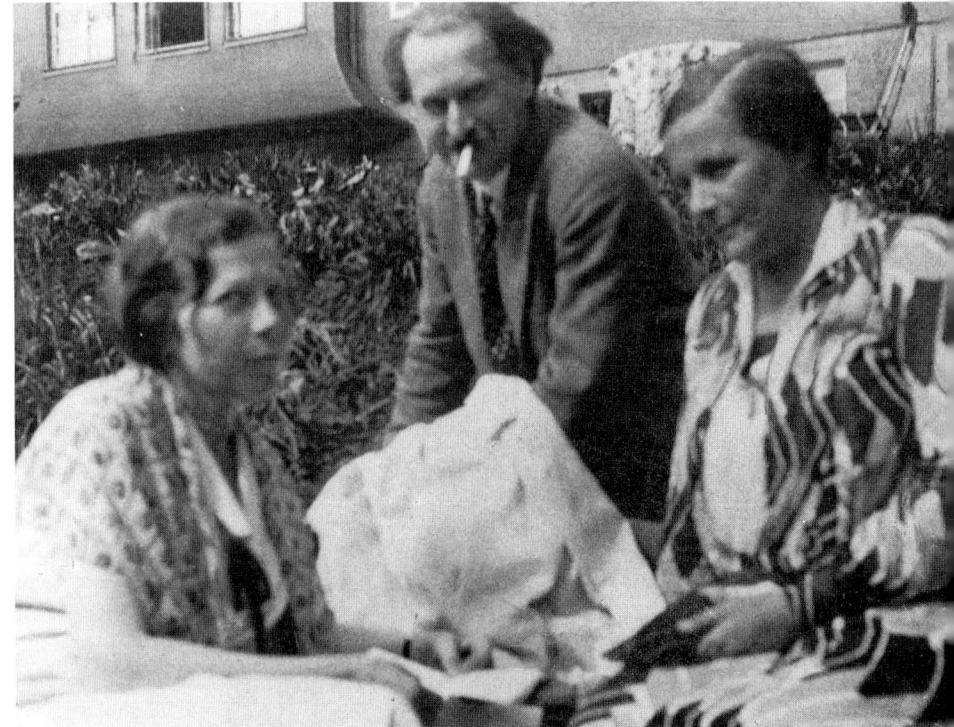

„An den von *Alfred Weber* geleiteten soziologischen Abenden war *Lukács* zu hören, sehr kultiviert, intelligent und von seltsamer Monotonie des Vortrags... Sonntag nachmittags hatten [Max] *Webers* ihren Jour. Da kam ein Kreis meist jüngerer Leute zusammen, Historiker und Nationalökonomen zur Hauptsache, gelegentlich auch *Ernst Troeltsch,* der in dem schönen Hausrathschen Haus, unweit der Einmündung der alten Neckarbrücke in die Ziegelhäuser Landstraße, die zweite Etage über der *Weberschen* bewohnt. *Jaspers,* der sich gerade für Psychiatrie bei *Nissl* habilitiert hatte, und *Emil Lask,* die Hoffnung damals des süddeutschen Neokantianismus, ein liebenswerter, scheuer Mann, beide enge Freunde des Hauses, bin ich dort nicht begegnet. Wohl *Lukács* und *Bloch,* die bald das Gespräch beherrschten. Von ihnen ging die Sage, die seien Gnostiker... Wer sind die vier Evangelisten, fragte man damals: *Marcus, Matthäus, Lukács* und *Bloch*."
(Helmuth Plessner: „Heidelberg im Jahr 1913." In: *Kölner Zeitschrift für Soziologie,* 1963, Sonderheft 7, S. 30.)

Die Gastgeberin Marianne Weber. (ADN-ZB)

Das Haus der Familie Weber an der Ziegelhäuser Landstraße, Schauplatz der sonntäglichen Jours. (Repr.)

Ernst Troeltsch (1865—1923), Religions- und Geschichtsphilosoph.

Karl Jaspers (1883—1969), Psychiater und Philosoph (Repr.)

Friedrich Gundolf (1880—1931), Literaturhistoriker, Freund von Stefan George, eine zentrale Gestalt des berühmten George-Kreises. (ADN-ZB)

Gustav Radbruch (1878—1949), Rechtsphilosoph und sozialdemokratischer Politiker. (ADN-ZB)

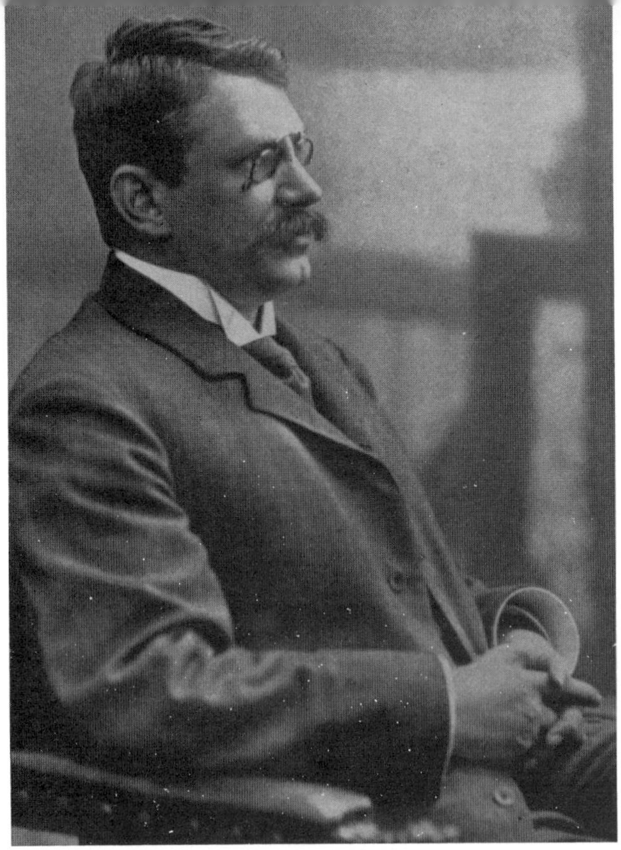
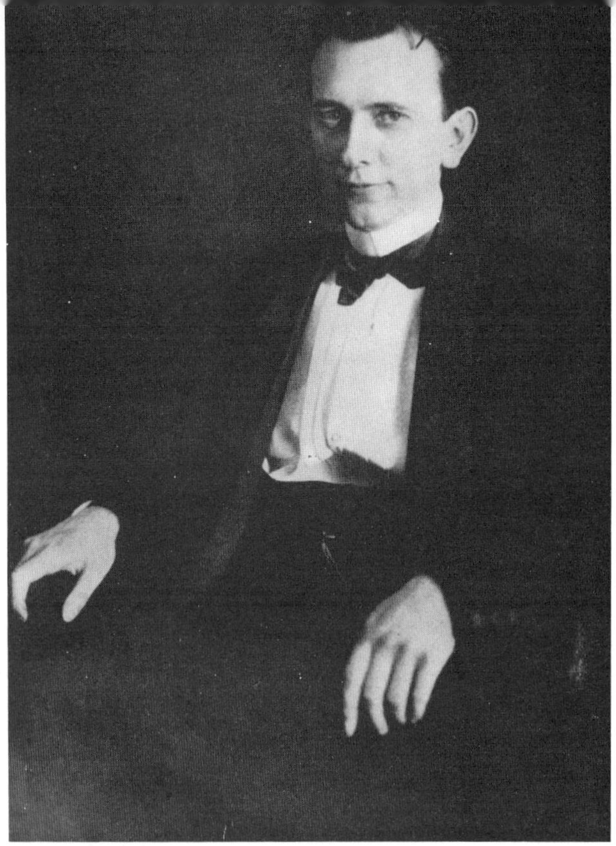
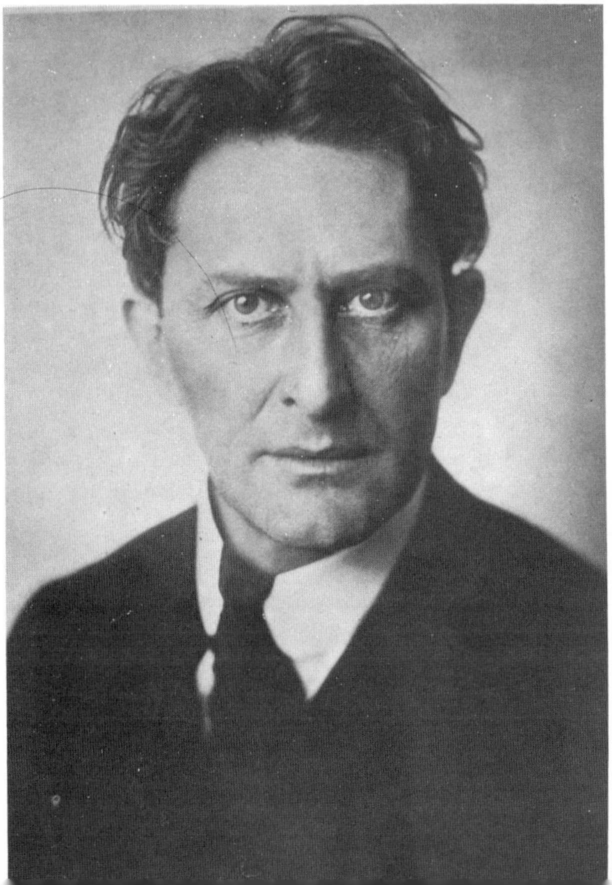
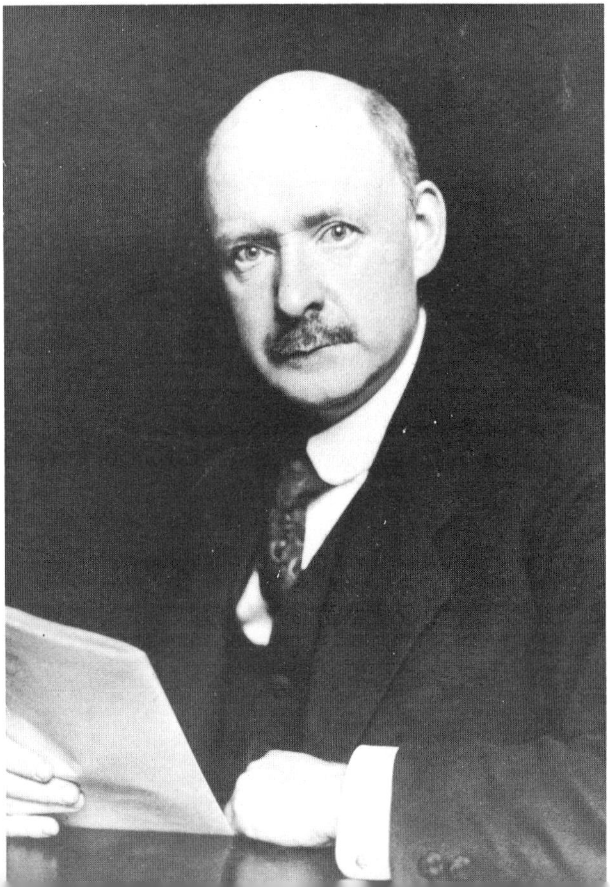

Die Universität in Heidelberg. (MMM)

Emil Lask (1875–1915), Philosoph, Schüler von Rickert. Mit Lukács verbanden ihn gegenseitige Hochachtung und intime Freundschaft. (Repr.)

Erste Manuskriptseite der von Lukács 1912–1914 verfaßten *Heidelberger Kunstphilosophie*. Titel des ersten Kapitels: „Die Kunst als ‚Ausdruck' und die Mitteilungsformen der Erlebniswirklichkeit". (LA)

„Im Winter 1911–1912 entstand in Florenz der erste Plan einer selbständigen systematischen Ästhetik, an deren Ausarbeitung ich mich in den Jahren 1912–1914 in Heidelberg machte. Ich denke noch immer mit Dankbarkeit an das wohlwollend-kritische Interesse, das Ernst Bloch, Emil Lask und vor allem Max Weber meinem Versuch gegenüber zeigten."
(Georg Lukács: *Die Eigenart des Ästhetischen*. Vorwort. Luchterhand, Neuwied 1963, S. 31.)

„Ein wichtiger Punkt unseres guten Verhältnisses mit Weber bestand darin, daß ich Weber einmal sagte: Kant sagt, das Wesen des Ästhetischen sei das ästhetische Urteil. Ich behaupte, es gebe keine solche Priorität des ästhetischen Urteils – nur eine Priorität des Seins. ‚Es gibt Kunstwerke, wie sind sie möglich?' So stellte ich Weber die Frage, und das machte einen sehr starken Eindruck auf ihn."
(Vezér-Eörsi-Interviews vom 8. 5. 1971, LA.)

◁ Max Weber (1864–1920). Die persönliche Bekanntschaft mit ihm war für Lukács von großer Bedeutung. Weber hatte Lukács gern und schätzte ihn hoch, las den Essayband von Lukács mit Interesse und verfolgte das Entstehen der Kunstphilosophie von Lukács mit lebhaftem Interesse und gab ihm wertvolle Ratschläge, er unterstützte seine Habilitationsbestrebungen. In seinem berühmten Vortrag „Wissenschaft als Beruf" erwähnte er Lukács auch namentlich. (Repr.)

Lukács erholte sich im September 1913 an der italienischen Meeresküste, in Bellaria, mit dem Ehepaar Balázs. In ihrer Gesellschaft lernte er die russische revolutionäre Malerin Jelena Grabenko kennen.
Auf dem Foto Edith Hajós (die Frau von Béla Balázs) und Lena Grabenko. (IM)

Béla Balázs schrieb in seinen Tagebuchnotizen über Lena: „Den ersten Tag freundeten wir uns an. Sie ist ein wundervolles Beispiel der Dostojewski-Gestalten. Alle ihre Geschichten, alle Einfälle und Gefühle könnten aus Dostojewskis phantastischsten Kapiteln stammen. Sie war Terroristin. Jahrelang eingekerkert. In der entsetzlichen Arbeit hat sie Nerven, Magen und Lunge zugrunde gerichtet. Jetzt ist sie krank und müde. Hat Angst vor dem Tod und möchte auch etwas für sich selbst. Will lernen, sich bilden. Während sie russische Bauern unterrichtete, kam sie nicht dazu, auch selber etwas zu lernen. Ein trauriger, schöner, tiefer, kluger Mensch. Und weiß wunderbare Geschichten. Gyuris große Wende zur Ethik – darin liegt seine große Begegnung mit Lena, die für ihn eine Versuchsstation, eine menschliche Realisierung seiner Probleme und ethischen Imperative ist."
(Aus den Tagebuchnotizen von Béla Balázs. In: *Valóság,* 1973/2.)

Georg Lukács und Béla Balázs in Italien. (IM)

Heidelberg, Uferstraße 8/a. In diesem Hause wohnte Lukács bis zum Frühjahr 1914, als er Lena Grabenko heiratete. (Foto: I. J. Klinger)

„Bei manchen fand ich mehr Verständnis als je zuvor in meinem bisherigen Leben. Natürlich mußte ich alsbald sehen, daß Max Weber wie auch Lask außergewöhnliche Erscheinungen im damaligen geistigen Deutschland waren, daß ich aus der Sicht des besten Durchschnitts der deutschen Wissenschaft und Philosophie ein nicht viel weniger extravaganter Outsider war als in den Augen eines Oszkár Jászi oder Ernő Osvát. Dennoch wäre es unrichtig zu leugnen, wie angenehm mich dieses außergewöhnliche, nicht typische Verständnis berührte. So spielte ich vor dem Weltkrieg mit dem Gedanken, mich endgültig draußen niederzulassen. Der Kriegsausbruch, die diesbezügliche Reaktion des deutschen Geisteslebens erschütterten die objektiven Grundlagen dieser Vorstellung..." (Lukács: *Magyar irodalom...* S. 13.)

Lukács im Jahre 1915. (LA)

„Wenn's also zum besten ging, wäre ich ein ‚interessant'-excentrischer Privatdozent in Heidelberg geworden." (Lukács: „Gelebtes Denken." Ms. 1971, S. 22, LA)

Lena Grabenko, Zeichnung von Béni Ferenczy aus dem Jahre 1919. Entwurf zu einer Statue, als Lena schon – nach der Scheidung von Lukács – den ungarischen Revolutionären in die Emigration folgte. (Eigentum der Familie Révai.)

◁ Lukács' Brief an Lena und ihr Antwortbrief auf dem gleichen Blatt stammen aus der Kriegszeit.

Deutsche Soldaten bei der Abfahrt an die Front. (HTM)

„Damals erblickte ich im Weltkrieg eine Krise der gesamten europäischen Kultur; die Gegenwart betrachtete ich – mit den Worten Fichtes – als das Zeitalter der vollendeten Sündhaftigkeit, als eine Krise der Kultur, aus der nur ein revolutionärer Ausweg möglich ist. Natürlich beruhte dieses ganze Weltbild noch auf rein idealistischen Grundlagen, und dementsprechend hätte sich die ‚Revolution' nur auf geistiger Ebene abspielen können. Auf diese Weise steht die Epoche des bürgerlichen Romans – von Cervantes bis Tolstoi – zum einen in geschichtsphilosophischem Gegensatz zur Vergangenheit, zur Epoche der epischen Harmonie (Homer), zum andern taucht als Perspektive eine zukünftige Möglichkeit der menschlichen (geistigen) Lösung der gesellschaftlichen Gegensätze auf, und ich betrachtete als ein Vorzeichen, als einen Vorläufer dieser ‚Revolution' damals die Werke Dostojewskis, die – nach meiner damaligen Auffassung – keine Romane mehr waren."
(György Lukács: *Művészet és társadalom* [Kunst und Gesellschaft]. Vorwort, a. a. O., S. 7.)

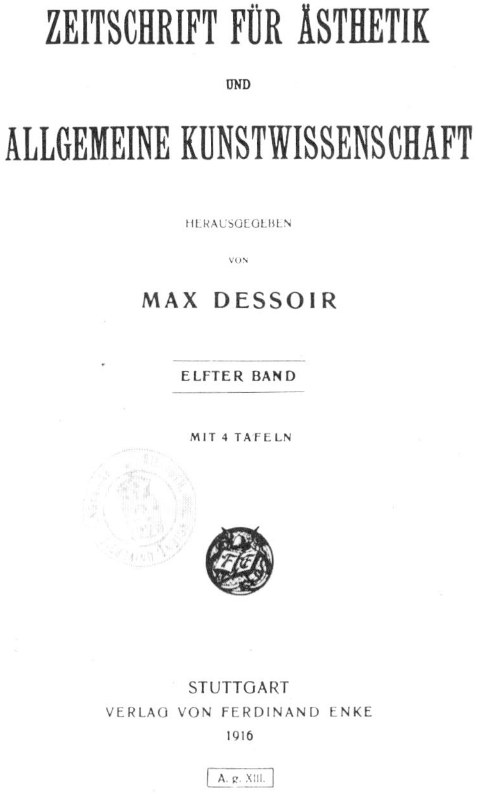

ZEITSCHRIFT FÜR ÄSTHETIK

UND

ALLGEMEINE KUNSTWISSENSCHAFT

HERAUSGEGEBEN
VON
MAX DESSOIR

ELFTER BAND

MIT 4 TAFELN

STUTTGART
VERLAG VON FERDINAND ENKE
1916

A. g. XIII.

In dieser Zeitschrift erschien zum ersten Mal *Die Theorie des Romans* von Lukács. (EK)

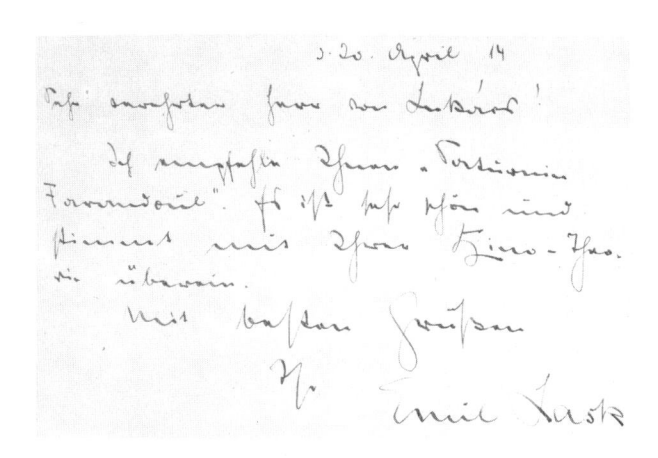

Die letzte Karte von Emil Lask an Lukács. (LA)

Wie Emil Lask wurde unter den ungarischen Freunden von Lukács auch Béla Zalai ein Opfer des Krieges; sein Torso gebliebenes Lebenswerk hatte großen Einfluß auf die junge Philosophengeneration: Karl Mannheim, Arnold Hauser, Béla Fogarasi, Sándor Varjas. (Foto: Olga Máté)

1915 konnte Lukács nicht durchsetzen, daß seine Befreiung vom Militärdienst verlängert wurde, er mußte nach Budapest heimkehren: „Ich diente als Hilfsdienstler bis zu dem Zeitpunkt [vom Herbst 1915 bis zum Sommer 1916 – Hrsg.], an dem mein früherer Mitschüler Iván Rakovszky, der spätere Innenminister, meinen Vater aufsuchte, und da der Zweck seines Besuches ein Posten in der Direktion eines zur Kreditanstalt (Hitelbank) gehörenden Unternehmens war, verlief das Gespräch natürlich per Onkel Józsi, und natürlich tauchte die Frage auf, was denn der Gyuri mache. In diesem Zusammenhang beklagte sich mein Vater bei ihm, daß ich in Pest als Hilfsdienstler lebe und wie schlecht ich mich fühle. Darauf sagte er: ‚Schau, Onkel Józsi, das ist eine Kleinigkeit, sag dem Gyuri, er soll mich im Parlament aufsuchen, und dann werden wir die Sache besprechen.' Und wir besprachen sie wirklich, und vier Wochen später war ich vom Militärdienst befreit. Und ich hatte nie wieder was mit dem Militär zu tun. Dafür erhielt Rakovszky einen Posten in der Direktion des zur Hitelbank gehörenden Unternehmens."
(Vezér-Eörsi-Interviews vom 27. 3. 1971, LA.)

△
Das Lukács-Haus in der Stadtwäldchen-Allee. Hier wohnte Lukács, wenn er sich in Budapest aufhielt. (Foto: Demeter Balla)

Lukács bei der Familie Balázs. Um sie bildete sich 1915/16 ▷ der sog. Sonntagskreis heraus.
Georg Lukács, Béla Balázs und Edith Hajós. (IM)

Georg Lukács, Edith Hajós und Anna Schlamadinger (erste ▷ und zweite Frau von Béla Balázs). (IM)

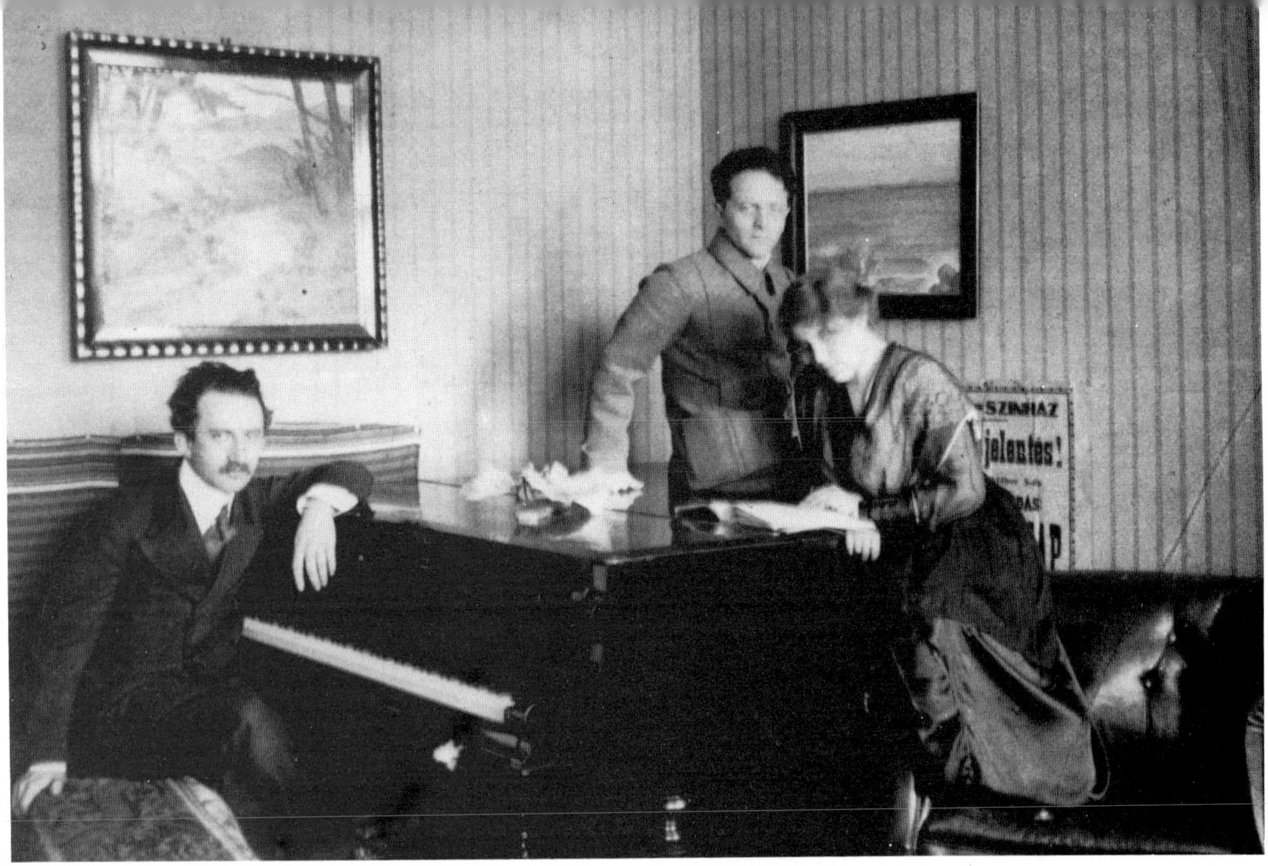
SZINHAZ
jelentés!

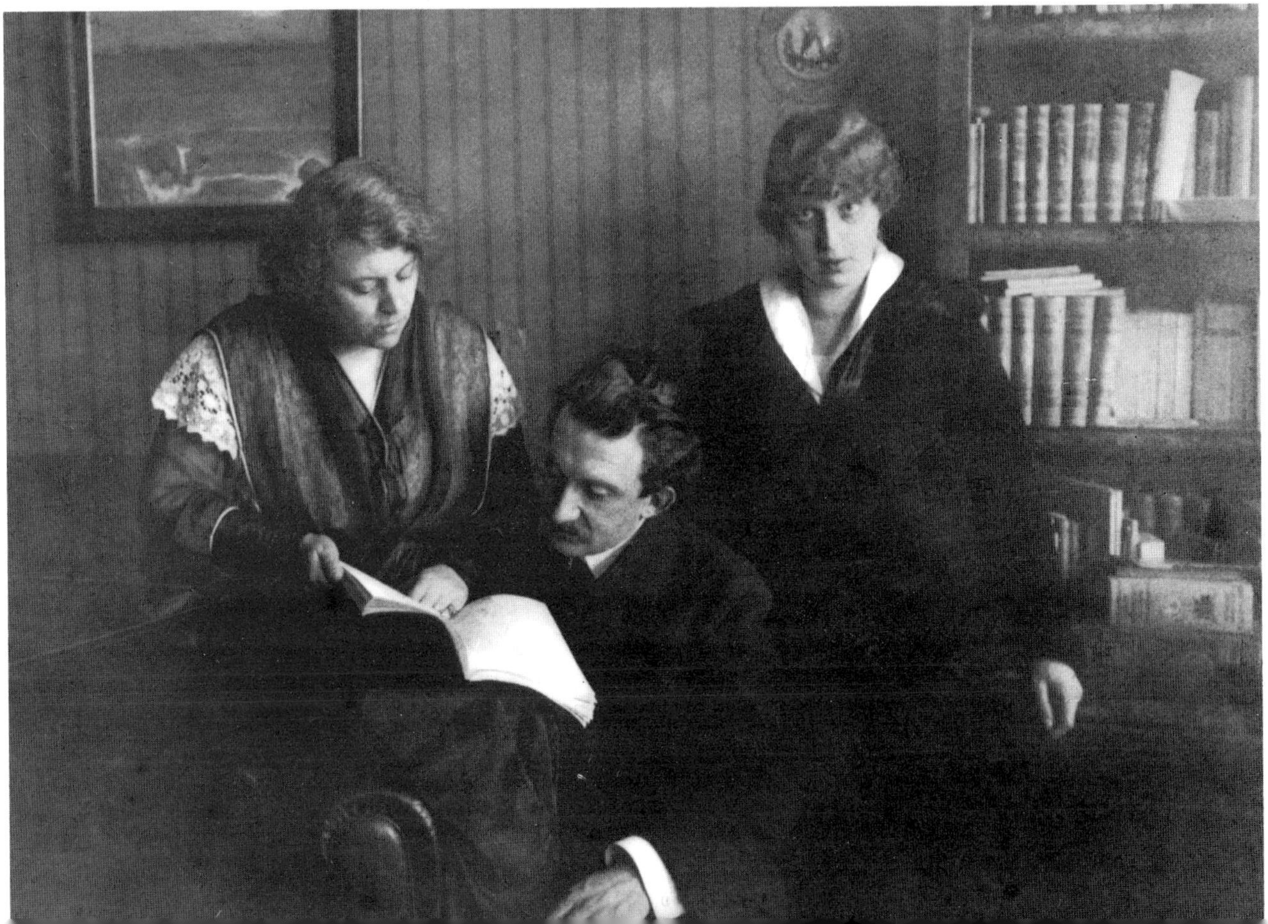

Ein Sonntag ohne Lukács. Von links nach rechts: Karl Mannheim, Béla Fogarasi, Ernő Lorsy, József Nemes Lampérth, Elza Stephani, Anna Schlamadinger, Edith Hajós, Béla Balázs. (IM)

„Der Sonntags-Kreis traf sich von 1915 etwa bis 1918 wöchentlich im Hause Béla Balázs', wo wir von 15 bis 3 Uhr morgens zusammen waren – zehn von den zwölf Stunden sprach Lukács. Wir redeten nie über Politik, sondern über Literatur, Philosophie und Religion. Damals war noch keiner an Soziologie interessiert... Die Schutzheiligen der Gruppe waren in jenen frühen Zeiten Kierkegaard und Dostojewski."
(Aufzeichnung eines Gesprächs mit Arnold Hauser in David Kettler: *Marxismus und Kultur*. Luchterhand, Neuwied 1967, S. 60.)

„Die Schule gelang über Erwarten gut. Wir hatten im Durchschnitt bei jedem Vortrag 70 Zuhörer, die nicht wegblieben, wie wir angenommen hatten. Und – wie sich Fogarasi ausdrückte – wir überraschten auch einander mit unseren Fähigkeiten... Gyuri traf ebenfalls ein. Und obzwar er diese Vorträge über Ethik jetzt improvisierte, war er doch unübertrefflich!"
(Aus den Tagebuchaufzeichnungen von Béla Balázs. In: *Valóság*, 1973/3.)

Karl Mannheim (1893–1947), der später berühmt gewordene Wissenssoziologe, gehörte auch zum Sonntagskreis und – wie er in einem Brief an Lukács betonte – lernte sehr viel von Lukács. (Foto: Olga Máté)

1917 begann der Sonntagskreis seine Freischule für Geisteswissenschaften mit folgendem Programm:
Vortragsserie: Béla Balázs: „Dramaturgie", Béla Fogarasi: „Theorie des philosophischen Denkens", Lajos Fülep: „Das nationale Element in der ungarischen bildenden Kunst", Arnold Hauser: „Probleme der Ästhetik nach Kant", Georg Lukács: „Ethik", Karl Mannheim: „Erkenntnistheoretische und logische Probleme", Emma Ritoók: „Probleme der ästhetischen Wirkung".
Seminare: Frigyes Antal: „Cézanne und die Malerei nach Cézanne", Zoltán Kodály: „Die ungarischen Volkslieder".
(Eigentum von Erzsébet Vezér)

ELŐADÁSOK A SZELLEMI TUDOMÁNYOK KÖRÉBŐL

Ezen a néven előadások sorozatát kezdjük, melynek a már meglevő szabadiskolák mellett az a létjogosultsága, hogy azoktól különbözni kiván.
Különbözni fog tőlük elsősorban előadásaink karakterében, abban, hogy **nem lesz népszerü**. Meggyőződésünk ugyanis, hogy a tudomány minden népszerüsitése azt lényegéből kivetközteti és hogy minden gondolat csak

Anna Lesznai (1885–1966), Dichterin, Kunstgewerblerin, eine charakteristische Gestalt des Geisteslebens der Zeit. Ihre Gedichte erschienen in der *Nyugat*, mit ihren Stickereien nahm sie an der Ausstellung der Gruppe „Die Acht" teil, durch ihren Mann, Oszkár Jászi, hatte sie auch Beziehungen zum Kreis der *Huszadik Század* und beteiligte sich an der Gesellschaft von Georg Lukács und Béla Balázs, dem Sonntagskreis. (Eigentum von Erzsébet Vezér)

SOROZATOS ELŐADÁSAINK:

BALÁZS BÉLA: Dramaturgia.
FOGARASI BÉLA: A filozófiai gondolkodás elmélete.
FÜLEP LAJOS: A nemzeti elem a magyar képzömüvészetben.
HAUSER ARNOLD: A Kant utáni aesthetika problémái.
LUKÁCS GYÖRGY: Ethika.
MANNHEIM KÁROLY: Ismeretelméleti és logikai problémák.
RITOÓK EMMA: Az aesthetikai hatás problémái.

SZEMINÁRIUMOK:

ANTAL FRIGYES: Cézanne és a Cézanne után való festészet.
KODÁLY ZOLTÁN: A magyar népdalról.

A szemináriumi előadásokra csak az előadó vesz fel korlátolt számu hallgatót.

Az előadások március elején kezdődnek és junius elejéig tartanak; helyük és részletes órarendjük a beiratkozás alkalmával tudható meg. Beiratkozni a Fővárosi Paedagogiai Könyvtárban (Mária Terézia-tér 8. I. em.) lehet d. u. 5-től 7-ig Balázs Bélánál. Az összes előadások dija havi 20 korona, de indokolt kérelemre részben vagy egészen is elengedhető.

71

Im Jahrgang 1918 der philosophischen Zeitschrift der Kantgesellschaft, der *Kant-Studien,* erschien der Nachruf von Lukács über den im Krieg gefallenen Emil Lask. Auf dem Bild: das Ervin Szabó gewidmete Exemplar des Lask-Nachrufes. (LA)

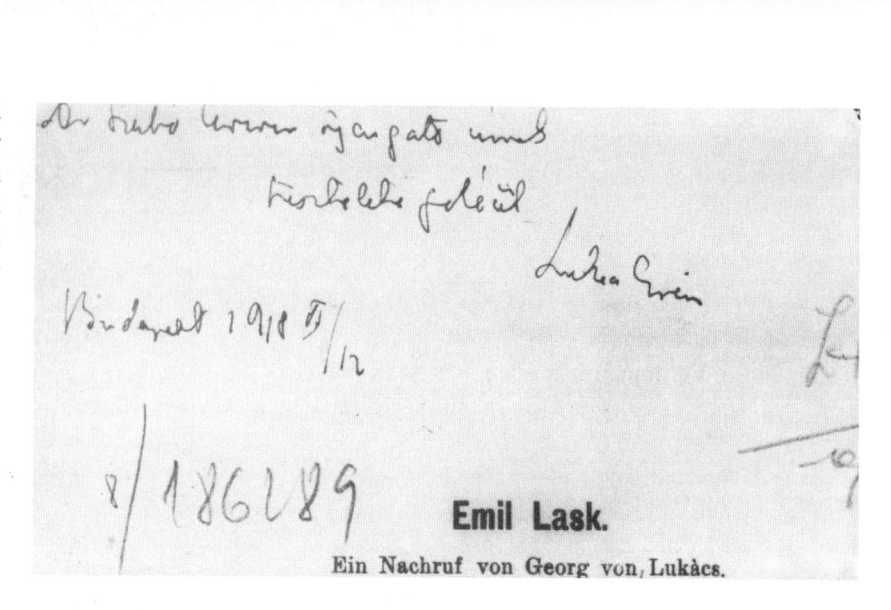

„Ich versuchte auch die zeitgenössischen sozialdemokratischen Theoretiker zu lesen, aber Kautsky machte auf mich einen geradezu abstoßenden Eindruck, und damals inspirierten mich auch weder Plechanow noch Mehring. Ervin Szabó, an den ich mich um Rat wandte, was ich in diesem Problemkreis noch lesen sollte, empfahl die französischen Syndikalisten. Dabei erwähnte er auch Sorel, natürlich mit gewissen skeptischen Vorbehalten. Auf meine geistige Entwicklung hatte aber gerade er den stärksten Einfluß. Einmal positiv, indem er meine Abneigung gegen jede revisionistische oder opportunistische Interpretation der marxistischen Theorie stärkte; zum andern negativ, indem in meiner theoretischen Einstellung eine den rein unmittelbaren Klassenkampf mythisierende Parteiauffassung vorherrschend wurde."
(Lukács: Brief an die Direktion der Bibliothek Ervin Szabó, in *Szabó Ervin 1877–1918,* Hg. László Remete, Budapest, 1968. S. 329.)

Ervin Szabó (1877—1918), der bedeutendste ungarische Marxist der Zeit, Übersetzer und Herausgeber der Werke von Marx und Engels, auch mit der internationalen Arbeiterbewegung in Kontakt stehender, syndikalistisch eingestellter Gesellschaftswissenschaftler. Einer der Leiter der Társadalomtudományi Társaság. Begründer und Direktor der Hauptstädtischen Bibliothek Ervin Szabó. Theoretiker und Leiter der Linksopposition innerhalb der Sozialdemokratischen Partei Ungarns, 1917/18 auch der antimilitaristischen Bewegungen. Obwohl Lukács ihn schon früher kannte, gewann Szabó in diesen Jahren Bedeutung für seine weltanschauliche Orientierung. (MMM)

„Keinen einzigen Mann für das Militär!
Achtung! Arbeiter! Brüder!
Der stabile Frieden wird für uns weder durch die Sozialdemokratie noch durch irgendeine Regierung, sondern nur durch die Verwirklichung der bolschewistischen Idee gesichert werden, also auf zu Taten!"
(Flugblatt der Galileiisten; MMM)

Ilona Duczynska (1897—1978), später die Frau Karl Polányis, trug, von ihren ausländischen Studien heimkehrend, den „Zimmerwalder" kriegsgegnerischen sozialistisch-revolutionären Geist in den bis dahin größtenteils nur wissenschaftliche Aufklärungsarbeit leistenden Galilei-Kreis der Studenten. Sie wurde als eine der Hauptangeklagten des sog. Galilei-Prozesses wegen Organisierung der illegalen antimilitaristischen Tätigkeit eingekerkert. (MMM)

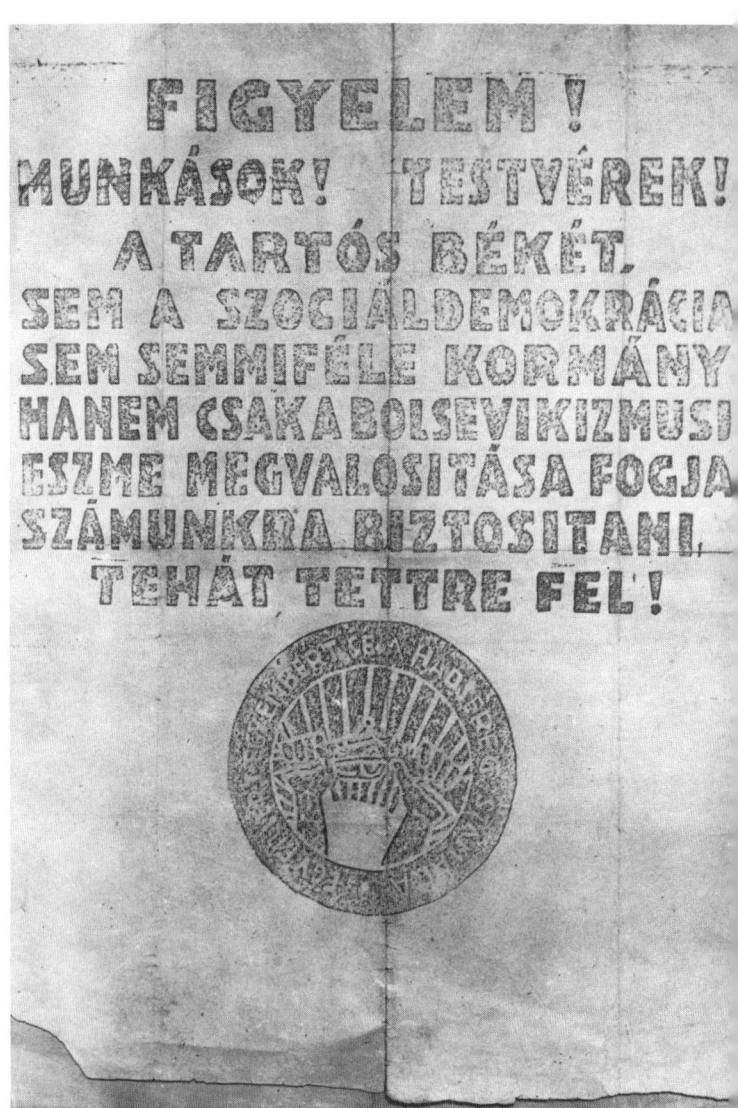

Heinrich Rickert (1863–1936), Philosophieprofessor in Heidelberg. Mit ihm waren die Habilitationspläne von Lukács verknüpft. (ADN–ZB)

Brief Rickerts an Lukács aus dem Jahre 1917. (LA)

Jugendwerke von Lukács, auf die er sich in seinem Habilitationsantrag bezog. (Foto: Demeter Balla)

Habilitationsantrag von Georg Lukács an die Heidelberger Universität im Jahre 1918. (LA)

LUKÁCS GYÖRGY
ESZTÉTIKAI KULTURA
— TANULMÁNYOK —
ATHENAEUM BUDAPEST
LUKÁCS GYÖRGY
BALÁZS BÉLA
ÉS AKIKNEK NEM KELL
ÖSSZEGYŰJTÖTT TANULMÁNYOK
1918
KNER IZIDOR KIADÁSA GYOMA
Georg Lukács
DIE THEORIE DES ROMANS
Ein geschichtsphilosophischer Versuch über die Formen der großen Epik
1920
Verlegt bei Paul Cassirer in Berlin
LUKÁCS GYÖRGY
Adalékok az esztétika történetéhez
II.
Paul Ernst
Zu seinem 50. Geburtstag
Herausgegeben von
Dr. Werner Mahrholz
1916
München bei Georg Müller
GEORG VON LUKÁCS
DIE THEORIE DES ROMANS
EIN GESCHICHTSPHILOSOPHISCHER VERSUCH ÜBER DIE FORMEN DER GROSSEN EPIK
STUTTGART
DRUCK DER UNION DEUTSCHE VERLAGSGESELLSCHAFT
1916
A
MODERN DRÁMA
FEJLŐDÉSÉNEK TÖRTÉNETE
ELSŐ KÖTET
LUKÁCS GYÖRGY
BUDAPEST
FRANKLIN-TÁRSULAT
GEORG VON LUKÁ
DIE SEELE UND DI
FORMEN / ESSA
EGON FLEISCHEL & CO. BERLIN
1911
NEUE BLÄTTER
1912
DER ZWEITEN FOLGE FÜNFTES UND SECHSTES HEFT
INHALT
LUKÁCS GYÖRGY
A LÉLEK ÉS A FORMÁK
KISÉRLETEK
BUDAPEST 1910
FRANKLIN-TÁRSULAT
EXISTENTIALISME OU MARXISME
PROLEGOMENOS A UNA ESTETICA MARXISTA

Gertrud Bortstieber, mit der Lukács schon seit 1906 bekannt war und der er bei seinem Vortrag über Ethik an der Freischule für Geisteswissenschaften wieder begegnete. Gertrud war inzwischen die Frau des Mathematikers Imre Jánossy geworden und hatte zwei Söhne. Diese neue Begegnung wurde der Anfang ihrer lebenslangen Beziehung. (LA)

„Entstehung der neuen Verbundenheit: unübersichtlich, aber Gefühl, daß endlich – zum erstenmal in meinem Leben: Liebe: Ergänzung, solide Lebensbasis (Denkkontrolle) – nicht Gegenüberstehen. Unmittelbarer Gesprächsgegenstand: sekundär. Inhalt immer: ob das, was ich denke und fühle, wirklich ist, d. h. meine wirkliche Individualität (subjektiv: echt, objektiv: gattungsmäßig) zum Ausdruck bringt. Diese Kontrolle, die sich anfangs oft bloß in spontanen Gesten, Wortbetonungen zum Ausdruck brachte, ist langsam zu einer neuen Lebensform geworden: gedoppelte permanente Kontrolle der Echtheit.
Ich weiß nicht, ob ohne Hilfe dieser Kontrolle die innere Umwandlung meines Denkens (1917–19) verwirklichbar gewesen wäre. Nicht nur weil jetzt – zum erstenmal im Leben – weltanschauliche Entscheidung = Änderung der ganzen Lebensweise, sondern zugleich als Weltanschauung Alternativen ganz anderer Art."
(Georg Lukács: „Gelebtes Denken." Manuskript, S. 28, LA.)

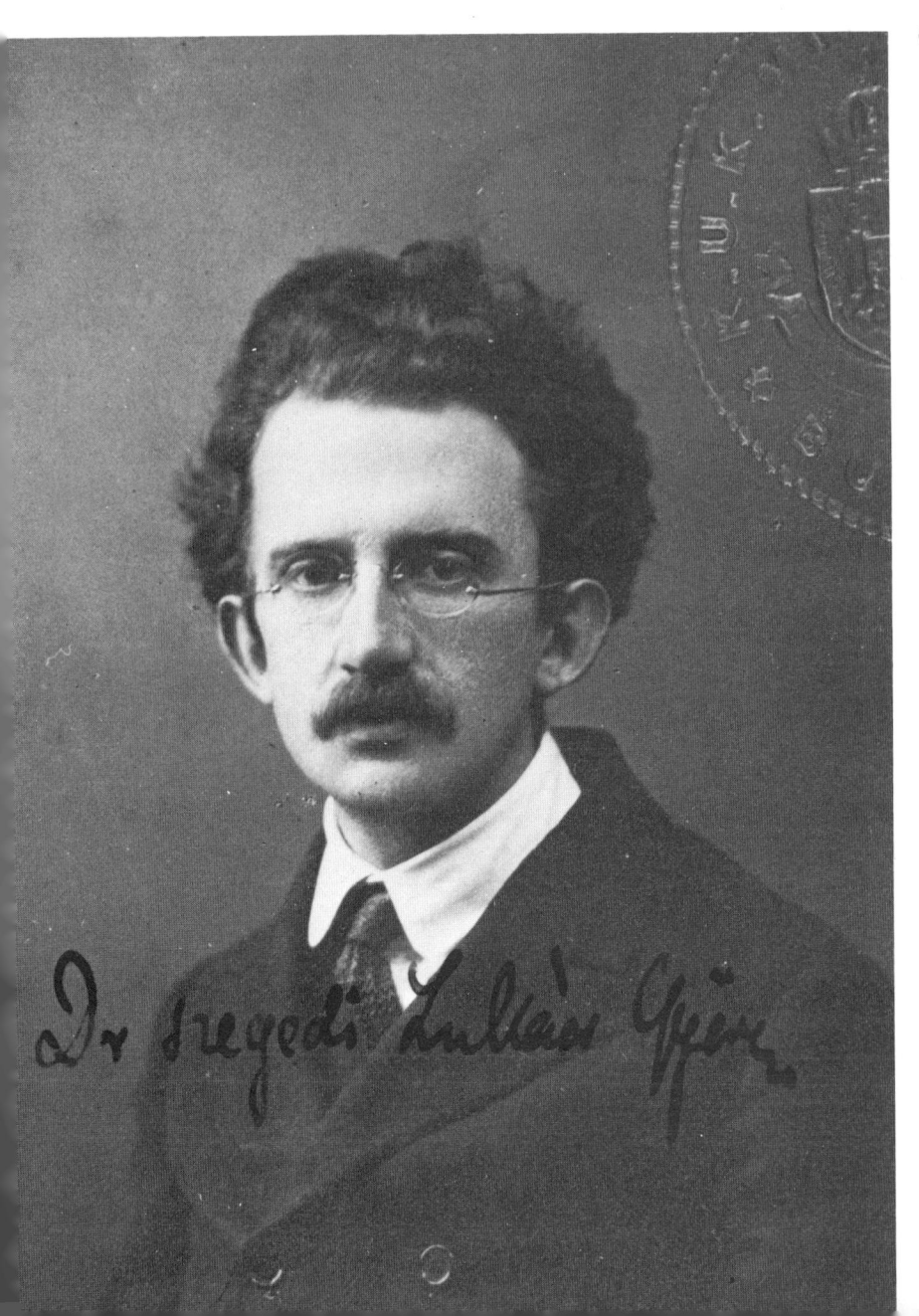

Georg Lukács im Jahre 1917. (LA)

„Ausbruch und Verlauf des Krieges von 1914 verschärften in mir das Streben, daß die Philosophie sich auf eine Veränderung der Welt richten sollte, so stark wie nie zuvor. Kein Wunder, daß unter solchen Umständen einerseits die ethischen Tendenzen in den Vordergrund traten... und andererseits mich mein theoretisches Interesse aufs neue zu Marx zog... Diese Einstellung wurde natürlich durch die Revolutionen von 1917 weiter gefestigt. Es wäre freilich eine Verfälschung der Tatsachen zu behaupten, daß dadurch bei mir schon irgendeine bestimmte Wendung eingetreten wäre, nämlich den Marxismus zur echten theoretischen Grundlage meiner Gedankenwelt zu machen. Wie so oft in meinem Leben, konnte auch jetzt nur davon die Rede sein, daß sich in mir ein Kampf zwischen in vieler Hinsicht gegensätzlichen weltanschaulichen Strömungen abspielte. Auf diese Weise gelangten – parallel zu einem neuen, andersartigen, philosophischen Herangehen an den Marxismus – die in mir lebenden und damals sogar vorherrschenden idealistischen philosophischen Tendenzen zu einem Maximum ihrer Entfaltung. Damals schien es für mich noch unmöglich, den rechten Weg auf andere Weise zu finden als durch eine konsequente Durchführung dieser Tendenzen bis zum Ende. Diese Krise, während der es noch zu manchem gedanklichen und sogar auch politischen Zaudern kam, nahm mit meinem kleinen Aufsatz ‚Taktika és etika' [Taktik und Ethik] und meinem auf seine Ausarbeitung folgenden Eintritt in die kommunistische Partei ein Ende."
(Lukács: *Utam Marxhoz.* S. 8–9.)

Massenversammlung des aus den Oppositionsparteien entstandenen Nationalrates vor dem Parlament am 27. 10. 1918. Die Redner fordern vom König die Ernennung Mihály Károlyis zum Ministerpräsidenten, die Massen verlangen die Proklamierung der Republik. Am 31. 10. siegt in Ungarn die bürgerlich-demokratische Revolution. (MMM)

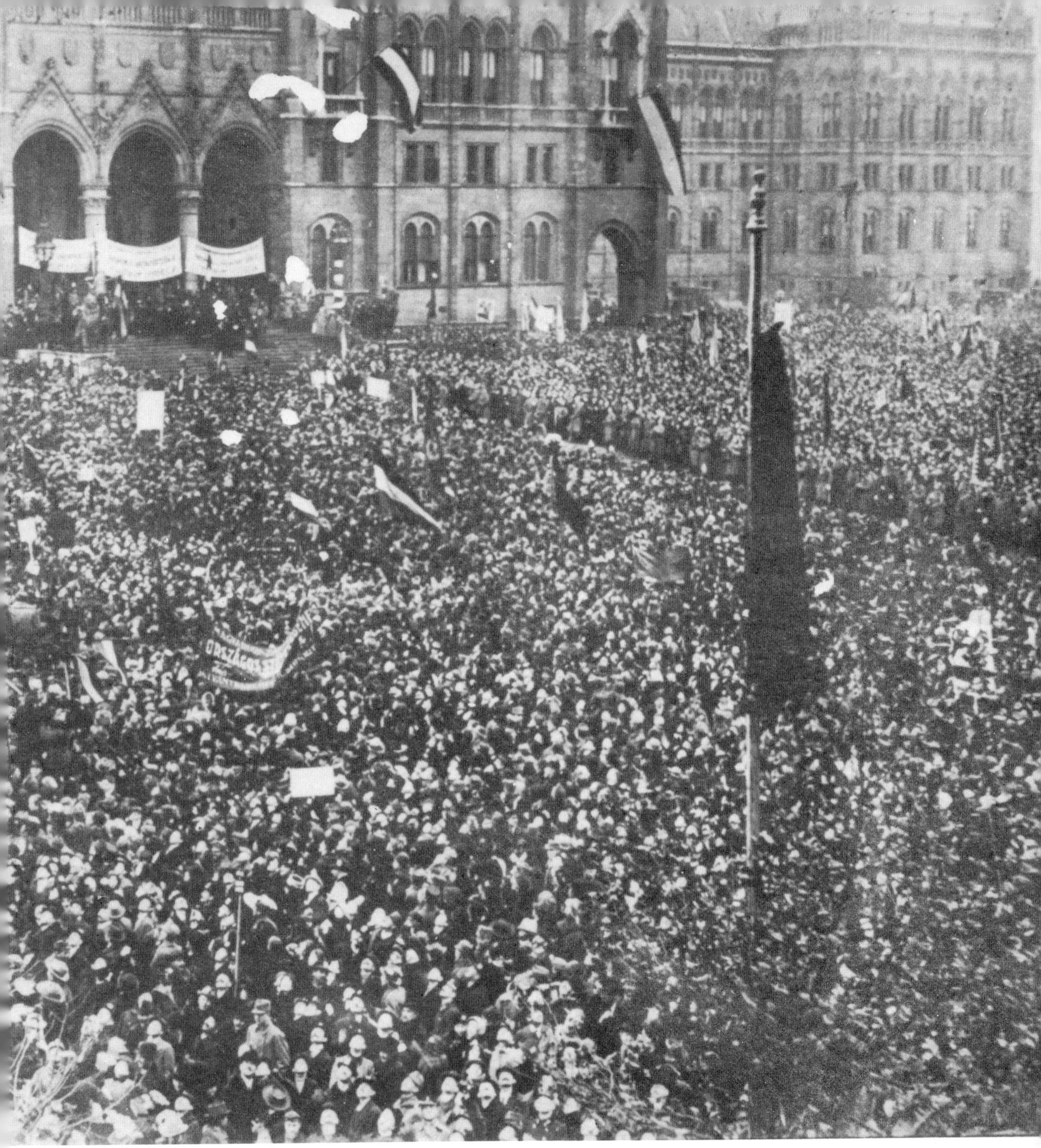

Artikel von Georg Lukács in der Zeitung *Világ* vom 10. November 1918: „Köztársasági propaganda" (Republikanische Propaganda). Lukács schloß sich dem Nationalrat an und nahm an der Arbeit des Fachbeirats für Kunst beim Nationalrat teil. (OSZK)

„Wir alle, die wir Anhänger der jetzigen Umgestaltung sind, müssen klar sehen, *warum* wir die Republik wollen. Denn wenn wir die Republik fordern, so wollen wir Bodenreform und Steuerreform, neue Sozialpolitik und neue Schulen, mit einem Wort die innere wirtschaftliche und soziale Wiedergeburt Ungarns… Mit der Erringung der Republik hat die Revolution erst begonnen und ist nicht zu Ende."
(Aus dem Artikel.)

◁ Ministerpräsident Mihály Károlyi spricht auf den Stufen des Parlaments anläßlich der Proklamation der Republik am 16. 11. 1918. (MTI)

Ernő Seidler (1886–1938), Bruder von Irma Seidler, der als Mitglied der revolutionären Kriegsgefangenenorganisation 1918 aus der russischen Kriegsgefangenschaft heimkehrte. Lukács war mit ihm schon im Galilei-Kreis eng befreundet, dessen Mitbegründer Seidler war. Nach seiner Heimkehr nahm er im November 1918 an der Gründung der Kommunistischen Partei Ungarns (KPU) teil. (Aus dem Nachlaß von Stella Seidler.)

Flugblatt über eine Vortragsserie der KPU. (MMM)

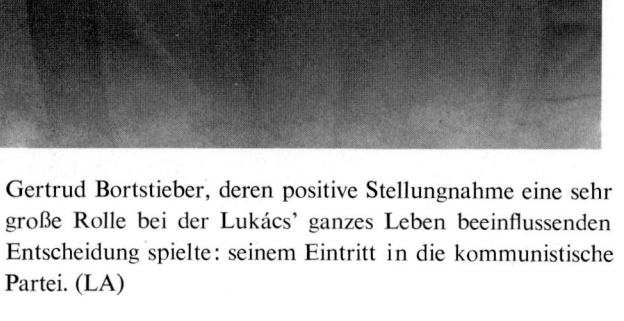

Gertrud Bortstieber, deren positive Stellungnahme eine sehr große Rolle bei der Lukács' ganzes Leben beeinflussenden Entscheidung spielte: seinem Eintritt in die kommunistische Partei. (LA)

Sondernummer der weltanschaulichen und politischen Zeitschrift des Galilei-Kreises, *Szabadgondolat*, über den Bolschewismus, darin ein Artikel von György Lukács: „A bolsevizmus mint erkölcsi probléma" (Der Bolschewismus als moralisches Problem). (OSZK)

„Bedeutung G's in diesem Übergang: erstes Mal im Leben. Unterschied zu Früherem (Irma, Lena): meine Linie immer festgestanden (Beziehung – auch Liebe – innerhalb gegebener Entwicklungslinie. Jetzt bei jeder Entscheidung G. starken Anteil daran, gerade in den menschlich-persönlichsten Bestimmungen. Ihre Reaktion auf diese oft entscheidend. Also: nicht daß ich ohne sie den Weg zum Kommunismus überhaupt nicht gegangen wäre. Das war, wie früher von meiner Entwicklung aus gegeben, aber gerade hier sehr komplizierte und in ihren Folgen höchst wichtige persönliche Nuancen des jeweiligen Wie hätten sich ohne sie ganz sicher ganz anders entwickelt. Und damit vieles Allerwesentlichste an meinem Leben." (Georg Lukács: „Gelebtes Denken." Manuskript, S. 30 ff. LA.)

„Es muß gesagt werden, da es ja ein Dokument darüber gibt, daß ich mich der kommunistischen Partei erst nach einem gewissen Schwanken angeschlossen habe. Das ist sonderbar, ist aber in Wirklichkeit doch geschehen, daß sich – obwohl ich mir auch über die Rolle der Gewalt in der Geschichte vollständig im klaren war und nie den geringsten Einwand gegen die Jakobiner hatte, als die Frage der Gewalt hier auftauchte und ich sie eventuell mit meinen eigenen Taten fördern sollte – herausstellte, daß die Theorie in den Köpfen der Menschen nicht genau das Gleiche bedeutet wie die Praxis, und es mußte sich erst ein gewisser Prozeß abspielen, der, sagen wir, den Monat November ausfüllte, nach dem ich mich Mitte Dezember der kommunistischen Partei anschloß. Von den Führern der Kommunistischen Partei Ungarns hatte ich mit Ernő Seidler alte freundschaftliche Beziehungen, und er sprach fortwährend mit mir über diese Fragen, und als sich diese Krise löste, hielt ich es für natürlich, daß Seidler mich zu einem Gespräch mit Kun und Szamuely mitnahm." (Vezér-Eörsi-Interviews vom 30. 3. 1971, LA.)

△
Béla Kun (1886–1939), Tibor Szamuely (1890–1919), die aus ▷ Rußland heimgekehrten, im Bürgerkrieg auf der Seite der Bolschewiki kämpfenden, hochangesehenen Führer der KPU. (MTI)

Der Begräbniszug von Endre Ady auf den Budapester Straßen. (MTA)

Einladung zur Ady-Trauerfeier des Galilei-Kreises. Georg Lukács würdigte die Lyrik Adys, Károly Polányi hielt die Festrede. (IM)

Das Blatt *Érdekes Ujság* mit den Bildern der „Opfer der Berliner Kämpfe", Karl Liebknecht und Rosa Luxemburg. (OSZK)

Flugblatt der KPU: Aufruf zur Protest-Massenversammlung gegen die Ermordung von Karl Liebknecht und Rosa Luxemburg. (MMM)

20. 2. 1919. Demonstration vor dem Redaktionsgebäude der Zeitung *Népszava* gegen die Arbeitslosigkeit. Die Polizei reagierte mit der Verhaftung der kommunistischen Führer. (MMM)

„›...Mitte Dezember war es soweit, daß ich mich der Partei anschloß. Man ernannte mich zum Mitglied des Redaktionskomitees der Zeitschrift *Internationale* und beauftragte mich außerdem, in der Vortragsreihe der Partei über die prinzipiellen Fragen von *Diktatur oder Demokratie* zu sprechen. Soweit ich es beurteilen kann, hatte der Vortrag eine gute Wirkung, mir zumindest sagte man, daß sich verhältnismäßig viele Arbeiter nach dem Vortrag zur Aufnahme in die Partei meldeten. In der ersten Zeit spielte ich in der Partei eine rein ideologische Rolle. Das wurde anders, als im Februar die Kun-Gruppe von der Polizei verhaftet wurde. Da tauchte die Frage auf, wie wir das Parteileben weiterführen sollten, und ich fand sofort Anschluß an die Genossen, die nach der Verhaftung Kuns die Führung übernahmen... Einzelne Genossen... wollten, daß wir nun – von der Tagespolitik zurückgezogen – ...eine rein ideologische Arbeit verrichten sollten. Die Auseinandersetzungen endeten damit, daß wir den Gedanken eines Ervin-Szabó-Klubs verwarfen und erklärten, die Parteiarbeit müsse ebenso weitergeführt werden wie bis dahin. Es ist allgemein bekannt, daß das dann zum Erscheinen der *Vörös Ujság*, zur Organisierung einiger kommunistischer Versammlungen und ähnlicher Veranstaltungen führte, so daß nach der Verhaftung der Kun-Gruppe in Budapest und teilweise auch auf dem Lande bald wieder eine aktive kommunistische Partei existierte... An alledem nahm ich, da ich Mitglied dieses zweiten Zentralkomitees war, natürlich auch teil. Da ich ebenfalls auf der Liste der zu Verhaftenden stand und in halber Illegalität arbeitete, beteiligte ich mich natürlich nicht an der Aufstellung der einzelnen Organisationen, sondern unterstützte die Ausarbeitung gewisser – für die damalige Praxis obligatorischer – prinzipieller Entscheidungen des Zentralkomitees."
(Filminterview von Tibor Garai mit Lukács. In: *A század nagy tanúi* [Große Zeugen des Jahrhunderts]. Hg. Rózsa Borus. RTV-Minerva, Budapest 1978, S. 177–178.)

◁ Protest-Flugblatt der Galileiisten gegen die Polizeiwillkür gegenüber den Kommunisten. (MMM)

Der Flugzettel teilt mit, daß die in die Illegalität gedrängte kommunistische Partei ihre Räume in der Visegráder Straße wieder eröffnet hat. (MMM)

Die Tageszeitung der Kommunistischen Partei Ungarns, *Vörös Ujság*, deren Redakteur Lukács als Mitglied des zweiten Zentralkomitees wurde. (PTI)

▽

Kommunistische Massenversammlung, auf der die Freilassung der kommunistischen Führer gefordert wurde. (MMM)

„...Das Zentralkomitee von Béla Kun unterhielt sehr gute private Beziehungen zu der von Landler, Pogány und anderen geführten Gruppe des linken Flügels der sozialdemokratischen Partei. Wir jedoch vertraten den Standpunkt, daß wir sie mit solchen Gesprächen nie gewinnen würden. Die Methode zu ihrer Gewinnung bestand darin, die Zwiespältigkeit ihres Standpunktes zu kritisieren. Derartige Artikel erschienen auch in der *Vörös Ujság*. So daß ich nur sagen kann, Landler hat mir während der Diktatur selbst erklärt, diese Wendung sei günstig für ihre Entwicklung gewesen, denn sie hätte ihre Entscheidung in der Frage ihres Anschlusses beschleunigt." (Filminterview von Tibor Garai mit Lukács 1971, a. a. O., S. 176–177.)

Jenő Landler, einer der Führer der Sozialdemokratischen Partei Ungarns, spricht am 15. 3. 1919. (MMM)

Die Zelle Béla Kuns im Sammelgefängnis. Lukács besuchte regelmäßig das Sammelgefängnis, die Mitglieder des zweiten Zentralkomitees hielten hier förmliche Zentralkomitee-Sitzungen mit den eingekerkerten Führern ab. Nach dem Abdanken der Regierung suchten hier die Führer der sozialdemokratischen Partei die Führer der kommunistischen Partei auf, um die Fusion der beiden Parteien und die Machtübernahme zu vereinbaren. (MMM)

Beschluß über die Vereinigung der Sozialdemokratischen Partei Ungarns und der Kommunistischen Partei Ungarns. (MTI)

„Die Parteien hörten auf zu existieren – es gibt jetzt ein einheitliches Proletariat: das ist die entscheidende theoretische Bedeutung dieser Vereinigung... Die gewaltige Tat des ungarischen Proletariats besteht darin, daß es die Weltrevolution endgültig in diese Phase hinübergeleitet hat. Die russische Revolution hat gezeigt, daß das Proletariat die Gewalt an sich zu reißen und eine neue Gesellschaft zu organisieren vermag. Die ungarische Revolution hat gezeigt, daß diese Revolution ohne den Bruderkampf der Proletarier möglich ist...

(Georg Lukács: „Partei und Klasse." In: Lukács: *Werke*. Bd. 2. Luchterhand, Neuwied 1968, S. 77–78.)

Proklamation der Räterepublik. (MTI)

Bericht der Zeitung *Pesti Napló* über die Errichtung der Diktatur des Proletariats am 21. 3. 1919. (PTI)

Ein Bericht aus dem *Politischen Volksblatt,* Budapest, vom 22. 3. 1919.

Ein kommunistischer Vortrag.

Im Beratungssaal des alten Abgeordnetenhauses fand heute nachmittag eine Versammlung statt, in welcher Dr. Georg Lukács einen Vortrag über die „Kultur von morgen" hielt. Nach dem von vorwiegend kommunistischen Anhängern mit größter Aufmerksamkeit angehörten Vortrag erschien der seit der vormonatigen kommunistischen Bewegung verschwundene Führer Tibor Szamuely, der mit großem Jubel empfangen wurde und machte Mitteilung von den heutigen Ereignissen und richtete an die Anwesenden die Aufforderung, nunmehr nach Leninschem Muster in heldenmütiger Weise für die kommunistischen Ideen zu kämpfen, gleichzeitig forderte er die Zuhörer auf, sich in das Versammlungslokal der Kommunistenpartei in der Visegrádergasse zu begeben. Dieser Aufforderung wurde Folge geleistet.

Eine kommunistische Kundgebung in der

Politisches Volksblatt.

45. Jahrgang. Nr. 69.   Einzelnummern in Budapest, in der Provinz und auf den Bahnhöfen 20 Heller.   Samstag, 22. März 1919.

Redaktion und Administration: Budapest, Vilmos császár-út (Kaiser Wilhelmstraße) Nr. 34.   Abonnement für Budapest und die Provinz: Jährlich .. 52 Kronen / Vierteljährlich . 13 Kronen Halbjährlich 26 Kronen / Monatlich ..... 4.60 Kronen mit Zusendung.   Erscheint (mit Ausnahme des Montags) täglich. Inserate und Eingesendet billigst nach ausliegendem Tarif. Telephon: Redaktion 45—00. Administration 56—10.

Verkündung der Diktatur des Proletariats in Ungarn.

Georg Lukács als stellvertretender Volkskommissar für Unterricht. (OSZK)

A KÖZOKTATÁSÜGYI NÉPBIZTOSSÁGTÓL.

RENDELET.

1. A tanoncok munkaideje e rendelet megjelenésétől kezdve heti 36 óra, melybe az elméleti oktatás ideje is beszámíttatik. Az elméleti oktatás csak hétköznapokon, a nappali órákban történhetik.
2. Senki tanoncát el nem bocsáthatja. Ha elbocsátotta, minden eddigi illetményét (ellátás, lakás, fizetés) fizetni tartozik.
3. Aki tanoncát tettlegesen bántalmazza, forradalmi törvényszék elé állítandó.

Budapest, 1919. évi március hó 31.

Lukács
közoktatásügyi helyettes népbiztos.

„Die maximale wöchentliche Arbeitszeit der Lehrlinge einschließlich des theoretischen Unterrichts beträgt 36 Stunden; niemand darf seine Lehrlinge entlassen, tut er es doch, muß er alle bisherigen Bezüge weiter zahlen; wer seinen Lehrling tätlich mißhandelt, ist vor das Revolutionsgericht zu stellen." (MMM)

Verordnung des Volkskommissars für Unterricht: Verbot des Schachers mit Theaterkarten:
„Der Revolutionäre Regierende Rat hat es ermöglicht, daß auch die werktätige Arbeiterschaft billig und leicht zu Theaterkarten kommt, aber nur, um die Theaterkarten für sich oder für ihre Angehörigen in Anspruch zu nehmen. Wer Theaterkarten zu einem höheren Preis als auf ihnen angegeben verkauft, vergeht sich nicht allein gegen die Proletarierehre, sondern verübt auch eine Strafhandlung und wird vor das Revolutionsgericht gestellt. Lukács." (OL)

„...die Grundlage für die erfolgreiche Arbeit des Volkskommissariats bestand darin, daß die fortschrittlichen Bewegungen der ungarischen Kultur sie fast ausnahmslos unterstützten und im Volkskommissariat eine führende Rolle spielten.
...nur das Volkskommissariat für Unterricht wechselte das gesamte leitende Personal einschließlich der Ministerialräte und Sektionschefs und setzte an ihre Stelle... Personen, die in früheren Jahrzehnten auf ihrem eigenen Gebiet eine progressive Rolle spielten. Ob es nun in den Gewerkschaften aufgetauchte radikale Kindergärtnerinnen waren oder in der bildenden Kunst die Gruppe der Acht war, spielte keine Rolle. Es ging darum, daß diese radikale Schicht, die eine Reform forderte, in fast allen Bereichen die Führung übernahm, und insofern das Volkskommissariat Ergebnisse aufweisen konnte, haben wir diese Ergebnisse meiner Meinung nach voll und ganz diesem Umstand zu verdanken. Meine Person kam nur soweit in Frage, als ich diese personellen Veränderungen... – unter Besiegung eines großen Widerstandes von seiten Kunfis – durchsetzen konnte."
(Lukács: „A Tanácsköztársaság zenei politikájáról" [Über die Musikpolitik der Räterepublik]. In: *Magyar Zene,* 1969.)

„Verordnung über die Theater. In Zukunft wird das Theater dem Volk gehören! In Zukunft wird auch die Kunst kein privilegierter Genuß der Reichen sein, die Zeit dafür haben. Die Kultur ist ein Gut des werktätigen Volkes. Georg Lukács, stellvertretender Volkskommissar, Zsigmond Kunfi, Volkskommissar für Unterricht." (OSZK)

Die Tätigkeit von Georg Lukács in den ersten Wochen der Räterepublik im Spiegel der Zeitungen. (OSZK)

„Lieber Herr Doktor, vielen Dank für Ihre Zeilen. Inzwischen ist der Inhalt zweimal gegenstandslos geworden. Erstens weil ich – als führendes Mitglied der damals verfolgten kommunistischen Partei – jede Möglichkeit für eine Professur verloren habe.

Zweitens weil ich jetzt – seit einer Woche, seit der Proklamierung der Proletarierdiktatur – Volkskommissar für Unterrichtswesen bin.

Von einer Arbeit ist für mich seit Monaten keine Rede und wohl für Jahre keine Aussicht. Ich bin im Durchschnitt vom frühen Morgen bis spät nach Mitternacht beschäftigt – mit den heterogensten Angelegenheiten. Daß ich hier gestanden bin, wird Sie nach allem dem, was wir oft über Politik sprachen, nicht wundern. Aber daß ich hier gelandet bin; d. h. auf einem so hohen Posten…

Ihr Lukács"

(Paul Ernst und Georg Lukács. Dokumente einer Freundschaft. Hg. K. A. Kutzbach. Verlag Lechte, Emsdetten 1974, S. 151. — Im weiteren: Paul Ernst und Georg Lukács.)

„…Die Lenkung der Künste übernahmen die von den Volkskommissariaten ernannten künstlerischen Direktorien, und auch in diesen arbeiteten die hervorragendsten Personen. Es genügt darauf zu verweisen, daß im musikalischen Direktorium Béla Bartók, Ernő Dohnányi und Zoltán Kodály, auf dem Gebiet der bildenden Kunst neben den Kunsthistorikern Károly Kernstok, von der jüngeren Generation Róbert Berény, Bertalan Pór, Béni und Noémi Ferenczy mit uns arbeiteten, daß im Schriftstellerdirektorium Mitarbeiter der *Nyugat* bis zur jungen und jüngsten Garde – ich denke hier an Lajos Kassák und Tibor Déry – vertreten waren. Daraus, glaube ich, wird klar, daß sozusagen die gesamte fortschrittliche, radikale Kulturbewegung im kulturpolitischen Dienst der Räterepublik stand… Was in der Diktatur am positivsten war, hing zum großen Teil damit zusammen, daß wir instinktiv alle progressiven Kräfte im Lande einsetzten, vom Bibliotheks- bis zum Musikwesen."
(Vezér-Eörsi-Interviews vom 11. 3. 1971, LA.)

„Für ihre Arbeit war kennzeichnend, daß sie schon nach der Herbstasternrevolution eine Liste der in Privatbesitz befindlichen wertvollen Kunstschätze anfertigten. Auf dieser Grundlage konnte die Diktatur eine Woche nach ihrer Proklamation alle Kunstwerke beschlagnahmen. Wenn ich mich richtig erinnere, gehörte das Bruegel-Gemälde, das auch heute im Museum der Bildenden Künste zu sehen ist, einem Grafen Batthyány. Als die Kunstschätze im Schloß gesammelt wurden, war dieses Bild verschwunden. Unsere Kommission fragte sofort, wo das Bruegel-Gemälde sei, und beklopfte die Wände so lange, bis sie das eingemauerte Gemälde fand. Dieses Beispiel ist vielleicht dazu geeignet zu illustrieren, mit welcher Begeisterung diese Schicht der Intelligenz arbeitete. Bartók war eine herausragende Gestalt dieser Garde, aber auch Frigyes Antal oder János Wilde gehörten in ihrem Bereich ebenso zum Direktorium wie Bartók in dem seinen."
(Lukács: „A Tanácsköztársaság zenei politikájáról" [Über die Musikpolitik der Räterepublik], a. a. O.)

Béla Bartók (1881–1945). (MTA)

Frigyes Antal, Mitglied des Direktoriums der Künste. (MMM)
Arbeiterkurse im Museum in der Organisation des Direktoriums der Künste. (MTI)

Károly Kernstok. (Foto: Aladár Székely, MFSZ)

„Die Diktatur des Proletariats hielt sich fern davon, sowohl eine vergangene als auch eine gegenwärtige Strömung als offiziell anzuerkennen. Statt dessen suchte sie durch Verbreitung der Bildung das werktätige Volk auf eine Stufe zu bringen, auf der es selbst entscheidet, was es von der Kunst, von der Kultur der Gegenwart und der Vergangenheit braucht oder nicht braucht. Damit hingen alle möglichen Kämpfe um die sogenannte offizielle Kunst zusammen. Die Kassák-Gruppe erhob zum Beispiel immer Anspruch

Lajos Kassák. (MMM)

Die avantgardistische Zeitschrift *MA* von Lajos Kassák, die zur Zeit der Räterepublik im Mittelpunkt heftiger literarischer Auseinandersetzungen stand. (OSZK)

„Das kommunistische Kulturprogramm unterscheidet nur zwischen guter und schlechter Literatur und ist keineswegs bereit, Shakespeare oder Goethe unter der Devise zu verwerfen, daß sie keine sozialistischen Schriftsteller waren. Es ist aber ebensowenig bereit, unter dem Vorwand des Sozialismus den Dilettantismus auf die Kunst loszulassen... Das Volkskommissariat für Unterricht will keine offizielle Kunst, aber auch nicht die Diktatur der Parteikunst. Der politische Gesichtspunkt wird noch lange ein *selektierender* Gesichtspunkt bleiben, kann aber die Richtung der literarischen Produktion nicht vorschreiben. Er soll nur Filter, nicht aber Quelle sein."
(Lukács: „Felvilágosításul" [Zur Aufklärung]. In: *Vörös Ujság* vom 19. 4. 1919.)

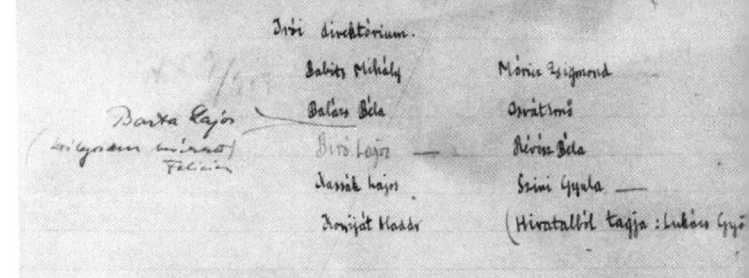

darauf, als offizielle Kunst der Diktatur anerkannt zu werden, was das Volkskommissariat – das muß ich sagen – immer abgelehnt hat. Die Kassák-Gruppe wurde vor den sozialdemokratischen Versuchen beschützt, mit denen man sie unterdrücken wollte. Die Kassák-Gruppe und ihre ‚allermodernste' Kunst wurde jedoch nie als etwas anderes anerkannt als eine der berechtigten Strömungen unter vielen."
(Interview von György Balázs mit Lukács: „A Tanácsköztársaság kultúrpolitikájáról" [Über die Kulturpolitik der Räterepublik], In: *Társadalmi Szemle* XXIV (1969), Nr. 7, S. 17.)

Beitrag von Lukács in der *Vörös Ujság* zur Diskussion über die Einschätzung der Kassák-Gruppe. (OSZK)

Namenverzeichnis des Schriftstellerdirektoriums und -ausschusses mit der Unterschrift von Lukács. (OL)

Das Café Abbázia mit dem Plakat von Bertalan Pór. Die Aufschrift lautet: „Proletarier aller Länder, vereinigt euch!" (MMM)

Leitartikel von György Lukács: „Mi a forradalmi cselekvés?" (Was ist revolutionäres Handeln?) in der *Vörös Ujság* vom 20. April. (PTI)

„Glaubt der sogenannte Politkommissar, er sei im geheimen ein Feldherr, so ist er ein Rindvieh, denn der letzte Mann im Generalstab versteht von der Technik der Kriegführung mehr als der Politkommissar. Kommt aber der Politkommissar dahinter, daß es im Hinblick auf die Stimmung der Armee zwei entscheidende Dinge gibt – daß sie gute Verpflegung bekommt und die Post von zu Hause pünktlich erhält –, dann ist es gar keine so große Kunst, das zu erreichen."

„Wir hatten die Aufgabe, Tiszafüred... zu verteidigen, und das hätte eventuell gelingen können, wenn nicht ein Budapester Bataillon einfach davongelaufen wäre... Da war es... nicht schwer daraufzukommen, daß es notwendig war, ein improvisiertes Standgericht aufzustellen, einige Menschen vom Budapester Bataillon zum Tode zu verurteilen und... erschießen zu lassen."

(Aus dem Fernsehinterview von András Kovács, am 2. 10. 1969. In: *Kritika*, 1973/6.)

Am 17. April begann die Intervention der Entente gegen die Räterepublik. In der Nummer vom 24. April der *Vörös Ujság* gibt Georg Lukács in seinem Artikel „Be a Vörös Hadseregbe!" (Hinein in die Rote Armee!) die Ordnung der Rekrutierung bekannt. (PTI)

In der zweiten Reihe als Neunter von links: Politkommissar Georg Lukács unter den Rotarmisten. (MMM)

ÉLJEN A VILÁGFORRADALOM

„Eine andere interessante Figur ist Lukács, Volkskommissar für Unterricht. Vierunddreißig Jahre – ‚einer der Ältesten', wie besonders er sagt –, schlank, blond, studentenhaft, blauäugig und bebrillt. Sein Vater war ein steinreicher Bankier, der Präsident der größten ungarischen Bank. Lukács war voll und ganz ein Mann der Wissenschaften. Er erwartete vom Leben nichts außer Freizeit zur Fortsetzung seiner philosophischen Studien. Er war Sozialist, aber nicht aktiv, weil ihm die opportunistische parlamentarische Politik der Partei zuwider war. Einen Monat nach der Heimkehr von Béla Kun und seiner Gefährten wurde Lukács ein aktiver kommunistischer Funktionär. Jetzt ist er Volkskommissar für Unterricht, sonntags, wochentags betätigt er sich als ‚Politkommissar' an der Front, bei einem Armeekorps der Roten Armee. Er geht in einer Lederjacke umher, ein ernsthafter kleiner Professor, sehr gebildet und intelligent, liebenswürdig und humorvoll, seine plötzliche Umwandlung amüsiert ihn riesig – er hat auch Freude daran, glaube ich, besonders an der militärischen Seite. Jede Kompanie hat einen militärischen Kommandanten und einen ‚Politkommissar', der bestrebt ist, die ‚revolutionäre Moral' der Roten Armee zu bewahren. Meiner Meinung nach das revolutionäre Gegenstück zum Feldpriester. Aber auch er kämpft mit, geht mit den Soldaten in die Schlacht. Lukács ist sehr mit seinen Plänen der Unterrichtsreform beschäftigt. Die Lehrergehälter stiegen unter seiner Leitung auf das höchste Niveau – 650 Kronen in der Woche. Das ist genau soviel, wie die Volkskommissare verdienen. Die Armee interessiert Lukács aber jetzt stärker. Er ist so stolz auf den Kampfgeist seiner Division in der Roten Armee, wie vielleicht Napoleon auf seine Lieblingstruppen war. ‚Als die Rumänen das erstemal angriffen, liefen unsere Rotgardisten einfach davon', sagte er, ‚aber jetzt sind sie stark und begeistert. Die Armee ist fünfmal so stark, als sie Anfang März war.' ‚Wir stehen im Krieg', sagte Lukács, als ich wegen der Erschießung von sechs Mann aus jener ersten Kompanie protestierte, die ‚beim ersten Feuer einfach davonlief'. ‚Im Krieg müssen Deserteure und Verräter erschossen werden. Wenn nicht, gut, dann lassen wir einfach die Tschechen herein, und die Revolution ist vorbei."
(„In Communist Hungary." In: *Liberator*, August 1919.)

◁ 1. Mai 1919. Die dekorierte Kettenbrücke. (MTI)

◁ Aufzug am internationalen Festtag des Proletariats. „Es lebe die Weltrevolution!" — verkündet die Aufschrift. (HTM)

Karikaturen Henrik Majors im Witzblatt *Borsszem Jankó* von den Persönlichkeiten der Diktatur des Proletariats. (OSZK)

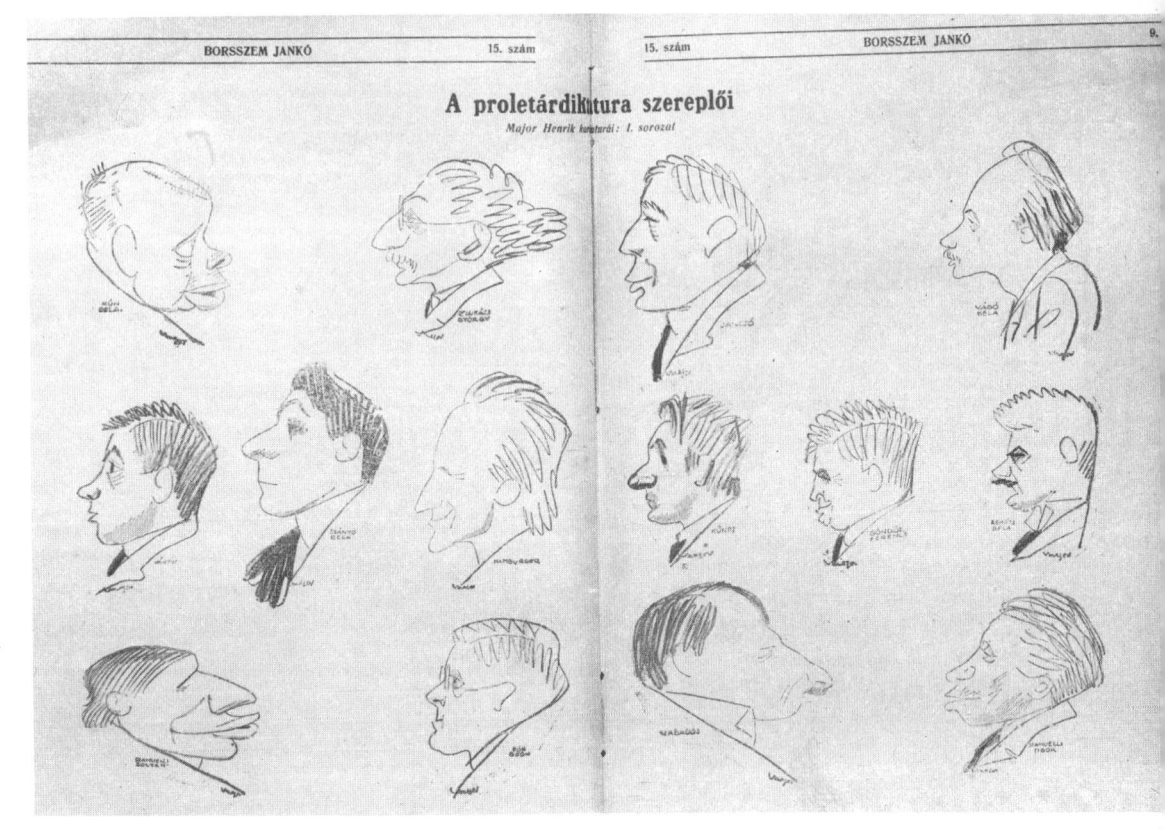

Die Eröffnung der Ausstellung am 15. Juni in der Kunsthalle. (MTI)

Plakat der Ausstellung der in Gemeinbesitz genommenen Kunstschätze. (PTI)

„Die Ausstellung wurde vom Genossen Volkskommissar Georg Lukács eröffnet", schrieb die *Vörös Ujság*. (MTI)

Die Zeitung *Fáklya* mit einem Artikel ▷ von Lukács über die Eroberung der Kultur. (OSZK)

Das Werk *Taktika és etika* (Taktik und Ethik) erschien in ungarischer Sprache als Ausgabe des Volkskommissariats für Unterricht in 30 000 Exemplaren. (LA)

„...daß in Ungarn die Sozialisierung der in Privatbesitz befindlichen Kunstschätze verwirklicht wurde, war nur dadurch möglich, daß es eine Schicht von Kunsthistorikern gab, die sich noch in der alten Zeit unter Simon Meller herausbildete und mit der jungen Generation, mit dem jetzt in der internationalen Kunstgeschichte eine große Rolle spielenden Károly Tolnay ihre Fortsetzung fand... Sie spielten eine große Rolle, in ihnen vereinte sich Radikalismus und Sachkenntnis, so daß sie die Sozialisierung der Kunstschätze durchsetzen konnten, die wir dann so in die Kulturpolitik der Diktatur einbauten, wie ich es auf der Eröffnung der Ausstellung sozialisierter Kunstschätze sagte: Wir machten weiter nichts, als alle hochwertigen Kunstschöpfungen in staatliches, also proletarisches Eigentum zu übernehmen, und die Zeit wird kommen, da das Proletariat wird sagen können, was es als sein eigen betrachtet und was nicht."
(Filminterview von Tibor Garai mit Lukács, 1971, a. a. O., S. 180.)

„Einmal hielt ich in der Umgebung von Budapest einen Vortrag, und nach dem Vortrag rief jemand hinauf: ‚Ach Gott, es gibt doch keinen Unterschied gegenüber dem früheren; Genosse Lukács ist ebenso mit dem Auto eingetroffen und fährt mit dem Auto weg wie die Leute der alten Ära.' Darauf sagte ich dem Betreffenden, daß es da um Fragen der Arbeit geht. Nahm ein Papier aus meiner Tasche und las vor, was ich am nächsten Vormittag zu erledigen hätte, und antwortete dann: ‚Sehen Sie mal, Genossen, wenn irgendeiner unter Ihnen die Erledigung dieser Angelegenheiten übernimmt, gebe ich ihm jetzt mein Auto und gehe zu Fuß heim.' Darauf lachten die Arbeiter und gaben mir recht."
(Filminterview von Tibor Garai mit Lukács, 1971, a. a. O., S. 186.)

Die *Vörös Ujság* berichtet über die beginnende Vortragsserie von György Lukács: „Régi és új kultúra" (Alte und neue Kultur) auf der Marx-Engels-Arbeiteruniversität. (OSZK)

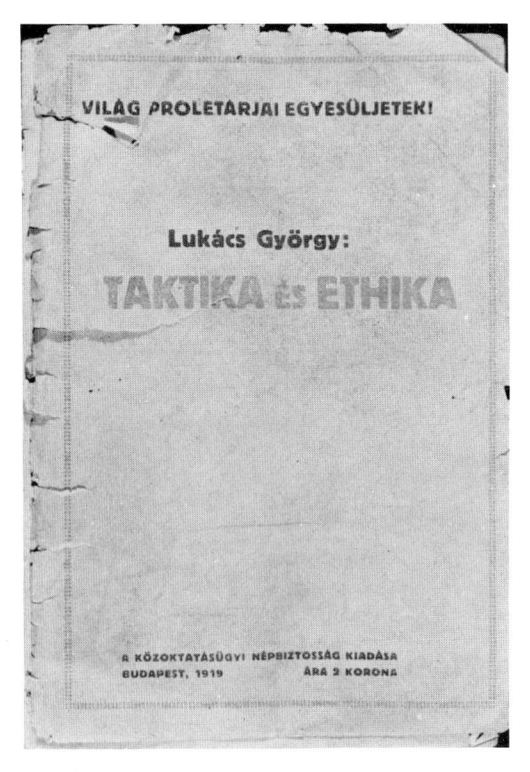

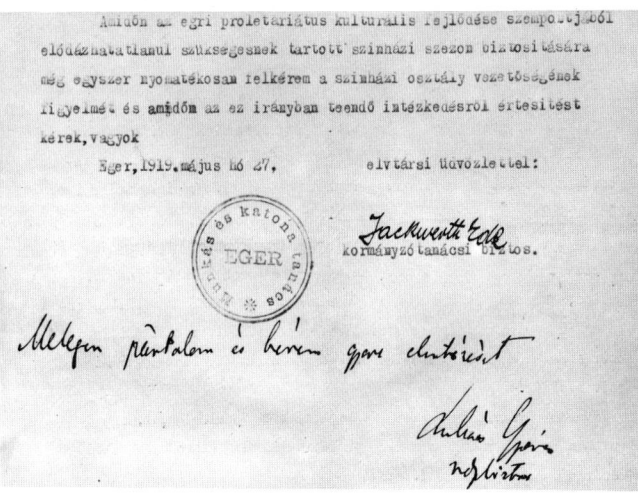

Der Antrag des Proletariats von Eger zur Einrichtung eines Theaters. „Mit wärmster Unterstützung bitte ich um schnelle Erledigung — Georg Lukács, Volkskommissar." (OL)

Der Parteitag der vereinigten Arbeiterparteien tagte am 12. und 13. Juni. In seinem Beitrag vertrat Lukács auf dem Parteitag den Standpunkt der oppositionellen Kommunisten. (MTI)

◁ Volkskommissar Georg Lukács auf dem Weg zum Parteitag. (Repr. einer Aufnahme einer seither vernichteten Bilderreihe der damaligen Filmwochenschau.)

Lukács ergreift auch auf dem Landeskongreß der Jungarbeiter das Wort. Bericht über den Kongreß der Jungarbeiter. (OSZK)

„Wir sind im Interesse des großen Zieles ununterbrochen zu Kompromissen gezwungen. Wir dürfen in den Mitteln nicht wählerisch sein. Wir müssen alles für die Klasseninteressen des Proletariats unternehmen. Aber Ihr steht nicht direkt in diesem Kampf. Eure Rolle ist es, einen Kampf kompromißloser Politik zu führen und diesem Kampf einen moralischen Maßstab zu setzen."
(Rede von Lukács auf dem Kongreß der Jungarbeiter. In: *Taktik und Ethik*. Luchterhand, Neuwied 1975, S. 152.)

Die Landesversammlung der Räte, auf der Lukács gegen die Annahme des an einen Rückzug der Roten Armee geknüpften Friedensantrags der Entente Stellung nahm. (MTI)
Das Blatt *Szociális Termelés* mit einem Artikel von Lukács. (OSZK)

Das Blatt *Ifjú Proletár* kündigt den Tag der Jungarbeiter unter Teilnahme von Georg Lukács an. (OSZK)

Das Hotel Hungária, das sog. Sowjethaus, Generalquartier der Volkskommissare, war der Zielpunkt des konterrevolutionären Aufstands am 24. Juni 1919. (FA)

Ervin Sinkó (1898–1966) war zur Zeit der Räterepublik der Kommandant des Sowjethauses. Persönlichkeit, Ethik und theoretische Stärke von Lukács hatten gleichermaßen außerordentlichen Einfluß auf ihn. (MMM)

„Glauben heißt etwas anderes als wissen, glauben heißt gerade, daß der Mensch gegenüber seinem eigenen individuellen Leben ein bewußt irrationales Verhalten einnimmt. Denn über eins müssen wir uns im klaren sein: Es gibt keine rationale Tragödie, jeder Heroismus ist irrational wie ein Shakespeare-Drama oder die Fichte-Äußerung: ‚Umso schlimmer für die Tatsachen'... Davon, daß er sich sämtliches marxistisches Wissen angeeignet hat, ist noch keiner zum Heros geworden. Allein aus dem Wissen folgt nie die Handlung. Politisch kann zum Beispiel keinerlei Wissen die vollkommene Kenntnis der aktuellen Lage und ihrer sämtlichen möglichen Folgen bedeuten. Zur individuellen Handlung gelangt der Mensch gerade *trotz* seines Wissens, denn wissen heißt auch, daß der Mensch sich darüber klar ist, daß er nicht alle möglichen Folgen kennen kann... Alles Wissen macht den Menschen skeptisch, aus Wissen allein würde es nie einer wagen, sich an die Spitze eines Volkes, einer Revolution zu stellen; damit einer trotz allem, wovon er weiß, daß er es im voraus nicht wissen kann, doch imstande ist, sich an die Spitze einer Revolution zu stellen, dazu braucht er das, woran ich glaube: die Kraft des Glaubens."
(Eine charakteristische Gedankenfolge des Lukács nachgebildeten Genossen Vértes im Schlüsselroman *Optimisták* [Optimisten] von Ervin Sinkó, Bd. 2. Fórum, Novi Sad, S. 337–338.)

„Der Monitor [Fluß-Kanonenboot – d. Übers.] wurde kilometerlang verfolgt. An dieser Verfolgung nahm auch einer der Genossen Volkskommissare teil, von dem die Sozialdemokraten mit großer Vorliebe zu betonen pflegten, daß er ein Stubengelehrter, ein ‚Theoretiker', sei. Am 25. Juli konnten wir uns davon überzeugen, daß er nicht nur ein Theoretiker, sondern auch ein aktiver Revolutionär ist."
(Erinnerung des Rotgardisten I. Sz. in der Zeitung *Párizsi Munkás* vom 19. 3. 1927.)

Schutzwache an der Donau. (FA)

Bilder aus den Roten Reportagefilmen.

„Der Volkskommissar Genosse Lukács dankt dem Proletariat für seine Hilfe bei der Niederschlagung der Konterrevolution." (FA)

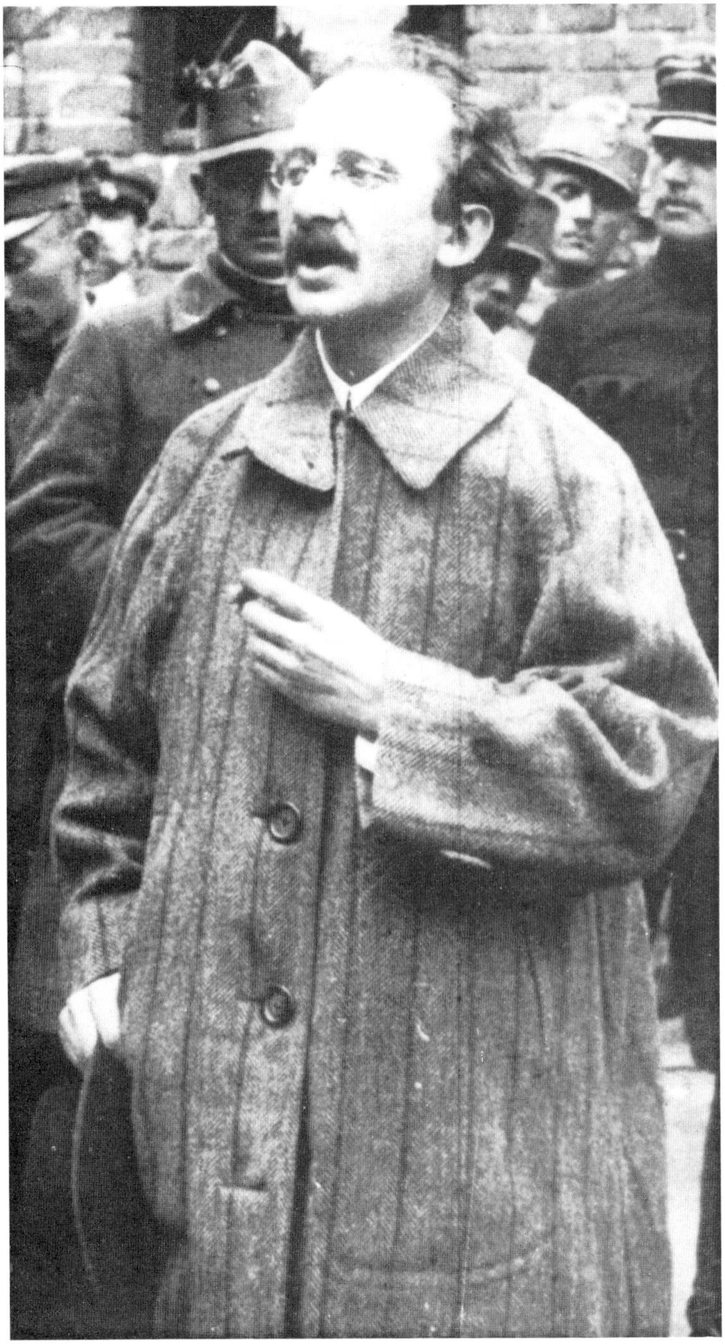
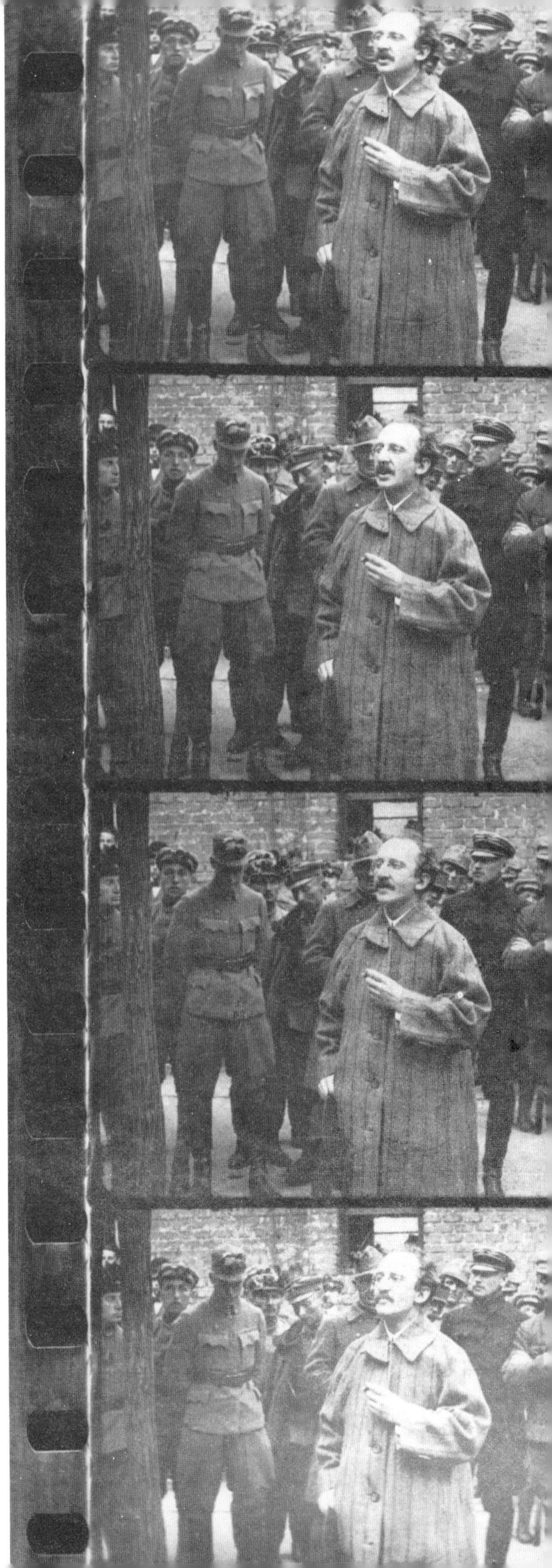

Abteilungsleiter Béla Reinitz bittet um Weisung, ob der Preis der Zuschauerkarten für die am 24. 6. d. J. infolge des Ausbruchs des konterrevolutionären Aufstands unterbliebenen Theatervorstellungen zurückgezahlt werden soll. (OL)

Ein Aufruf zum Lernen von Fremdsprachen. (MTI)

„...Lukács und die anderen fand ich im Hinblick auf ihre militärischen Erfolge äußerst zuversichtlich. Sie lächeln über die Mutmaßung, daß die sie jetzt umgebenden kleinen Staaten die Rote Armee besiegen könnten. Sie geben zu, daß die Entente Kraft zu ihrem Sturz hätte, glauben aber selbstsicher und lächelnd daran, daß das von den Arbeitern der Entente-Länder verhindert wird. Alle diese jungen Führer arbeiten in der sicheren Erwartung neuer Revolutionen."
(„In Communist Hungary." In: *Liberator* vom August 1919.)

VILÁG PROLETÁRJAI EGYESÜLJETEK!

INTERNATIONALE

I. ÉVF.   KOMMUNISTA FOLYÓIRAT   5. SZÁM.

Die *Vörös Ujság* berichtet am 2. Juli 1919 in der Spalte „Kommunistische Kultur" über die Aufstellung eines Übersetzerbüros.

„Die alten, wertvollen Werke und auch die Standardwerke der modernen und modernsten Literatur werden übersetzt: wollen sehen, was sie taugen, um sie kritisieren zu können, damit die neue, die zu schaffende Kunst, sie nutzend oder ablehnend, ihre Werke zustande bringen kann. Es versteht sich fast von selbst, daß als erstes alle Werke von Dostojewski zu übersetzen sind. Die Übersetzungsarbeiten werden von Zoltán Trócsányi geleitet, die Einleitungen werden wahrscheinlich vom Genossen Georg Lukács geschrieben. Es ist wirklich schon notwendig, daß auch die nur ungarisch Verstehenden *Die Brüder Karamasow*, den *Jüngling* und alle Schriften Dostojewskis lesen..." (OSZK)

Die *Internationale*, die theoretische Zeitschrift der KPU. Sie veröffentlichte den Vortrag „A történelmi materializmus funkcióváltozása" (Der Funktionswandel des historischen Materialismus) von Lukács, den er am 6. 7. 1919 anläßlich der Eröffnung des Forschungsinstituts für Historischen Materialismus hielt. (PTI)

Vörös Ujság kündigt für den 31. Juli einen Abschlußvortrag von Lukács auf der Marx-Engels Arbeiteruniversität an. Dieser Vortrag wurde wahrscheinlich nicht mehr gehalten. (OSZK)

113

Rumänische Truppen in Budapest. (HTM)

„Nach dem Sturz der Räteregierung mußten die kommunistischen Führer fliehen. An bewaffneten Widerstand war nicht zu denken. Von den leitenden Genossen blieben nur einige in Budapest. Ohne Illusionen – aber dennoch mit der Hoffnung, daß die vorläufige ‚demokratische' Periode vielleicht doch den Aufbau einer unterirdischen, illegalen Organisation für die Zeit des weißen Terrors ermöglichen würde. Ihr Führer war Ottó Korvin.
Unter romantisch exaltierten, von Abenteuern träumenden oder in schwere Depressionen verstrickten Genossen gab Korvin mit freundlicher Objektivität seine Anweisungen in bezug auf illegale Wohnungen, Kontakte zueinander, Verbindungsdienst usw. Auch wir besprachen, wie wir einander Berichte senden, unsere Eindrücke austauschen würden, wie ich meine Schriften durch ihn in die illegale Druckerei senden würde. Indessen erhielt ich nur einmal Nachricht von ihm..."
(Lukács: „Korvin Ottó." In: *Proletár* vom 19. 8. 1920.)

Haftbefehl gegen die Volkskommissare. (OSZK)

„Anordnung einer Untersuchung gegen den Journalisten Georg Lukács wegen Aufwiegelung, begangen durch die in der Tageszeitung *Népszava* am 22. April erschienenen und unter den Titeln ‚Az igazi egység‘ [Die echte Einheit] und ‚Az új hadsereg‘ [Die neue Armee] veröffentlichten Artikel." (PTI)

„Wir sprachen eines Tages von dem Selbstmord der Revolutionäre, und zwar aus Anlaß der Hinrichtung von Otto Korvin im Jahre 1919 in Budapest. Korvin hatte die ungarische Tscheka geleitet, und zu seiner Hinrichtung durch den Strang kam die ‚bessere Gesellschaft‘ wie zu einem auserlesenen Schauspiel. ‚An den Selbstmord‘, sagte Lukács, ‚hatte ich in dem Augenblick gedacht, als ich darauf gefaßt war, mit ihm zusammen verhaftet und gehenkt zu werden, und ich war zu dem Schluß gekommen, daß ich nicht das Recht dazu hätte: Ein Mitglied des Zentralkomitees muß ein Beispiel geben.‘ "
(Victor Serge: *Beruf: Revolutionär*. S. Fischer Verlag, Frankfurt/Main 1967, S. 212—213.)

Ottó Korvin (1894—1919). (PTI)

Personenbeschreibung von Georg Lukács:
„Beruf: Journalist, Volkskommissar
Kennzeichen: ca. 168 cm, schmächtig, etwas krummer Rücken, spricht leise,
Schnurrbart: gestutzt, Bart: rasiert.
Bemerkung: Trägt einen Kneifer." (PTI)

„Die Witwe von Béla Zalai, eines meiner Freunde, eine sehr wakkere, ordentliche Frau, gewährte mir Unterkunft. Sie war Fotografin und hatte ein Atelier. Sie verrichtete jeden Tag regelmäßig ihre Arbeit, damit meine Anwesenheit nicht auffiel. Aus dem Atelier führte eine Tür zum Dachboden. Auf dem Dachboden standen ein Tisch und ein Stuhl. Dort las ich, während sie ihrer fotografischen Arbeit nachging. Hier bereiteten wir uns auch auf eventuelle Gefahren vor, indem ich im Atelier schlief, aber – auf meinen Vorschlag – ohne jemals zu betten. Ich lag voll angezogen auf dem Sofa, so daß ich auf das geringste Zeichen hin auf den Dachboden verschwinden konnte. Eine derartige Haussuchung fand auch wirklich statt, die vollständig erfolglos verlief, denn sie gingen zwar auf den Dachboden, fanden ihn jedoch völlig unbewohnt. Ich kannte mich auf dem Dachboden sehr gut aus. Wo sich das Dach neigte, stand eine große Kiste, und dahinter versteckt hörte ich ihr Gespräch mit an. Sie kamen nämlich auf irgendeine anonyme Anzeige hin und zogen mit leeren Händen ab. Dabei spielte natürlich die Geschicklichkeit der Frau Zalai eine große Rolle. In ihrem Schrank lagen zum Beispiel die wenigen Kleidungsstücke, das Rasierzeug und noch einige andere Sachen, die ich zum alltäglichen Leben brauchte. Sie öffneten diesen Schrank, und Frau Zalai war so schlau, Lärm zu schlagen und herumzuschreien: ‚Das rühren

Budapest, Veres Pálné Straße 12. In der IV. Etage dieses Hauses befand sich das Atelier von Olga Máté, in dem sich Lukács im August 1919 verbarg. (Foto: Demeter Balla)

Fotokünstlerin Olga Máté, Witwe von Béla Zalai. (MTA)

Sie nicht an, das ist das Einzige, was von meinem Mann geblieben ist.' Ihr Mann war nämlich in russischer Kriegsgefangenschaft umgekommen... Daraufhin salutierten die zur Haussuchung beorderten Männer vor der Witwe des Märtyrers. Die Sache endete glücklich, sie fanden nichts heraus und gingen nach einigen Stunden fort... Béla Kun hatte bei bürgerlichen Personen gewisse Geldsummen hinterlegt... als Deposit. Unter diesen Sympathisierenden gab es einige, die ich gut kannte. Zu diesen gehörte der später eine große Rolle spielende Károly Mannheim, sie organisierten nach der Haussuchung, daß einer der Offiziere der Mackensen-Armee mich als seinen Fahrer nach Wien mitnahm. Ich aber hatte vom Auto und vom Fahren keine Ahnung. Deshalb band man mir einen Arm hoch und sagte, unterwegs hätte ich einen Unfall gehabt, deswegen fahre jetzt der Offizier den Wagen selbst."
(Filminterview von Tibor Garai mit Lukács 1971, a. a. O., S. 194–195.)

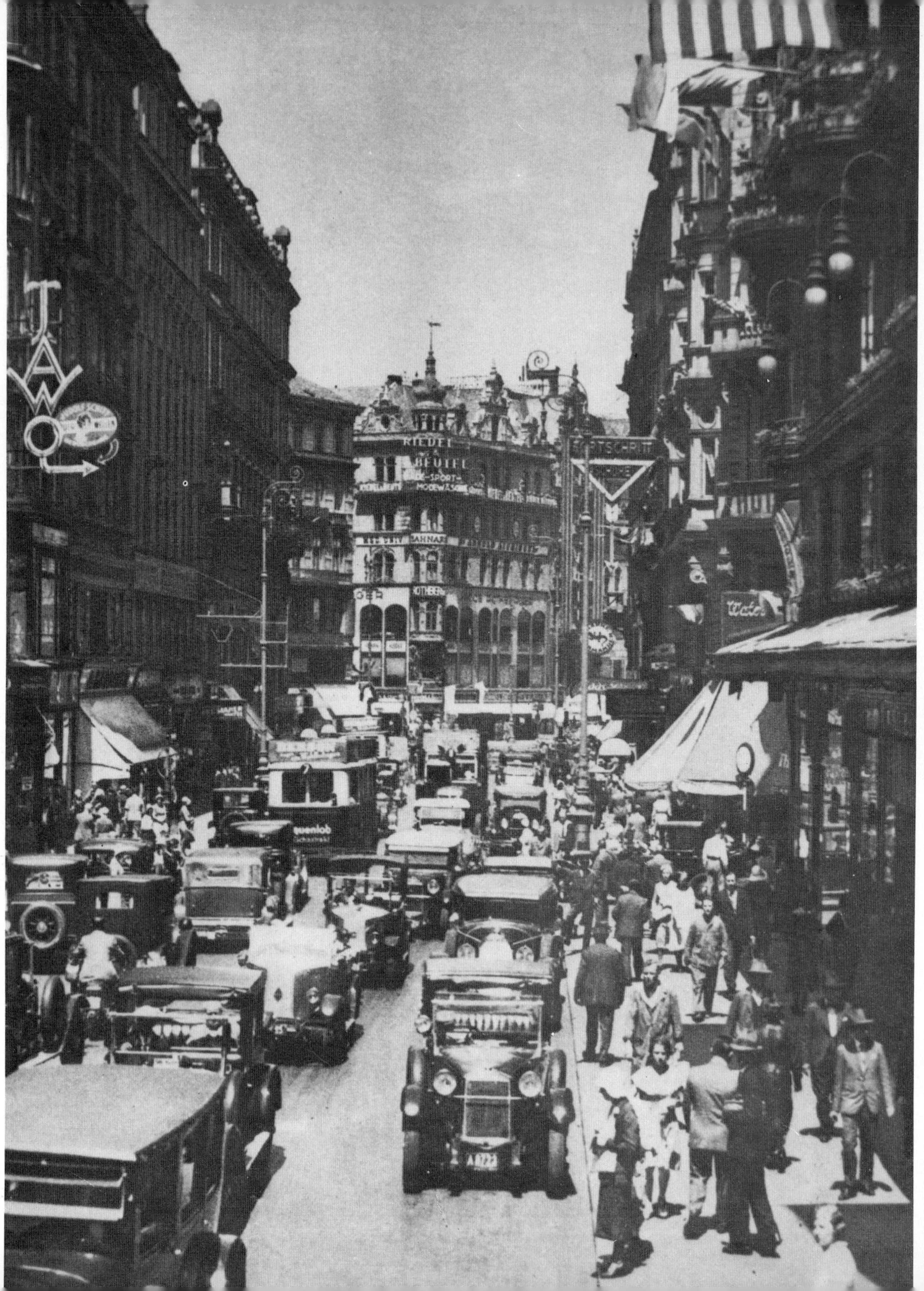
JAWO
RIEDEL
BEUTEL
SPORT

„Die Zeit der Wiener Emigration wurde in meinem Leben in allererster Linie durch die Aneignung des Marxismus, durch die vertieft einsetzende Beschäftigung mit dem Lebenswerk Lenins ausgefüllt..."
(Lukács: *Magyar irodalom...* S. 16.)

„Es galt vor allem, die Kontinuität der revolutionären Arbeiterbewegung in Ungarn wieder zu beleben: Parolen und Maßnahmen zu finden, die ihre Physiognomie auch unter dem weißen Terror aufzubewahren und zu fördern geeignet schienen, die Verleumdungen der Diktatur – seien sie rein reaktionär oder sozialdemokratisch – abzuwehren und zugleich eine marxistische Selbstkritik der proletarischen Diktatur einzuleiten. Daneben gerieten wir in Wien in den Strom der internationalen revolutionären Bewegung. Aus den Balkanländern [und] aus Polen lebten viele, vorübergehend oder dauernd, als Emigranten in Wien; zudem war Wien auch ein internationaler Durchgangsplatz, wo wir mit deutschen, französischen, italienischen etc. Kommunisten ununterbrochen in Berührung kamen. Es ist also kein Wunder, daß unter solchen Umständen die Zeitschrift *Kommunismus* entstand, die zeitweilig zu einem Hauptorgan der ultralinken Strömungen in der III. Internationale wurde. Neben österreichischen Kommunisten, ungarischen und polnischen Emigranten, die den internen Stab und die ständige Mitarbeiterschaft bildeten, sympathisierten mit ihren Bestrebungen italienische Ultralinke wie Bordiga, Terracini, holländische wie Pannekoek und Roland Holst etc...
...Als Mitglied des inneren Kollektivs des *Kommunismus* nahm ich lebhaft teil an der Ausarbeitung einer ‚linken' politisch-theoretischen Linie. Sie beruhte auf dem damals noch sehr lebendigen Glauben, daß die große revolutionäre Welle, die die ganze Welt, wenigstens ganz Europa in kurzer Zeit zum Sozialismus führen werde, durch die Niederlagen in Finnland, Ungarn und München keineswegs abgeebbt sei. Ereignisse wie der Kapp-Putsch, die Fabrikbesetzungen in Italien, der polnisch-sowjetische Krieg, ja die März-Aktion bestärkten in uns diese Überzeugung von der rasch nahenden Weltrevolution, von der baldigen totalen Umgestaltung der ganzen Kulturwelt...
...Unsere Zeitschrift wollte dem messianischen Sektierertum damit dienen, daß sie in allen Fragen die allerradikalsten Methoden ausarbeitete, daß sie auf jedem Gebiet einen totalen Bruch mit allen aus der bürgerlichen Welt stammenden Institutionen, Lebensformen etc. verkündete ...
Mein polemischer Aufsatz gegen die Teilnahme an den bürgerlichen Parlamenten ist ein typisches Beispiel dieser Tendenz."
(Georg Lukács: *Geschichte und Klassenbewußtsein.* Vorwort. Luchterhand, Neuwied 1967, S. 10.–12)

„Daß diese Tendenz (das messianische Sektierertum) dennoch nicht zur Alleinherrschaft gelangte, habe ich der ungarischen illegalen Bewegung, vor allem dem politischen Einfluß von Jenő Landler und János Hirossik zu verdanken. Die von Landler und Hirossik geleitete Opposition stand in scharfem Gegensatz zu den bürokratischen Utopien von Béla Kun (natürlich auch zu dem oben geschilderten messianischen Sektierertum dieser Epoche) und suchte – wirklich im Sinne Lenins – die politischen und organisatorischen Aufgaben der ungarischen kommunistischen Bewegung aus den konkreten Problemen der konkreten Lage in Ungarn abzuleiten. Ich selbst machte mir ihre Vorstellungen vom ersten Augenblick an zu eigen – damals aber erst im Hinblick auf die konkreten Probleme der kommunistischen Bewegung in Ungarn."
(Lukács: *Utam Marxhoz*, S. 20–21.)

◁ Wien in den zwanziger Jahren. Hier lebte Lukács von 1919 bis 1929. (Repr.)

Die weißen Blätter

EINE MONATSSCHRIFT
HERAUSGEGEBEN VON RENÉ SCHICKELE

ZWÖLFTES HEFT • 6. JAHRGANG • DEZEMBER 1919

INHALT:

Ernst Bloch: Zur Rettung von Georg Lukàcs
Harry Graf Keßler: Nationalität
Kurt Kersten: Georg Forster
Wieland Herzfelde: Rajah
Eduard Lachmann: Flandern 1917
Heimar Schilling: Auf euren Stirnen, Brüder
Lesebuch
R. B. Cunninghame-Graham: Der vierte König
Weißes Brett
Statuten der Clarté

EINZELPREIS 2,50 MARK   VIERTELJÄHRL. 6,50 MARK

1919

VERLEGT BEI PAUL CASSIRER, BERLIN W.

Ein Aufruf.

Zu denjenigen, die nach der Niederwerfung der bolschewistischen Herrschaft in Budapest nach Wien flüchteten, und deren Auslieferung jetzt verlangt wird, gehört der philosophische Schriftsteller Georg v. Lukács. Wir haben den folgenden Aufruf erhalten, in dem Vertreter des deutschen Schrifttums, die dem Bolschewismus fernstehen, sich für Lukács verwenden, und der hoffentlich in Budapest wie in Wien Gehör finden wird:

Zur Rettung von Georg Lukács.

Nicht der Politiker, der Mensch und Denker Georg v. Lukács soll verteidigt werden.

Einst hatte er die Verlockungen des verwöhnten Lebens, das sein mitgeborenes Teil war, hingegeben für das Amt des verantwortungsvollen, einsamen Denkens. Als er sich der Politik zuwandte, hat er sein Teuerstes, seine Denkerfreiheit, geopfert dem Werk des Reformators, das er zu vollbringen meinte.

Von Oesterreich, wo er unter Aufsicht gehalten wird, fordert die ungarische Regierung seine Auslieferung: er soll die Ermordung politischer Gegner veranlaßt haben. Nur verblendeter Haß kann die Beschuldigung glauben.

Lukács' Rettung ist keine Parteisache.

Pflicht ist es allen, die im persönlichen Verkehr seine menschliche Reinheit erfahren, und den vielen, die die hochgestimmte Geistigkeit seiner philosophisch-ästhetischen Bücher bewundern, gegen die Auslieferung zu protestieren.

Franz Ferdinand Baumgarten. Richard Beer-Hofmann. Richard Dehmel. Paul Ernst. Bruno Frank. Maximilian Harden. Alfred Kerr. Heinrich Mann. Thomas Mann. Emil Preetorius. Karl Scheffler.

Georg Lukács lebte mehrere Jahre in Heidelberg. Durch seine Persönlichkeit und durch sein Buch „Die Seele und die Formen" hat er die Aufmerksamkeit der wissenschaftlichen und literarischen Kreise in Deutschland erregt und sich die Wertschätzung gesichert, die jetzt in dem Aufruf zum Ausdruck kommt.

Aufruf in den Zeitungen *Die Weißen Blätter* und *Berliner Tageblatt* zur Rettung von Georg Lukács. Der mit falschen Papieren in Wien eingetroffene Lukács wurde von einem „Bekannten aus der Lipótváros" erkannt und angezeigt; die österreichische Polizei verhaftete ihn am 4. September, die ungarischen Behörden forderten seine Auslieferung zusammen mit den anderen Volkskommissaren. Als Ergebnis der von den alten Freunden von Lukács, Ernst Bloch, Emil Lederer und Franz Baumgarten organisierten Proteste wurde Lukács auf freien Fuß gesetzt, von Zeit zu Zeit drohte ihm jedoch die Gefahr eines Entzugs der Aufenthaltsgenehmigung. (PTI, OGYK)

„Einige von uns, die wir in Wien waren, versuchten, die ungarische Partei in irgendeiner Form zu Wort kommen zu lassen... Schon im Jahre 1919 erschien die *Rote Fahne* – sie hatte eine ungarische Spalte im Umfang von einer Seite; Révai, Rudas, ich und andere, darunter auch Zoltán Szántó, schrieben dort, und so fand die kommunistische Partei eine Möglichkeit, sich mitzuteilen. Von Anfang an trachteten wir zur Geltung zu bringen, daß wir existieren und nicht von der Bühne verschwunden sind...

...als dann führende Personen: Landler, Hamburger und andere, aus Karlstein herauskamen, dehnte sich die Bewegung immer mehr aus, und Anfang 1920, als auch Kun Karlstein verlassen hatte – Kun wurde in der Umgebung von Wien untergebracht –, kam ein ungarisches Zentralkomitee zustande – Kun, Landler, Béla Szántó, Hirossik und ich –, das dann die effektive Führung der ungarischen Partei übernahm."
(Aus dem Filminterview von Tibor Garai mit Lukács 1971, a. a. O., S. 196.)

Wien, Alserstraße 71. Das ehemalige Café Renaissance, in dessen Kellerräumen ungarische Parteiversammlungen abgehalten wurden. (MMM)

Ein Dokument der österreichischen Polizei über ungarische Kommunisten. (Wien, Staatsarchiv)

Eine Nummer der Wochenzeitung der KPU *Proletár*, mit einem Artikel von Lukács. (PTI)

Einige Teilnehmer der in Wien neu veranstalteten „Sonntagszusammenkünfte" im Grinzinger Internierungslager: József Révai (1), Lena Grabenko (2), Ervin Sinkó (6). Ferner Ernő Mannheim (Bruder von Karl M.) (3), Károly Garay (4), Irma Rothbart (Frau von Ervin Sinkó) (5), Frau von Károly Garay (7), ein österreichischer Genosse (8) und eine österreichische Angestellte des Lagers (9). (Eigentum der Familie Révai)

Lukács-Karikatur des Graphikers Tibor Gergely aus der Serie über die Mitglieder des Sonntagskreises. (Lajos-Hatvany-Museum, Hatvan)

Georg Lukácz

ALTE UND NEUE KULTUR

Wien 1921
Jungarbeiter-Verlag

„Die ‚Sonntage' werden wieder veranstaltet. Montags im Atelier, Gyuri, Révai, Lena, Káldor, Fogarasi, Gergely, auch Edit ist aus Berlin und Máli aus Körtvélyes gekommen. Neu sind Wilde und Zoltán Rudas, und alles hat einen streng philosophisch-akademischen Charakter... An diesen Sonntagen war nur noch von den Problemen des Kommunismus die Rede bzw. vom Schicksal und der Bedeutung unseres ethischen Individualismus und künstlerisch-philosophischen ‚Platonismus' in jener neuen Welt, die wir wollen (denn sie kommt ja sowieso und ist besser als die jetzige), aber von dieser Welt kann keiner von uns sagen, wie sie eigentlich sein wird. Letzthin war von der neuen Kunst bzw. Literatur die Rede. ‚Wie sich der Protagonist', sagt Gyuri, ‚einmal aus dem Chor hervorgehoben hat, so wird er wieder in ihm untertauchen.'"
(„Balázs Béla naplójegyzeteiből" [Aus den Tagebuchnotizen von Béla Balázs]. In: *Valóság*, 1973/2.)

Charles de Tolnay, der später berühmt gewordene Kunsthistoriker, der Bildhauer Béni Ferenczy und seine Schwester, Noémi Ferenczy, Vertreter der jüngeren Generation des Sonntagskreises. Im Atelier von Béni Ferenczy wurden die Wiener „Sonntage" veranstaltet. (Eigentum von Charles de Tolnay)

◁ *Alte und neue Kultur,* deutsche Ausgabe der von Lukács während der Räterepublik gehaltenen Vortragsserie. 1920 erschien auch *Die Theorie des Romans* in Buchform. (LA)

Im Frühjahr 1920 kam die verwitwete Gertrud Bortstieber mit ihren Kindern nach Wien, in das Haus ihrer Schwester in Hütteldorf. Lukács zog als Untermieter zu ihnen, und von da an lebten sie zusammen. (LA)

Gyula Lengyel (1888–1941), während der Räterepublik Volkskommissar für Finanzen. Betätigte sich 1920–1922 in Wien als Volkswirtschaftler, nahm an der Neuorganisierung der Partei teil, war Mitarbeiter der Zeitschrift *Proletár*. Lengyel war mit Lukács und seiner Frau eng befreundet und unterstützte Gertrud bei ihren ökonomischen Studien. (MMM)

„Frühjahr 1920, Gertrud in Wien. Lebt bei Schwester in Hütteldorf bei Kindern, ich vorläufig in Wien. Nur freie Tage zusammen; erst später: auch ich in Hütteldorf... Ihre vehemente Entwicklung in Wien, ‚Anpassung' an Kampfgenossen (Gábor, Lengyel), Lektüre von Marx... Schon damit: Intimität in theoretisch wichtigsten Fragen. Obwohl sie ihre Sonderposition in Umwandlung festhält... Die Kontrolle, die ihr Dasein und Denken auf mich ausübte – so immer intensiver."
(Georg Lukács: „Gelebtes Denken." Manuskript, S. 36 ff., LA.)

Österreichischer Polizeibericht. (Wien, Staatsarchiv)

```
Pr...IV-1006/11                           Wien, am 23.Juli 1923.
 Haltung der österr.Regierung
 gegenüber den ungarischen
 Emigranten.
 Zu d.Erl.v.4.V.1923,Zl.21595/23,
 Abt.5 u.v.23.V.1923,Zl.23522/23,Abt.5
 sowie in Nachhange z.hä.Ber.v.14.VII.1923
 Pr...IV-1006/10.

                            An
                       das Bundeskanzleramt (Inneres)
                            in
                              W i e n.

      Die Polizeidirektion beehrt sich zu berichten, dass nunmehr
 auch der gewesene ungarische Volkskommissär Dr.Georg Lukács,in
 Wien,XIII.,Isbarygasse No.12 wohnhaft,am 16.Juli 1923 bei der
 Polizeidirektion die protokollarische Erklärung abgegeben hat,sich
 während seines Aufenthaltes in Oesterreich jeder den österreichi-
 schen Interessen abträglichen Politik zu enthalten.
                                      Dr.Pamer m.p.
```

Andor Gábor (1884–1953), Schriftsteller, Dichter, Publizist, seit den ersten Monaten der Emigration intimer Freund der Familie Lukács; auf dem Bild rechts sitzend, beim Mittagessen in einer Wiener Volksküche. (MTA)
„…übte in der Wiener Emigration eine enorme literarische Tätigkeit aus; außer der Wiener Presse waren es seine Schriften, die die Greuel der Horthy-Zeit auch in der in ungarischer Sprache erscheinenden Presse der Slowakei, Frankreichs und der USA enthüllten."
(György Lukács: „Gábor Andor halálára" [Zum Tode von Andor Gábor]. In: *Irodalmi Újság,* 1953/3.)

Lenin spricht auf dem III. Kongreß der Komintern. (MMM)

Die Zeitschrift der Komintern, *Kommunismus*, mit dem Artikel von Georg Lukács „Zur Frage des Parlamentarismus". (PTI)

„Der Artikel von G. L. ist ein sehr radikaler und sehr schlechter Artikel. Der Marxismus darin ist ein Marxismus der bloßen Worte. Die Unterscheidung zwischen ‚defensiver' und ‚offensiver' Taktik ist ausgeklügelt. Es fehlt eine konkrete Analyse ganz bestimmter historischer Situationen. Das Wesentlichste (die Notwendigkeit, alle Arbeitsgebiete und Einrichtungen, durch welche die Bourgeoisie ihren Einfluß auf die Massen ausübt usw., zu erobern und erobern zu lernen) bleibt unberücksichtigt."
(W. I. Lenin: *Werke*, Bd. 31. Dietz Verlag, Berlin 1959, S. 153 f.)

„... Sein Schicksal – die Kritik Lenins – machte für mich den ersten Schritt zur Überwindung des Sektierertums möglich. Lenin wies auf den entscheidenden Unterschied, ja Gegensatz hin, daß aus dem welthistorischen Überholtsein einer Institution – z. B. des Parlaments durch die Sowjets – keineswegs die taktische Ablehnung einer Beteiligung an ihnen folgt; im Gegenteil. Diese Kritik, die ich sofort als zutreffend anerkannte, zwang mich, meine historischen Perspektiven differenzierter und vermittelter mit der Tagestaktik zu verknüpfen, und sie bedeutet insofern den Anfang einer Wendung in meinen Anschauungen..."
(Georg Lukács: *Geschichte und Klassenbewußtsein*, a. a. O. S. 12.)

Jenő Landler, János Hirossik, Georg Lukács im Frühjahr 1921, unterwegs nach Moskau zum III. Kongreß der Komintern. (MMM)

„...das neue Zentralkomitee trat im Herbst 1921 mit dem Vorschlag von entscheidender Bedeutung vor das Zentralkomitee, die Kommunisten in Ungarn sollten die Zahlung des sozialdemokratischen Mitgliedsbeitrags in den Gewerkschaften verweigern... Der Vorschlag der Kun-Gruppe, dem sie kraft ihrer Mehrheit im Zentralkomitee auch Geltung verschafften, hätte jede legale Arbeit in Ungarn unmöglich gemacht, denn es war klar, daß jeder Kommunist, der die Zahlung des Mitgliedsbeitrags in den Gewerkschaften verweigerte, sich entweder konspirativ als Gelber deklarieren oder als Kommunist enthüllen mußte. Das erwiderte die Landler-Fraktion damit, daß sie aus dem Zentralkomitee austrat; wie die Genossen wissen, kam es zu einer Parteispaltung, so daß beide Fraktionen ihr eigenes Blatt hatten und sich beide Fraktionen bemühten, in Ungarn eine illegale Bewegung auszubauen."
(Abschnitt aus dem Beitrag von Lukács anläßlich der Diskussion der Blum-Thesen im Institut für Parteigeschichte, Budapest. — LA.)

Thomas Mann im Hause Lukács' in der Gyopárstraße (Budapest). Links József Lukács und Katja Mann, rechts Thomas Mann und Mária Lukács. Thomas Mann wurde infolge der finanziellen Regelungen im Zusammenhang mit der ungarischen Ausgabe seiner Bücher mit József Lukács, „dem guten, alten, weisen Herrn Lukács", bekannt. Schon während seines Aufenthaltes in Budapest im Jahre 1913 war er bei ihm zu Gast und besuchte ihn auch im Januar 1922. Auf seiner Heimreise suchte er auf Bitten des Vaters den Sohn, Georg Lukács, auf. (LA)

„Ich kenne auch Lukács selbst. Er hat mir einmal in Wien eine Stunde lang seine Theorien entwickelt. Solange er sprach, hatte er recht. Und wenn nachher der Eindruck fast unheimlicher Abstraktheit zurückblieb, so blieb doch auch derjenige der Reinheit und des intellektuellen Edelmutes."
(Thomas Mann: *Die Forderung des Tages*. S. Fischer Verlag, Berlin 1930, S. 416.)

Außen- und Innenansicht der Villa von József Lukács in der Gyopárstraße. (LA)

Ich habe im *Spiegel* ein Interview veröffentlicht, in dem ich sagte, ‚hätte mich Thomas Mann in Wien gefragt, ob er mich als Modell in Anspruch nehmen dürfte, so wäre ich darauf genauso eingegangen, als ob er gesagt hätte, er habe sein Zigarrenetui zu Hause vergessen und ich solle ihm eine Zigarre geben.' "
(Vezér-Eörsi-Interviews vom 8. 5. 1971, LA.)

Georg Lukács in den zwanziger Jahren. (LA)

„Daß er die Figur des Naphta nach mir formte, steht ganz außer Zweifel. Er war ein sehr kluger Mensch und wußte, daß die Ansichten Naphtas nicht die meinen waren. Daß er jedoch die Figur des Naphta nach mir formte, ist deshalb nicht anzuzweifeln, weil er zum Beispiel einen Briefwechsel mit einem französischen Literaturhistoriker deutscher Abstammung hat, den er angelegentlich bittet, nicht über die Naphta-Frage zu schreiben, weil ich mich schon bisher sehr freundlich über den *Zauberberg* geäußert habe, so daß ich offenbar nicht bemerkt habe, daß sich dieser Naphta auf mich bezieht.

„Für die damalige Wirkung und auch für eine eventuelle Aktualität in der Gegenwart ist... ein Problem von ausschlaggebender Bedeutung: die Entfremdung, die hier zum erstenmal seit Marx als Zentralfrage der revolutionären Kritik des Kapitalismus behandelt wird und deren theoriegeschichtliche wie methodologische Wurzeln auf die Hegelsche Dialektik zurückgeführt wurden...
So übte *Geschichte und Klassenbewußtsein* eine tiefe Wirkung in den Kreisen der jungen Intelligenz aus... Ohne Frage war die Neuaufnahme dieses Hegel-Marxschen Problems seitens eines Kommunisten mitbegründend dafür, daß dieses Buch weit über die Grenzen der Partei hinaus Wirkungen ausübte."
(Georg Lukács: *Geschichte und Klassenbewußtsein*, a. a. O., S. 23.)

„In den 20er Jahren versuchten Korsch, Gramsci und ich auf verschiedene Weise das Problem der historischen Notwendigkeit sowie das Problem der mechanischen Auffassung der Notwendigkeit anzupacken, wobei letzteres ein Erbe der II. Internationale war. Das Problem erbten wir, aber keiner von uns – nicht einmal Gramsci, der vielleicht der Beste unter uns dreien war – war imstande, es zu lösen. Im Westen besteht eine Tendenz, diese Arbeiten zu ‚Klassikern des Ketzertums' zu erheben, das haben wir aber heute nicht nötig."
(„Lukács on His Life and Work." In: *New Left Review*, No. 68, Juli-August 1971, S. 51.)

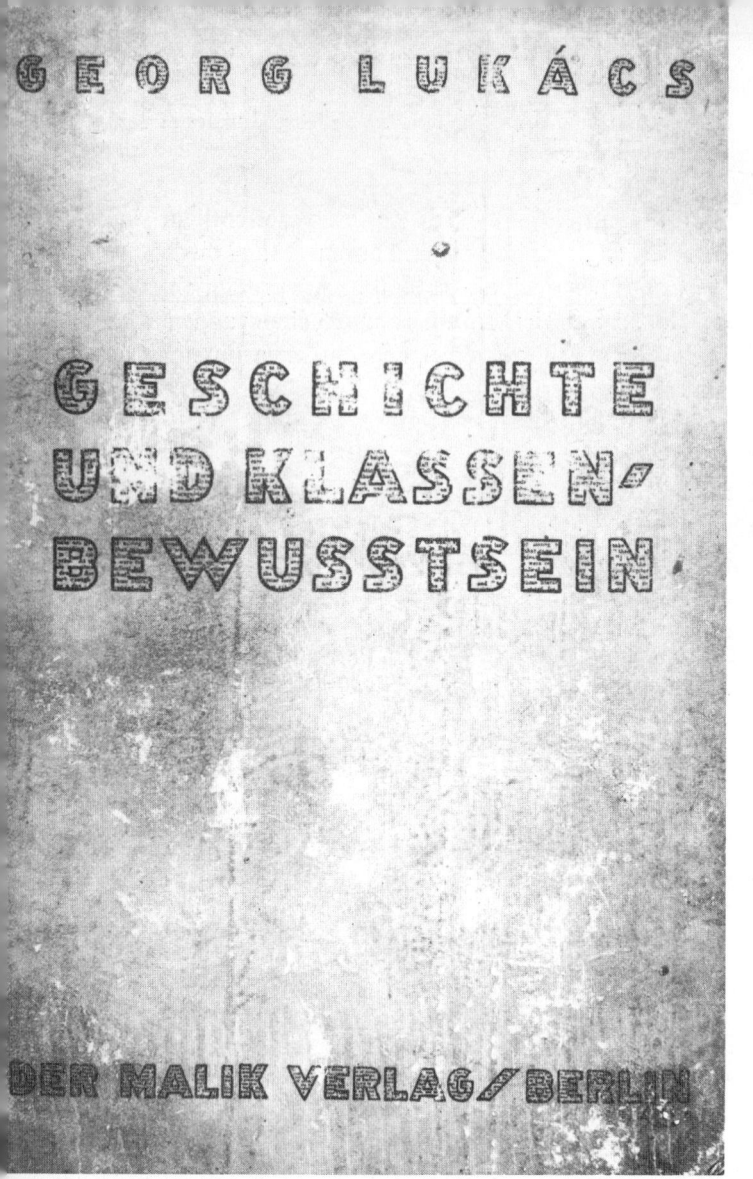

Erste Ausgabe von *Geschichte und Klassenbewußtsein* aus dem Jahre 1923. (LA)
„...dieses Buch ist als ein Produkt der zwanziger Jahre, als ein theoretischer Widerhall der von Lenin und der Revolution von 1917 ausgelösten Ereignisse aufzufassen, zusammen mit den ähnlich gearteten Schriften von Gramsci und Korsch, trotz aller oft wesentlichen Gegensätze, die in diesen Arbeiten zum Ausdruck kommen."
(György Lukács: *Utam Marxhoz*. S. 21.)

„Die damaligen offiziellen Kritiker (Deborin, Rudas usw.) kritisierten die unrichtigen Behauptungen des Buches natürlich auch unrichtig und richteten damit ‚das Feuer der Kritik' oft auf das, was darin als unbewußte Tendenz fortschrittlich und vorwärtsweisend war."
(Lukács: *Utam Marxhoz*. S. 21—22.)

László Rudas (1885–1950) gehörte in der Wiener Emigration eine Zeitlang zur Landler-Gruppe, lenkte dann als erster die Aufmerksamkeit auf die Unverträglichkeit der Ansichten von Lukács mit einem „orthodox marxistischen Standpunkt". (MMM)

József Révai (1898–1959), der seine Tätigkeit in der Gruppe der revolutionären Sozialisten begann, gehörte während der Räterepublik zu den sich um Lukács gruppierenden „ethischen" Kommunisten. In der Emigration bekannte er sich in der Praxis zur Orientierung Landlers, auf dem Gebiet der Theorie zu der Lukács'. Er nahm in *Grünbergs Archiv* Stellung für das Buch von Lukács. (MMM)

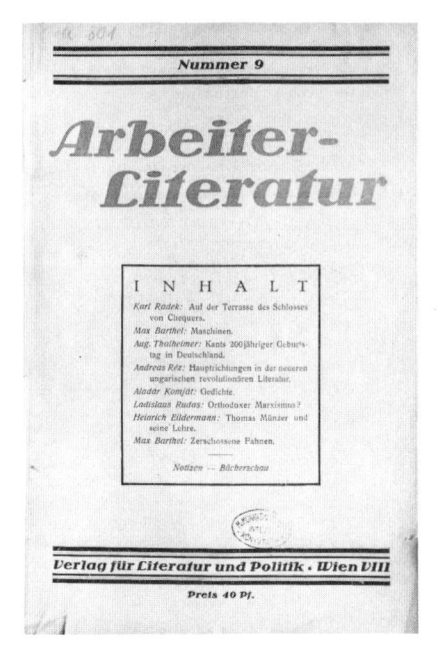

In der *Arbeiter-Literatur* erschien die Kritik von László Rudas. (PTI)

Im *Archiv für Sozialwissenschaft* begrüßt Carl Brinkmann das Buch Lukács' als „das erste theoretische Werk von wissenschaftlichem Rang seit Rudolf Hilferding und Rosa Luxemburg, dessen Ziel die theoretische Begründung der kommunistischen Praxis bildet".

Pod Snamenem Marxisma (PTI)
„Genosse Lukács und seine Anhänger äußern sich — wiederum in vollem Einvernehmen mit den bürgerlichen Kritikern des Marxismus — voller Verachtung über die ‚naturalistische Metaphysik' von Engels und Plechanow."
(Abram Deborin: „Georg Lukács und seine Kritik des Marxismus." In: *Pod Snamenem Marxisma*, 1924.)

Hütteldorf, Isbarygasse 12. In diesem Haus wohnte die Witwe von Imre Jánossy, Gertrud Bortstieber, mit ihren Kindern und dem — als Untermieter angemeldeten — Georg Lukács. Offiziell heirateten sie erst gegen Ende der zwanziger Jahre, als die Möglichkeit einer Universitätsdozentur in Jena auftauchte. Bis dahin erhielt nämlich Gertrud vom ungarischen Staat eine Witwenrente, die sie infolge ihrer schlechten materiellen Verhältnisse nur schwer hätten entbehren können. (Foto: Ferenc Parczer)

„Damit wird ihre Lebensform (Familie, 3 Kinder) dominierend auch für mich. Teilnahme an Erziehung (mit ihr): tägliche Auseinandersetzung mit bestimmter menschlicher Wirklichkeit... keine Störung von Arbeitskonzentration, kein ‚Aufgehen' in Tagesangelegenheiten. Isolierung... gemeinsame Mahlzeiten als Aussprache mit Kindern, Kenntnisnahme ihrer Probleme, Versuch, sie zu beantworten (Ethik, vieles in neuem Licht). G. Einheit von Duldsamkeit und Unduldsamkeit; weitgehende menschliche Toleranz bei Haß auf alles Niedrige. Neue Stellungnahme: gegen Ethik, Typus Kant; jetzt nicht weniger streng in Alternativen, aber Überwindung der darin enthaltenen Tendenzen zu einer abstraktiv begründeten Unmenschlichkeit: damit für mich neues unmittelbares Verhältnis zu Keuschheitsproblem (ganz freie Diskussion). Die natürlich nur kleiner Teil, nur Voraussetzung zur Harmonie mit Gertrud." (Georg Lukács: „Gelebtes Denken." Manuskript, S. 36 ff., LA.)

Die 1919 geborene Tochter Ancsi von Gertrud und Lukács im Alter von 4 Jahren. (LA)
Gertrud mit ihren Söhnen Lajcsó und Ferkó im Jahre 1922. (LA)

Die Familie Lukács 1927 auf einem Ausflug in der Umgebung von Wien. (LA)

Die Frau von Paul Ernst erinnerte sich folgendermaßen an die Begegnung, die im Januar 1924 in Wien stattfand, nachdem Paul Ernst einige Wochen als Gast von József Lukács in Budapest verbracht und dort Vorträge gehalten hatte:

„Die schöne Zeit in dem gastlichen Hause war schnell verflogen. Wir wurden in Wien erwartet... Vormittags waren wir in den Museen... Wir fuhren nach Hietzing hinaus und trafen uns am Schönbrunner Parkeingang mit unserm Freunde Georg Lukács... Wir aßen in der Gaststätte am Park zu Mittag und wandelten nach dem Essen hinter dem Schlosse auf und nieder. Es war, als sei mit unserm Freund noch alles wie früher; aber von seiner philosophischen ästhetischen Arbeit, deren bedeutende Anfänge wir in Schliersee kennen gelernt hatten, wollte er durchaus nichts mehr wissen. Diese Anfänge – das erfuhren wir mit Schrecken – waren im Drang der Ereignisse verloren gegangen. Und das Traurigste war, er bedauerte es nicht. Er fühlte sich nur noch als Werkzeug für eine Sache, mit der sein Wesen im Grunde nichts zu tun hatte. So vermieden wir schließlich diese Bereiche im Gespräch, und da kam denn die Feinheit und Schärfe seines Geistes, sein Witz, den ein heiterer Seitenblick zu begleiten pflegte, wieder zum Spielen...

Eines Mittags waren wir zu ihm eingeladen. Er wohnte in einer Vorstadtvilla mit Mietswohnungen. Ein stattlicher junger Mann mit einer blonden Haarwelle, der am Gartenzaun arbeitete, führte uns auf unsere Frage in das Erdgeschoß, wo uns eine Frau in grauseidenen Hosen als die Gattin von Georg Lukács begrüßte. Sie führte uns in das große Zimmer unseres Freundes, das mit einem Ausgang nach dem Treppenhaus von der Wohnung getrennt lag. Da war eine Art Feldbett, ein Waschtisch, ein braun angestrichener Kleiderschrank, ein Langstuhl mit mißfarbenem Bezug, ein großer Schreibtisch, Bücherbretter, Stühle verschiedenster Beschaffenheit. Da stand alles durcheinander, und das Zimmer war so voll, daß man sich durchdrücken mußte, um zueinander zu kommen. Ein eiserner Ofen strömte hitzige Wärme aus. Irgendwo erhob sich Lukács, zwängte sich uns zu und begrüßte uns mit ratlosem Lächeln."
(*Paul Ernst und Georg Lukács*. S. 165–166.)

Legitimation von Gertrud Lukács aus dem Jahre 1929. (LA)

133

Anna Lesznai in den zwanziger Jahren. Sie war mit der Familie Lukács befreundet, und die Kinder waren in ihrem berühmten Schloß Körtvélyes in der Slowakei oft zu Besuch. (Eigentum von Erzsébet Vezér.)

Attila József schrieb im Sommer 1926 seiner Schwester in einem seiner netten, scherzhaft gehaltenen, um Geld bittenden Briefe:
„Sehr geehrte Dame! In Beantwortung Ihres geschätzten Schreibens sehen wir uns verpflichtet zu erklären, daß wir Ihrer Bestellung nach näherer Bezeichnung umgehend und solide nachkommen werden. Hier möchten wir erwähnen, daß mich Anna Lesznai [Frau Jászi], Béla Balázs und Georg Lukács für einen sehr bedeutenden Dichter halten, besonders der letztere, als den ersten über weltliterarische – nicht kosmopolitische – Qualitäten verfügenden proletarischen Lyriker, der berufen ist, möglichst bald Deine größere Geldsendung entgegenzunehmen..."
(*József Attila válogatott levelezése* [Ausgewählter Briefwechsel von Attila József]. Hg. Erzsébet Fehér. Budapest 1976, S. 107–108.)

Attila József (1905–1937), der größte ungarische Lyriker der Epoche zwischen den beiden Weltkriegen, machte im Sommer 1924 eine Schiffsreise nach Wien; dort lernte er Gyula Alpári kennen und kam durch ihn mit Jenő Landler, Georg Lukács, Anna Lesznai und Béla Balázs in Kontakt. (IM)

Béla Balázs mit seiner Frau, Mitte der zwanziger Jahre. (IM)

Robert Musil. (Repr.)

„Robert von Musil, der hervorragende österreichische Schriftsteller, Autor der Werke *Der junge Törless* und *Der Mann ohne Eigenschaften,* kam anfangs auch mit den ungarischen Emigranten-Schriftstellern Lukács und Béla Balázs zusammen. Er war ein Mann mit herbem Humor, etwas verschlossen, an dem seine Gesellschaft nicht viel Freude hatte."
(Béni Ferenczy: „Konyvekröl." In: *Írás és kép* [Über Bücher. Schrift und Bild]. Budapest 1961, S. 43.)

Jenő Landler, der legendäre „Alte" der Wiener ungarischen Kommunisten. Nach der Meinung von Lukács war er der eigentliche Leiter der ungarischen kommunistischen Bewegung im Jahrzehnt nach 1919. (MMM)

„... alle Vorbereitungen zur Gründung der USAP wurden von einem aus drei Personen bestehenden Komitee – Jenő Landler, József Révai und mir – vorgenommen, so zum Beispiel auch die Ausarbeitung des Programms der USAP."
(Lukács' Beitrag in der Diskussion der Blum-Thesen im Institut für Parteigeschichte. LA.)

„Diese illegal von Kommunisten geleitete Partei stellte sich als strategische Aufgabe die Herstellung der Demokratie in Ungarn, kulminierend in der Forderung der Republik, während die illegale kommunistische Partei selbst an der alten strategischen Parole der Diktatur des Proletariats festhielt."
(Georg Lukács: *Geschichte und Klassenbewußtsein*, a. a. O., S. 31.)

In diesem Hause fand vom 18. bis 25. August 1925 der erste Parteitag der illegalen KPU statt. Der Parteitag behielt die Zielsetzung der sozialistischen Revolution bei, lenkte jedoch die Aufmerksamkeit auch auf die Wichtigkeit des Kampfes um die bürgerlich-demokratischen Teilforderungen. Der Parteitag beseitigte den provisorischen Charakter der Parteiführung. Das Organisationsstatut der Partei wurde angenommen und das Zentralkomitee gewählt, in dem auch Lukács Mitglied wurde. Das in Ungarn tätige Sekretariat und das in der Emigration arbeitende Auslandskomitee wurden gebildet. (MMM)

„Landlers große Kraft bestand darin, daß er die reale Natur der Volksbewegungen stets verstand und aus der Fortführung der Volksbewegungen Politik machen, nicht aber der Volksbewegung eine Politik aufdrängen wollte.
...Landler meinte... die ungarische Revolution müßte nach und nach aus den realen Gegensätzen der ungarischen Bewegung heraus entwickelt werden, indem die ungarische Bewegung ganz in den Mittelpunkt gestellt und die Emigration nur als aushilfsweises und unterstützendes Organ eingesetzt würde."
(Aus dem Filminterview von Tibor Garai, 1971, a. a. O., S. 198.)

„Meine Tätigkeit bezog sich hauptsächlich auf Agitation und Propaganda. Ich nahm zum Beispiel sehr lebhaft an der Durchführung von Vorträgen und Seminaren in der Emigration teil. Ich übernahm einen großen Teil dessen, was Landler sehr richtig einführte: nämlich daß er fünf bis sechs Personen für etwa drei oder vier Wochen aus Pest holen ließ; diese hielten wir in Wien in voller Illegalität und veranstalteten für sie ständig Vorträge und Seminare. Außerdem nahm ich an der Arbeit der kommunistischen Presse teil."
(Aus dem Filminterview von Tibor Garai, 1971. A. a. O., S. 196.)

Mihály Károlyi in der Emigration. (Eigentum von Frau Károlyi.) Károlyi weilte im August 1925 in Wien und verhandelte mit Jenő Landler, dem Führer der ungarischen kommunistischen Emigration in Wien, über die Möglichkeit der Gründung einer legalen ungarischen Bauernpartei. Károlyi wohnte bei Georg Lukács, „einige eingehende Gespräche zwischen uns dreien genügten, um in allen wesentlichen Fragen übereinzukommen".
(Erinnerung Lukács' an Mihály Károlyi: In: *Új Írás*, 1969/8.)

Schriften von Lukács in deutscher und ungarischer Sprache in der deutschen und ungarischen Parteipresse der zwanziger Jahre.

„...als Kommunist kann ich in einer bürgerlichen Zeitung oder Zeitschrift nur dann schreiben, wenn dies von der Partei ausdrücklich gestattet wird. Diese Erlaubnis erteilt die Partei nur in Fällen, wenn die Veröffentlichung des betreffenden Artikels für die Bewegung einen objektiven Nutzen bedeutet. Unsere

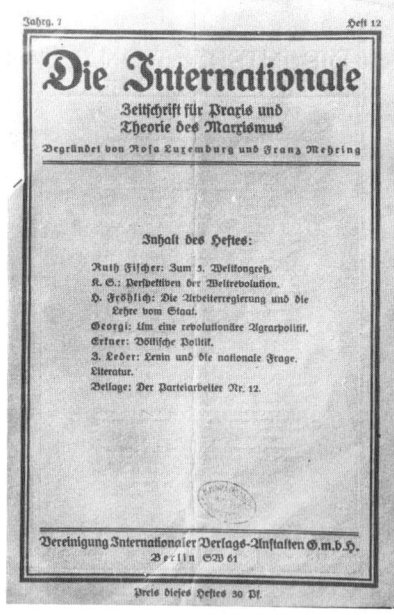

Zeitschrift wird eben jetzt reorganisiert, ich muß jeden Tag einige Stunden im Amt verbringen, so daß eine Abwesenheit auch von einigen Tagen vorläufig nicht möglich ist."
(*Paul Ernst und Georg Lukács*, S. 174—175.)

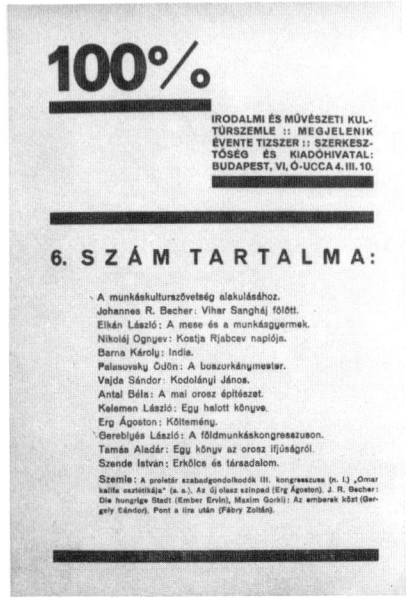

Die illegale Parteizeitung *Kommunista*, deren Redakteur Lukács in diesen Monaten war. (MMM)

Genossen und Freunde von Lukács im Auslandskomitee der KPU, die zur illegalen Arbeit heimreisten:
◁ Frigyes Karikás (1891–1942) wurde vom Schlosser zum Schriftsteller und kommunistischen Führer; er wurde nach drei Jahren Kerker freigelassen. (Eigentum von Anna Jánossy) Trotz der umfassenden Protestbewegung wurde Imre Sallai (1897–1932) zusammen mit Sándor Fürst vor ein Standgericht gestellt, zum Tode verurteilt und hingerichtet. (MMM)
Der Prozeß, in dem Zoltán Szántó (1893–1974) Hauptangeklagter war, war eines der größtangelegten antikommunistischen Gerichtsverfahren. (MMM)
▽

Budapest am Ende der zwanziger Jahre. Anfang 1929 wurde Lukács zur Lenkung der illegalen Bewegung nach Budapest geschickt. (MMM)

„Die Mitglieder des Wiener Komitees... mußten abwechselnd von Zeit zu Zeit nach Budapest reisen. Der Delegierte war eigentlich der Generalsekretär der Budapester Bewegung...
In den verschiedenen Gewerkschaften bestanden kommunistische Fraktionen. Ihre Leiter bildeten dann Kommissionen usw., und derjenige, der nach Budapest kam, verhandelte mit den Leitern letzterer darüber, mit welcher Taktik und auf welche Weise die Leute zum Beispiel in den Gewerkschaften arbeiten sollten. Dann hatten wir natürlich auch gewisse Verbindungen innerhalb der sozialdemokratischen Partei... Zu unserem Arbeitsgebiet gehörten die verschiedenen Zeitschriften, deren Material die Genossen größtenteils aus Wien erhielten... Legale und halblegale Organe entstanden, die in erster Linie von der Wiener Zentrale geleitet wurden, aber unter ihrer Vermittlung hatte der in Budapest befindliche Genosse auch darauf Einfluß, welche Artikel erscheinen sollten. Er schrieb auch selbst in den Blättern, und so waren die Beziehungen zwischen den zu Hause erscheinenden Zeitschriften und der Wiener Zentrale lebendig... Aufrichtig gesagt, kannte ich die Namen der Budapester Genossen überhaupt nicht... Ich bekam zum Beispiel aus Wien die Weisung, mit einem Genossen mit dem Decknamen Iván Horváth den Kontakt aufzunehmen. Aus der Leitung der Budapester Genossen bildete sich eine Kommission von sechs bis sieben Personen, mit der ich wöchentlich zusammenkam. Einmal in der Woche besprachen wir dann alle inzwischen aufgetauchten konkreten Fragen...
Als einige aus unserer Leitung aufflogen und ins Gefängnis kamen, erkundigten sich die alten Kommunisten im Gefängnis, wer jetzt ‚von oben' hier sei. Darauf antworteten sie: ‚Wir wissen nur, daß es ein kleiner Mann ist, der auf den Sitzungen immer Zigarren zu rauchen pflegt.' Darauf antworteten die Dortigen, die alten Eingesperrten, lachend: Jetzt wissen wir Bescheid. Da sie aber auf den Verhören auch das nicht gestanden, wußte die Polizei nicht, daß ich in Pest bin."
(Aus dem Filminterview von Tibor Garai mit Lukács, 1971. A. a. O.)

```
            T É Z I S T E R V E Z E T
A MAGYAR POLITIKAI ÉS GAZDASÁGI HELYZETRŐL S A KMP
                FELADATAIRÓL

    I. A KMP helyzete az I. kongresszuskor és fejlődése az 1928-as
                          plénumig

    1./ A KMP I. kongresszusát erős, felfelé fejlődő baloldali tö-
megmozgalmak idején tartotta. A legjobb baloldali munkáselemek ellen-
zékbe kezdtek tömörülni és ez ellenzék legöntudatosabb részével a KMP-
nak még a mozgalom kezdeti fokán sikerült az összeköttetést felvenni,
azt befolyása alatt tartani. A mozgalom 1925 tavaszán, a községi válasz
tásokkor kötött uj polgári koalíció alkalmával a szocdem párt szaka-
dásához vezetett.
    2./ A MSzMP politikai iránya kezdettől fogva helyesen volt be-
állítva a magyarországi osztályharc alapvető problémájára: az akkor
konszolidálódó ellenforradalmi rendszer megbuktatására, az elégedet-
len tömegek gyülekeztetésére. Ezért az MSzMP kezdettől fogva program-
ként hirdette a koaliciós politika elvi elvetését és a burzsoáziával
való megegyezés helyett a munkás- és paraszt szövetség problémáját tár-
ta a munkásság elé. Ennek értelmében olyan élesen, amennyire azt a le-
galitás megengedte, előtérbe állította a földkérdést, a parasztságnak
ingyen juttatandó földet. A tömegmozgalom stratégiai alapvető kérdése-
it a kongresszus lényegesen tisztázta, főként azáltal, hogy beható
elemzés alá vette a demokrácia kérdésével összefüggő összes elméleti
és gyakorlati kérdéseket az akkori Magyarország részére.
    3./ Kevéssel a kongresszus után a KMP egész vezetőrétege rendőrkéz-
re jutott, a kongresszus tapasztalatait nem lehetett a pártagságon
belül elterjeszteni. Egész uj vezetőségről kellett gondoskodni. Ez a
```

Die Blum-Thesen, der unter dem Namen Blum von Lukács verfaßte Thesenentwurf zum II. Parteitag der KPU. Die erste Seite der Maschinenschrift. (LA)

„1929 bereitete die Partei ihren II. Kongreß vor. Mir fiel die Aufgabe zu, den Entwurf für die politischen Thesen des Kongresses zu schreiben. Das hat mich mit meinem alten Problem in der ungarischen Frage konfrontiert: kann eine Partei sich gleichzeitig zwei verschiedene strategische Ziele (legal: Republik, illegal: Räterepublik) setzen? ...Eine eingehende Analyse der ökonomisch-sozialen Lage Ungarns überzeugte mich immer mehr davon, daß Landler seinerzeit mit der strategischen Parole der Republik instinktiv die zentrale Frage einer richtigen revolutionären Perspektive für Ungarn berührte; auch im Falle einer so tiefen Krise des Horthy-Regimes, daß sie die objektiven Bedingungen einer grundlegenden Umwälzung herbeiführt, ist für Ungarn ein direkter Übergang zur Räterepublik nicht möglich. Die legale Parole der Republik muß daher im Sinne Lenins konkretisiert werden als das, was dieser 1905 demokratische Diktatur der Arbeiter und Bauern nannte. Es ist heute für die meisten schwer verständlich, wie paradox damals diese Parole wirkte. Obwohl der VI. Kongreß der III. Internationale diese Möglichkeit als Möglichkeit erwähnte, meinte man allgemein, da Ungarn 1919 bereits eine Räterepublik war, sei ein solcher Schritt nach rückwärts historisch unmöglich."
(Georg Lukács: *Geschichte und Klassenbewußtsein,* a. a. O., S. 33.)

Béla Kun in Moskau mit Woroschilow.
(MTI)

„Die Gruppe um Kun sah in den Thesen den reinsten Opportunismus; die Unterstützung meiner eigenen Fraktion war ziemlich lau. Als ich aus verläßlicher Quelle erfuhr, Béla Kun bereite vor, mich... aus der Partei ausschließen zu lassen, gab ich... den weiteren Kampf auf und veröffentlichte eine ‚Selbstkritik'. Ich war zwar auch damals von der Richtigkeit meines Standpunkts fest überzeugt, wußte aber auch – z. B. aus dem Schicksal von Karl Korsch –, daß damals ein Ausschluß aus der Partei die Unmöglichkeit bedeutete, an dem Kampf gegen den nahenden Faschismus sich aktiv zu beteiligen... Meine – interne, private – Selbstkritik entschied: wenn ich so offenkundig recht hatte, wie ich es hatte, und doch eine derartig eklatante Niederlage erleiden mußte, mußten meine praktisch-politischen Fähigkeiten eine ernste Problematik aufweisen. Darum konnte ich mich nunmehr mit gutem Gewissen von der politischen Laufbahn zurückziehen und mich wieder auf die theoretische Tätigkeit konzentrieren." (A. a. O., S. 34–35.)

Moskau in den zwanziger Jahren. Hierher zog Lukács Ende 1929, als ihm die Wiener Behörden die Aufenthaltsbewilligung entzogen. (MMM)

„... wurde ich 1930 wissenschaftlicher Mitarbeiter des Moskauer Marx-Engels-Instituts. Hier kamen mir zwei unerwartete Glücksfälle zur Hilfe: ich kam in die Lage, das bereits völlig entzifferte Manuskript der *Ökonomisch-Philosophischen Manuskripte* zu lesen und machte die Bekanntschaft von M. Lifschitz als Anfang einer Freundschaft fürs ganze Leben. In der Marx-Lektüre brachen alle idealistischen Vorurteile von *Geschichte und Klassenbewußtsein* zusammen... Jedenfalls kann ich mich noch heute an den umwälzenden Eindruck erinnern, den die Worte von Marx über Gegenständlichkeit als primär materielle Eigenschaft aller Dinge und Beziehungen auf mich machten. Daran schloß sich die... Einsicht, daß Vergegenständlichung eine natürliche – je nachdem positive oder negative – Art der menschlichen Bewältigung der Welt ist, während Entfremdung eine spezielle Abart darstellt, die sich unter bestimmten gesellschaftlichen Umständen verwirklicht. Damit waren die theoretischen Fundamente dessen, was die Besonderheit von *Geschichte und Klassenbewußtsein* ausmachte, endgültig zusammengebrochen."
(A. a. O., S. 42.)

„Parallel damit entstand der Wunsch, meine Kenntnisse auf den Gebieten von Literatur, Kunst und ihrer Theorie zum Ausbau einer marxistischen Ästhetik zu verwerten. Hier entstand die erste gemeinsame Arbeit mit M. Lifschitz. In vielen Gesprächen wurde uns beiden klar, daß selbst die besten und fähigsten Marxisten, wie Plechanow und Mehring, den weltanschaulich universellen Charakter des Marxismus nicht hinreichend tief erfaßten und deshalb nicht begriffen haben, daß Marx uns auch die Aufgabe stellt, eine systematische Ästhetik auf dialektisch-materialistischer Grundlage aufzubauen."
(A. a. O., S. 43.)

Das Marx-Engels- (später Marx-Engels-Lenin-) Institut in Moskau, das 1921 auf Initiative Lenins zur Sammlung und Herausgabe des Nachlasses von Marx und Engels geschaffen wurde, ist bis heute das wissenschaftliche Zentrum dieser Arbeit. Hier wirkte Lukács 1930/31. Kleinere Schriften von ihm erschienen in der Publikation *Marx-Engels-Archiv* des Instituts. (MTI)

Michail Alexandrowitsch Lifschitz (geb. 1905), sowjetischer Ästhetiker und Philosoph, seit 1934 Leiter des zu einer Sektion innerhalb des Instituts für Philosophie umgebildeten Instituts für Literatur und Kunst. Redakteur der Zeitschrift *Literaturny Kritik*. Eine seiner wichtigsten Tätigkeitsbereiche ist die Herausgabe der Klassiker des ästhetischen Denkens und die Rekonstruktion der Kunstauffassung der Klassiker des Marxismus. Mit Lukács verknüpfte ihn vom Anfang der dreißiger Jahre eine intime Freundschaft. (Eigentum von M. A. Lifschitz)

Berlin — Friedrichstraße. Im Sommer 1931 zog Lukács samt Familie im Auftrag des Bundes Proletarisch-Revolutionärer Schriftsteller nach Berlin, um sich an der Leitung der Organisation der Proletarisch-Revolutionären Schriftsteller zu beteiligen. (MMM)

„1931 verließ ich die Sowjetunion, um mich vorläufig in Berlin niederzulassen. Hier verknüpften sich die neugewonnenen Anschauungen mit aktuell-praktischen Kulturproblemen. Eine proletarisch-revolutionäre Literatur war im Entstehen begriffen. Während sich die offizielle Theorie auf die sogenannte ‚ideologische' (d. h. unmittelbar politische) ‚Richtigkeit' des abstrakten Inhaltes der Werke beschränkte und dabei – wenn überhaupt – in der ästhetischen Beurteilung mit Maßstäben der bürgerlichen Literaturtheorien und Kritik arbeitete, war ich bestrebt, meine neugewonnenen Anschauungen über die Marxsche Ästhetik auf diesem Gebiet zu erproben."
(Georg Lukács: *Essays über Realismus*. Nachwort. Luchterhand, Neuwied 1971.)

Die Linkskurve — Zeitschrift des Bundes Proletarisch-Revolutionärer Schriftsteller, mit dem Lukács-Artikel „Tendenz oder Parteilichkeit". In der Zeitschrift wurde eine Diskussion über die proletarische Kultur geführt, in deren Verlauf Johannes R. Becher, Andor Gábor, Karl August Wittfogel und Lukács gegen die Anhänger der „reinen Proletarierkultur", gegen den Standpunkt von Willi Bredel, Karl Grünberg, Hans Marchwitza und Aladár Komját, auftraten. (LA)

Marx-Sondernummer der Zeitschrift *Internationale Literatur* mit dem Artikel „Die Sickingen-Debatte zwischen Marx-Engels und Lassalle" von Lukács. (LA)

Andor Gábor und Johannes R. Becher, Vorstandsmitglieder des Bundes Proletarisch-Revolutionärer Schriftsteller, Redakteure der *Linkskurve,* unmittelbare Mitarbeiter und Freunde von Lukács in den Berliner Jahren. (IM)

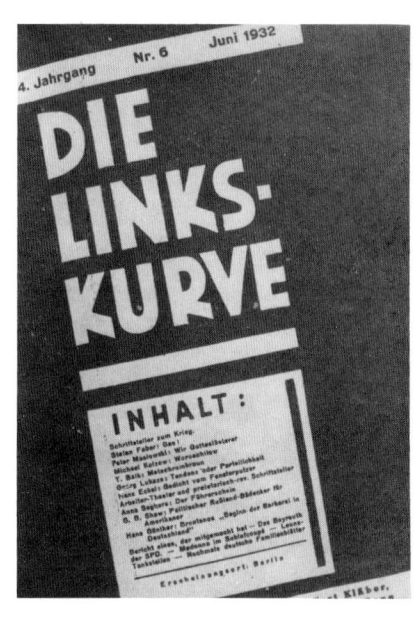

„Als ich vor ungefähr dreißig Jahren meinen ersten Beitrag zur Ästhetik des Marxismus schrieb (meinen Artikel über ‚Die Sickingen-Debatte zwischen Marx-Engels und Lassalle'), verfocht ich die These, daß der Marxismus eine eigene Ästhetik habe…"
(Georg Lukács: *Die Eigenart des Ästhetischen.* Vorwort. Luchterhand, 1963, S. 16.)

Die Familie Lukács am Strand mit Andor Gábor. (MTA)

Anna Seghers (geb. 1900), geborene Nelly Reiling, Schriftstellerin; heiratete 1925 den ungarischen Schriftsteller und Soziologen László Radványi, der in Berlin Leiter der Marxistischen Arbeiterschule (MASCH) war. Von den dreißiger Jahren an waren beide mit Georg Lukács und seiner Frau gut befreundet. Georg und Gertrud Lukács hielten Vorträge und Seminare im Rahmen der MASCH unter dem Pseudonym Keller. (Repr.)

„Georg Lukács machte auf mich einen großen Eindruck – längst bevor ich ihn kannte oder etwas von ihm gelesen hatte. Damals, als junger Mensch, hätte ich seine Bücher wahrscheinlich gar nicht verstanden. Was mich zuerst zu ihm hinzog, war eine Art Legende, die sich um seinen Namen gebildet hatte. Sein Bild entstand aus den Berichten der ungarischen Emigranten, die dem weißen Terror entronnen waren... Es hat einen Mann gezeigt, der mutig und klug war... Ein Intellektueller. Einer, der unsere Gedankenwelt leidenschaftlich verteidigt, mit dem Einsatz seiner physischen Existenz... Die Anziehungskraft, die aus Lukács' Artikeln und Büchern ausging, kam aus einer anderen Quelle, auch wenn wir mühsam und langsam lasen, ungeschult oder unbegabt im philosophischen Denken, auch wenn wir ihm widersprachen, auch wenn er selbst Fehler machte... Seit ich Lukács selbst kenne, wünsche ich mir beim Lesen, daß er eintritt, damit ich mit ihm streiten kann. Aus dem Hörensagen ist Freundschaft und Liebe geworden."
(Aus der Erinnerung von Anna Seghers in: *Georg Lukács zum 70. Geburtstag*. Aufbau-Verlag, Berlin 1955, S. 193–194.)

Das Karl-Liebknecht-Haus in Berlin. (MMM)

Berlin, Brandenburger Tor. (Repr.)

„Nicht lange nach der Machtergreifung Hitlers zog ich in die Sowjetunion, wo ich bis zu ihrer Einstellung (1940) ein engerer Mitarbeiter der Zeitschrift *Literaturny Kritik* wurde. Meine theoretischen Grundsatzartikel über das Wesen des Realismus erschienen ausnahmslos zuerst in diesem Organ... Während ich in Berlin war, entstand in der Sowjetunion eine heftige Diskussion über den in der Literatur herrschenden Verband Russischer Proletarischer Schriftsteller (RAPP). Bekanntlich richtete sich die Diskussion gegen die sektiererische Tendenz des RAPP, und die daraus abgeleitete organisatorische Folge war gerade die Abschaffung einer getrennten Organisation der proletarischen Schriftsteller und die Vereinigung aller sowjetischen Schriftsteller in einem Verband. Die literarische Zielsetzung wurde auf dem Gründungskongreß dieses Verbandes von Gorki selbst dargelegt, indem er die große Kunst des Sozialismus (den sozialistischen Realismus) als zentrale, zu verwirklichende Aufgabe stellte..."
(György Lukács: *Művészet és társadalom* [Kunst und Gesellschaft], a. a. O., S. 11.)

„Vollends die Auflösung der RAPP 1932, zu der ich stets in Opposition stand, eröffnete mir und *vielen anderen* eine weite Perspektive: einen durch keinen Bürokratismus gehemmten Aufschwung der sozialistischen Literatur, der marxistischen Literaturtheorie und -kritik... Wenn ich noch hinzufüge, daß wir gerade in diesen Jahren die fundamentalen Werke des jungen Marx, vor allem die *Ökonomisch-philosophischen Manuskripte,* und den philosophischen Nachlaß Lenins kennengelernt haben, sind die Tatsachen aufgezählt, die jene Hochstimmung und die großen Hoffnungen Anfang der dreißiger Jahre hervorriefen."
(Lukács: Postscriptum, 1957 zu: „Mein Weg zu Marx." In: Georg Lukács: *Werkauswahl,* Bd. 2. Luchterhand, Neuwied 1967, S. 646–647. — Im weiteren: Lukács: Postscriptum, 1957.)

Zwei Monate nach Hitlers Machtübernahme befand sich Lukács wieder in Moskau. (LA)

Moskau in den dreißiger Jahren. (Repr.)

„Vom Tode Lenins bis 1928 entschied sich der Kampf um die Macht zugunsten Stalins. Im Mittelpunkt der ideologischen Diskussion stand die Frage: Ist der Sozialismus lebensfähig, wenn er nur in einem Land verwirklicht wird? In diesem ideologischen Kampf trug Stalin den Sieg davon, und man muß feststellen, daß das – so viele organisatorische Gewaltmaßnahmen er auch in den konkreten Parteikämpfen getroffen hat – vor allem deshalb so war, weil allein seine Auffassung geeignet war, nach dem Abklingen der weltrevolutionären Welle dem Aufbau des Sozialismus Richtung und Perspektive zu geben... Wie wir heute sehen, bestand der nächste Schritt darin, daß in dem so eingetretenen neuen Abschnitt Stalin als der würdige Nachfolger Lenins im Vordergrund stehen sollte. Die theoretische Voraussetzung dafür war jedoch, daß die öffentliche Meinung Lenin nicht nur als einen großen Taktiker des revolutionären Kampfes, sondern auch als den theoretischen Wiederhersteller und Weiterentwickler des Marxismus gegenüber den ideologischen Irrungen der II. Internationale anerkannte. Die philosophische Diskussion von 1930 bis 1931 diente diesem Ziel, und zwar – trotz aller später mit Recht zu tadelnden Momente – mit Erfolg."
(György Lukács: *Művészet és társadalom* [Kunst und Gesellschaft], a. a. O., S. 9.)

```
                GEORG LUKÁCS

        Wie ist Deutschland zum Zentrum der reaktionären
                    Ideologie geworden?

Vorwort              INHALT
Einleitung: Von Goethe und Hegel zu Schopenhauer und Nietzsche.... S. 1.
   I. Der historische Weg Deutschlands.................................14
  II. Der Humanismus der deutschen Klassik............................42
 III. Die Destruktion des Humanismus in der deutschen Ideologie......62
  IV. Der Faschismus als theoretisches und praktisches System
      der Barbarei..................................................103
```

Aufsatz über die Theorie des Faschismus aus dem Jahre 1933: „Wie ist Deutschland zum Zentrum der reaktionären Ideologie geworden?" Die Handschrift wurde im Nachlaß gefunden. (LA)

Mitgliedslegitimation des Verbandes Sowjetischer Schriftsteller für Lukács. Vorsitzender des Präsidiums war Gorki. (LA)

Die Wohnung der Familie Lukács in den ersten Jahren der Moskauer Emigration: Wolchonka 14, I. Etage. (Eigentum von M. A. Lifschitz)

Das Institut für Literatur und Kunst an der Kommunistischen Akademie — in seiner theoretischen Abteilung wirkte Lukács 1933/34. Das Institut arbeitete später als Sektion des Philosophischen Instituts im gleichen Hause weiter, auf seinen öffentlichen Sitzungen hielt auch Lukács zahlreiche erfolgreiche Vorträge, u. a. über die Theorie des Romans. (Eigentum von M. A. Lifschitz)

◁ Die Sommernummer 1934 der Zeitschrift *Pod Snamenem Marxisma* mit dem Text der Festsitzung des Philosophischen Institutes über den 25. Jahrestag des Erscheinens des Buches *Materialismus und Empiriokritizismus* von Lenin.
Dort erschien auch der Vortrag von Lukács „Die Bedeutung von *Materialismus und Empiriokritizismus* für die Bolschewisierung der kommunistischen Parteien". (PTI)

„Lenins Charakterisierung bezieht sich genau auf die zentralen Fehler meines Buches *Geschichte und Klassenbewußtsein*... Mein Kampf gegen die Theorie der Widerspiegelung — den Begriff der Dialektik der Natur, wie sie Marx und Engels verstanden — war die typische Erscheinung eines ‚Idealismus unten'."
(Auszug aus dem Vortrag von Lukács)

Anatoli Wassiljewitsch Lunatscharski (1875—1933), sowjetischer Kulturpolitiker, zwischen 1917 und 1929 Volkskommissar für Bildungswesen, Leiter des Instituts für Literatur und Kunst; auf dem Bild in der Mitte, mit seinem literarischen Sekretär, Igor Alexandrowitsch Satz (1903—1980), einem guten Freund von Lukács, bei einer Schachpartie. (Eigentum von M. A. Lifschitz)

Die sowjetische literarisch-kritische Zeitschrift *Literaturny Kritik,* für die Lukács mit Michail Lifschitz zwischen 1933 und 1940 als interner Mitarbeiter regelmäßig Aufsätze verfaßte. (LA)

Die Mitarbeiter der *Literaturny Kritik,* Mitglieder des Freundeskreises von Lukács und Lifschitz:
Jelena Felixowna Ussijewitsch (1895–1968), Literaturkritikerin, 1934 stellvertretende Leiterin des Instituts für Literatur und Kunst. (Eigentum von M. A. Lifschitz)

Wladimir Borissowitsch Alexandrow (Familienname: Keller; 1898–1954), Kritiker, Literaturhistoriker, ausgezeichneter Kenner der russischen Literaturgeschichte. Aufnahme aus den dreißiger Jahren. (Eigentum von M. A. Lifschitz)

Mit der *Literaturny Kritik* kam eine Kritik zu Worte, „die tatsächlich mit der Forderung des sozialistischen Realismus, der großen sozialistischen Kunst, auftrat, ihre künstlerischen Prinzipien und Kriterien theoretisch zu erfassen und durchzusetzen suchte. Auf diese Weise kam als Aktiv der *Literaturny Kritik* eine Gruppe zustande, deren geistiger Mittelpunkt Lifschitz, Ussijewitsch und ich waren, zu denen unter anderen I. Satz, die seither verstorbenen Grib und Alexandrow gehörten. Als Mitglied dieser Gemeinschaft schrieb ich die meisten der dort erschienenen Aufsätze mit der Fragestellung, wie aus der realen Widerspiegelung der Probleme des gesellschaftlichen Seins organisch die grundlegenden ästhetischen Probleme der künstlerischen Darstellung herauswachsen…"
(György Lukács: *Művészet és Társadalom* [Kunst und Gesellschaft], a. a. O., S. 12.)

Andrei Platonowitsch Platonow (Familienname: Klimentow) (1899–1951), weltberühmter Schriftsteller, Mitglied der literarischen Gruppe „Perewal", schrieb den Großteil seiner die Tschechowschen Traditionen weiterführenden Novellen zwischen 1928 und 1935. Viele von ihnen wurden von der Kritik getadelt, zahlreiche seiner Schriften blieben Manuskripte. Einer der besten Essayisten der dreißiger Jahre, seine kritischen Artikel erschienen in den Zeitschriften *Literaturny Kritik* und *Literaturnoje Obosrenije* unter dem Pseudonym Fjodor Tschelowekow. (Eigentum von M. A. Lifschitz)

Wladimir Romanowitsch Grib (1908–1940), jung verstorbener begabter Literaturhistoriker, ein ausgezeichneter Kenner der westeuropäischen Literatur. Die Aufnahme stammt aus den dreißiger Jahren. (Eigentum von M. A. Lifschitz)

Knäuel. Aber ich wüßte mich keines Falles zu erinnern, wo nicht Georg Lukács klug und behutsam, mit bewundernswerter Geduld, manchmal auch mit bissiger Ironie oder geistreichem Humor die Wirrnis entwirrt und Klarheit geschaffen hätte – sei es auch die Klarheit, daß hier unüberbrückbar Auffassung gegen Auffassung stünde, das Problem also noch nicht gelöst sei...

Er hatte die ebenso seltene wie schöne Gabe, auch aus unklaren und schiefen Formulierungen schlechter Redner das herauszuhören, was sie tatsächlich meinten; nie hätte er, der (auch beim Sprechen) für seine präzisen Formulierungen bekannt ist, solch einen Redner ‚beim Wort‘ genommen. Ihm ging es stets nur um den Inhalt.

Deshalb achteten, ja verehrten ihn nicht nur die jungen Schriftsteller; auch die älteren Kollegen anerkannten, wenn sie auch nicht immer mit ihm übereinstimmten, sowohl sein unerhörtes Wissen als seine kunstästhetische Überlegenheit; alle aber bewunderten seinen persönlichen Mut, seine menschliche Sau-

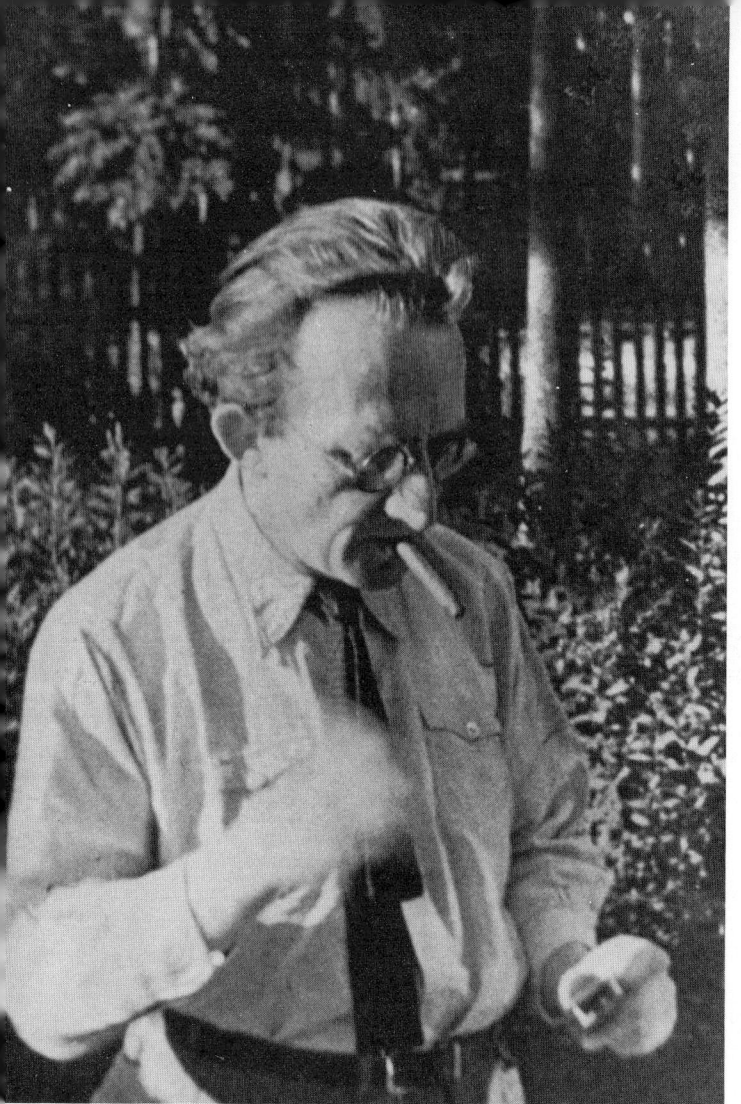

Lukács zündet sich eine Zigarre an. (LA)

„Es war in Moskau; wenn ich mich recht erinnere, im Jahre 1937. Wir deutschen Schriftsteller bildeten damals, gemeinsam mit unseren ungarischen Freunden Julius Háy, Andor Gábor, Georg Lukács und anderen eine Art freiwilliger Arbeitsgemeinschaft, die in einem Hause des sowjetischen Schriftstellerverbandes zu tagen pflegte. Bei unseren Zusammenkünften ging es meist sehr heiß zu. Wir waren gewöhnt, Probleme des künstlerischen Schaffens so ernst zu nehmen, wie sie es verdienen. Oft prallten die Meinungen heftig aufeinander, oft verfilzten sich unsere Ansichten zu einem kaum noch entwirrbaren

Das Haus, in dem Lukács mit seiner Familie in Moskau mehrere Jahre lang wohnte: Tschkalowstraße 21. (Foto: Ferenc Mosóczy)

berkeit und echte Herzensgüte. (Später, nach dem faschistischen Überfall auf die Sowjetunion, während der harten Kriegsjahre, nicht zuletzt unter den oft widrigen Verhältnissen der Evakuation zeigten sich diese Charaktereigenschaften besonders hell.)
Georg Lukács meldete sich selten zum Wort. Ich habe noch heute die fast regelmäßig zum Schluß erfolgende Aufforderung des Sitzungsleiters im Ohr: ‚Na, Jurij, was meinst denn du dazu?'
Dann drückte er bedächtig den Rest seines ‚Besens' im Aschenbecher aus, zündete sich umständlich einen neuen Stumpen an, der sich wenig später wieder zu einem ‚Besen' ausfranste, und sprach. Er sprach, wie man so sagt, druckreif. Seine zusammenfassenden, klärenden Ausführungen machten jedes andere Schlußwort überflüssig."
(Aus der Erinnerung von Fritz Erpenbeck. In: *Georg Lukács zum 70. Geburtstag*, a. a. O., S. 24—25.)

Gertrud in Moskau. (LA) ▷

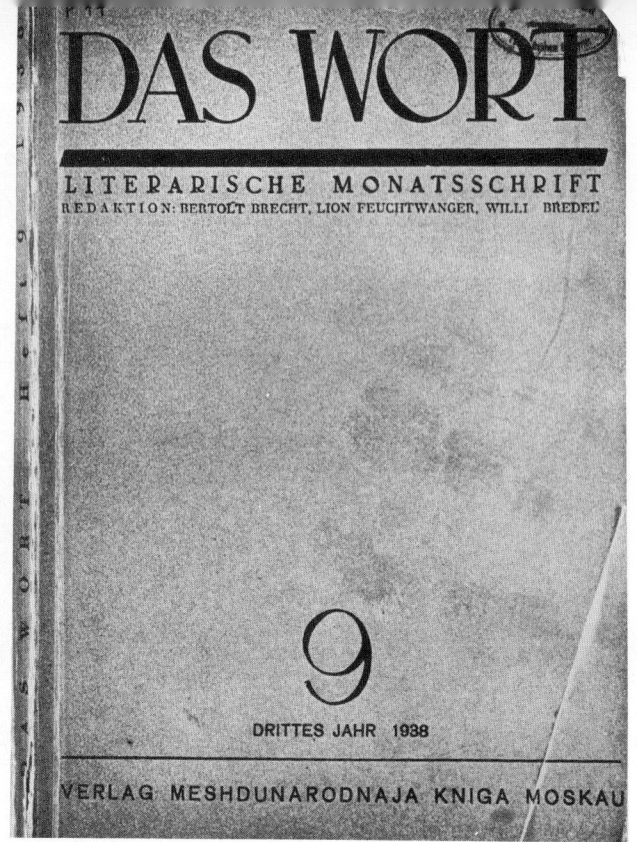

Die literarische Monatsschrift *Das Wort*. In ihren Spalten wurde 1937/38 die Diskussion über den Expressionismus geführt. (LA)

Ernst Bloch, einer der Teilnehmer der Diskussion, der ähnlich wie Hanns Eisler scharf gegen die global negative Einschätzung von Lukács über den Expressionismus polemisierte. (LA)

„Der Anbruch des Dritten Reiches unterbrach diese offene und fühlbare Wirkung Lukács' auf die geistige Auseinandersetzung in Deutschland und unter Deutschen. Lukács lebte und arbeitete von nun an in Moskau. Seine neuen Arbeiten erschienen vor allem in der von Becher herausgegebenen Zeitschrift *Internationale Literatur* und in der literarischen Monatsschrift *Das Wort,* die gleichfalls in Moskau herauskam und unter der gemeinsamen Verantwortung von Brecht, Bredel und Lion Feuchtwanger stand. Lukács war einer der wichtigsten Mitarbeiter dieser Zeitschriften, die bis zu Beginn des zweiten Weltkrieges von den deutschen Emigranten in aller Welt gelesen und erörtert wurden. Er publizierte eine skizzenhafte Übersicht über die Entwicklung der deutschen Literatur im Zeitalter des Imperialismus; er schrieb gegen die faschistische Verfälschung Hegels und Büchners; er diskutierte mit Anna Seghers über Fragen des Romans; er setzte sich mit Ernst Bloch in der Frage auseinander, ob der deutsche Expressionismus in Kunst und Literatur in seiner Gesamtheit oder jedenfalls partiell als kulturelle Erbschaft zu betrachten sei. Ganz offensichtlich: hier sprach ein ganz anderer Lukács als damals in den zwanziger Jahren oder gar in der so unendlich weit zurückliegenden Epoche der ersten Vorkriegszeit."
(Aus der Erinnerung von Hans Mayer. In: *Georg Lukács zum 70. Geburtstag.* Aufbau-Verlag, Berlin 1955, S. 165.)

„... der Expressionismus war für mich von grundlegender Bedeutung, während Lukács schon immer vom Neoklassizismus angezogen wurde. Der Neoklassizismus ist die Kunst der Ruhe und Ordnung, der Struktur und Form. Die Tatsache, daß Lukács nichts vom Expressionismus verstanden hat, bewirkte nicht allein unsere geistige Trennung, sondern hatte auch ein Erkalten unserer Freundschaft zur Folge. Lukács sah in der Bewegung nichts als Dekadenz... Es ist nicht zu leugnen, daß unsere Freundschaft erkaltete, als er die Anschauungen der Partei in den 30er Jahren in Berlin etwas dogmatisch vertrat."
(Bloch-Interview. In: *Les Nouvelles Littéraires* vom 29. 4. 1976 und 6. 5. 1976.)

„Mit einer einzigen Handbewegung wischt er [Lukács] die ‚unmenschliche' Technik vom Tisch... Die Schriftsteller finden einen entmenschten Menschen vor? Sein Innenleben ist verwüstet? Er wird im Hetztempo durch sein Leben gehetzt? Seine logischen Fähigkeiten sind geschwächt, wie die Dinge verknüpft waren, scheinen sie nicht mehr verknüpft? So müssen die Schriftsteller eben doch sich an die alten Meister halten, reiches Seelenleben produzieren, dem Tempo der Ereignisse in den Arm fallen durch langsames Erzählen, den einzelnen Menschen wieder in den Mittelpunkt der Ereignisse stoßen durch ihre Kunst und so weiter."
(Bertolt Brecht: *Schriften zur Literatur und Kunst*. Suhrkamp Verlag, Frankfurt/M. 1967, Bd. 2, S. 107.)

„Grösse und Verfall" des Expressionismus

Von
GEORG LUKÁCS

„... das Unwesentliche, Scheinbare, an der Oberfläche Befindliche verschwindet öfter, hält nicht so ‚dicht', ‚sitzt' nicht so ‚fest' wie das ‚Wesen'. Etwa: die Bewegung eines Flusses, der Schaum oben und die tiefen Strömungen unten. Aber auch der Schaum ist ein Ausdruck des Wesens."
(Lenin: „Aus dem philosophischen Nachlaß".)

Im Oktober 1920 hält Wilhelm Worringer, einer der theoretischen Vorläufer und Begründer des Expressionismus, ihm eine tieferschütternde Grabrede. Er faßt die Frage breit, wenn auch mit einer komisch anmutenden professoralen Verallgemeinerung, die in den Angelegenheiten der eigenen engeren Intellektuellenschicht unmittelbar Menschheitsprobleme erblickt. „Nicht der Expressionismus steht letzten Endes in Scheitern verurteilt waren. „In eine Phiole voll letzter Essenzen will man das ganze Weltmeer, nein das ganze Weltgefühl einströmen lassen. Glaubt, daß man *des Absoluten habhaft würde, wenn man das Relative ad absurdum führe*. Oder, um das zu nennen, was an tiefster Tragik dahintersteckt: *die hoffnungslos Einsamen wollen Gemeinschaft markieren*. Aber es bleibt auch hier beim bloßen Markieren. Auch

Bertolt Brecht (1898–1956), bedeutendster Vertreter der deutschen Linksavantgarde, der sein politisches Theater mit Hilfe der von Lukács kritisierten künstlerischen Methoden (Tendenz, Montage) schuf. (MTI)

Der Artikel „‚Größe und Verfall' des Expressionismus" von Lukács erschien im Jahrgang 1934 der Zeitschrift *Internationale Literatur*. Dieser Aufsatz war der Ausgangspunkt der Diskussion über den Expressionismus. (LA)

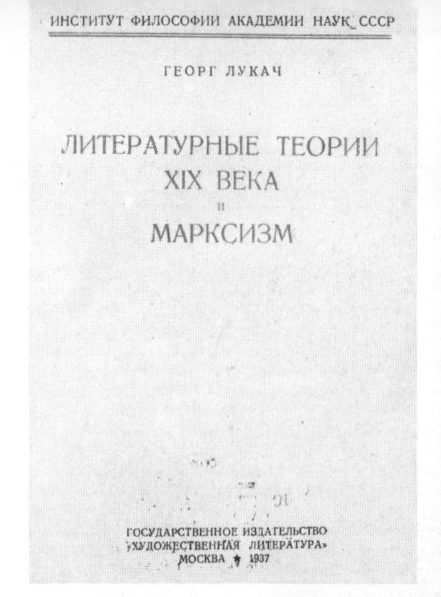

Essayband von Lukács in russischer Sprache: *Literaturtheorien des 19. Jahrhunderts und der Marxismus.* (LA)

Englische Nummer der Zeitschrift *Internationale Literatur* aus dem Jahre 1938 mit dem Aufsatz von Lukács: „Walter Scott und der historische Roman". (LA)

Mitgliedsausweis: Georg Lukács, Mitglied des Literaturfonds der Sowjetunion. (LA)

„Daß man auch damals – um es optimistisch auszudrücken – mit jedem zweiten von der Schablone abweichenden Gedanken auf einen dumpfen oder aggressiven Widerstand stieß, hat diesen Hoffnungen nur sehr allmählich ein gedämpfteres Kolorit verliehen. Anfangs glaubte ich und mit mir nicht wenige, daß man Überbleibseln der noch nicht völlig überwundenen Vergangenheit gegenüberstehe (Rappisten, Vulgärsoziologen etc.). Später wurde es uns klar, daß alle diese den theoretischen Fortschritt hindernden Tendenzen solide, bürokratische Stützpunkte besaßen..."

(Lukács: Postscriptum, 1957. S. 647.)

„... jeder denkende Mensch [mußte] von der welthistorischen Lage ausgehen: Sie war die des Aufstiegs Hitlers und der Vorbereitung seines Vernichtungskrieges gegen den Sozialismus. Ich war mir stets darüber klar, daß jeder der sich aus dieser Situation ergebenden Entscheidungen alles – und sei es für mich persönlich das Teuerste, sei es mein eigenes Lebenswerk – bedingungslos untergeordnet werden mußte...
Ich war ... gezwungen, eine Art Partisanenkampf für meine wissenschaftlichen Ideen zu führen, mit einigen Stalin-Zitaten etc. das Erscheinen meiner Arbeiten zu ermöglichen und in diesen dann meine abweichende Anschauung mit der nötigen Vorsicht so offen auszudrücken, wie es der jeweilige historische Spielraum gestattete."
(Lukács: Postscriptum, 1957. S. 647–648.)

Lukács und Frau auf einem Ausflug in Gesellschaft von Johannes und Lili Becher sowie Olga Halpern. (LA)

„…Bis zum VII. Kongreß der Komintern stand ich vollständig außerhalb der ungarischen Partei. Ich lebte in Moskau, war Mitglied der Organisation der ungarischen Emigranten, aber ich bezahlte nicht einmal den Mitgliedsbeitrag persönlich, sondern bat Jenő Hamburger, jeden Monat meine Mitgliedsgebühr einzuzahlen. Ich ging nicht einmal dorthin, um meine Handlungsfreiheit zu bewahren und dieses Prinzip auf internationaler ideologischer Ebene vertreten zu können. Nach dem VII. Kongreß der Komintern… wurde die Zeitschrift *Uj Hang* der Moskauer ungarischen Emigration herausgegeben, deren Mitarbeiter ich war und in der ich damals – in Übereinstimmung mit Révai – den Standpunkt vertrat, auf ideologischem Gebiet müsse ein Zweifrontenkampf gegen die städtischen Schriftsteller und die Volkstümler geführt werden, zugleich aber müßten die demokratischen Tendenzen innerhalb der Bewegung der Volkstümler beachtet und danach getrachtet werden, Einfluß auf sie auszuüben, damit sie sich in revolutionärer Richtung entwickelten."
(Aus dem Filminterview von Tibor Garai mit Lukács 1971. A. a. O., S. 211–212.)

Jenő Hamburger. (Eigentum der Familie Hamburger)

„Es lebe die antifaschistische und antimilitaristische Einheitsfront!" Flugblatt der KPU. (MMM)

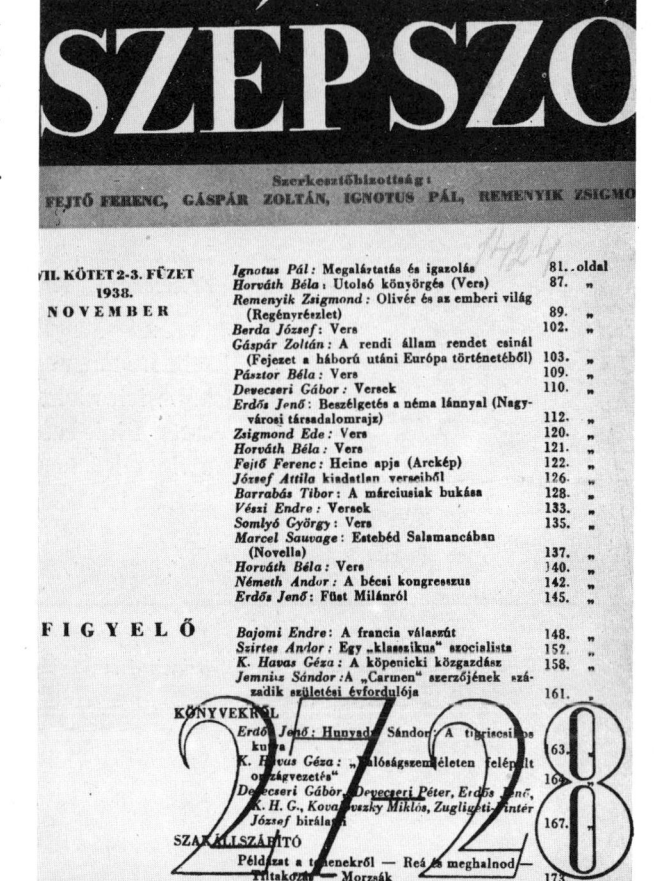

Válasz, Zeitschrift der „Volkstümler"-Bewegung der Dorfforscher ab 1935. Redakteure: Lajos Fülep, und später György Sárközi. (OSZK)

„Vor allem sollten wir feststellen, daß die demokratischen literarischen Bewegungen der 30er Jahre – ob sie nun auf einem städtischen oder dörflichen Boden wuchsen – einen nicht unwichtigen Schritt in der ungarischen ideologischen Entwicklung bedeuten. Konterrevolutionen pflegen eine demoralisierende Wirkung auf die öffentliche Meinung fast ganzer Länder auszuüben; besonders in ihrer ersten Phase. In den gegenwärtigen Konterrevolutionen wurde diese Tendenz durch die nationale und soziale Demagogie, durch die in der Maske eines Pseudorevolutionismus auftretende Reaktion nur noch gesteigert. Um so wichtiger und erwähnenswerter ist jeder Versuch, der eine Loslösung aus dem Würgegriff der Konterrevolution zumindest suchte."
(György Lukács: *Írástudók felelőssége* [Die Verantwortung der Schriftsteller]. Vorwort. Moskau 1944.)

Szép Szó, Zeitschrift der humanistisch-antifaschistischen, „urbanen" Literatur. Redakteure: Pál Ignotus, Ferenc Fejtő. Bis 1937 war auch Attila József Mitglied des Redaktionsausschusses. (OSZK)

„Sehr geehrter Herr,
verzeihen Sie, daß ich so spät antworte, aber ich war derart beschäftigt, daß ich keine Zeit fand, die Manuskripte durchzusehen. Nun sende ich auf einmal zwei große Manuskripte, die natürlich nur in Fortsetzungen veröffentlicht werden könnten, vielleicht aber würde es sich lohnen, denn sie behandeln sehr wichtige prinzipielle Fragen des heutigen Realismus. Die zwei Abhandlungen werden hier in nächster Zeit in einer besonderen Broschüre erscheinen (Titel: *Realismus des Wesentlichen und des Unwesentlichen*). Insofern es bei Ihnen eine Möglichkeit gäbe, würde ich ein kurzes Vorwort zur Broschüre einsenden. Jetzt nur noch ein, zwei Worte zum Honorar. Unser Freund Gergely sagte, Sie könnten etwas zahlen. Das würde mich sehr freuen, zugleich aber möchte ich Sie um folgendes bitten. Bargeld habe ich nicht nötig, dagegen brauchte ich sehr Bücher, und zwar in erster Linie russische Klassiker in deutscher Übersetzung. Ein Großteil meiner Bücherei ist verlorengegangen. Tolstoi ist der einzige, dessen Werke ich besitze. Bitte schreiben Sie einige Zeilen über Ihre diesbezüglichen Möglichkeiten.   Mit aufrichtigem Gruß
Moskau, 23. 6. 1937.   Georg Lukács"

(Brief von Lukács an László Sándor. Handschriftenarchiv des Literaturmuseums „Petőfi".)

Korunk, progressive siebenbürgisch-ungarische Zeitschrift für Literatur und Gesellschaft, redigiert von Gábor Gaál, mit einem Artikel von Lukács. (OSZK)

József Révai, Mitglied des Exekutivkomitees der Komintern, Mitarbeiter der Zeitschrift *Uj Hang*. (MMM)

Uj Hang, Zeitschrift für Literatur und Gesellschaft der Kommunistischen Partei Ungarns. (LA)

Note des Königlich-Ungarischen Justizministers an die Budapester königl. Staatsanwaltschaft wegen Einleitung eines Verfahrens gegen die Autoren der *Uj Hang*. (PTI)

Urteil gegen Andor Gábor, Georg Lukács und Sándor Gergely, die sich infolge ihrer in der Nummer 1938/4 der Zeitschrift *Uj Hang* erschienenen Artikel des gewalttätigen Umsturzes der Staats- und Gesellschaftsordnung schuldig gemacht haben. (PTI)

Béla Balázs mit seiner Frau vor ihrer Datscha in der Umgebung von Moskau. (IM)

Karte von Lukács und Gertrud an Béla Balázs aus der Krim. (MTA)

„Es handelte sich auch um weit schwerer wiegende gesellschaftliche Probleme, die in dieser Zeit das Negative an den Stalinschen Methoden immer deutlicher zum Ausdruck brachten. Natürlich denke ich dabei an die großen Prozesse. Ihre Rechtmäßigkeit habe ich von Anfang an skeptisch beurteilt – nicht viel anders als z. B. die gegen die Girondisten, die Dantonisten etc. in der Großen Französischen Revolution; d. h. ich bejahte ihre historische Notwendigkeit, ohne auf die Frage ihrer Gesetzlichkeit allzu großes Gewicht zu legen. Meine Position änderte sich radikal erst, als die Parole ausgegeben wurde, den Trotzkismus etc. mit allen Wurzeln auszurotten. Ich begriff von Anfang an, daß daraus nichts als ein massenhaftes Aburteilen in der Mehrzahl völlig unschuldiger Menschen folgen mußte. Und wenn man mich heute fragen würde, warum ich dagegen nicht öffentlich Stellung nahm, so würde ich wiederum nicht die physische Unmöglichkeit in den Vordergrund stellen – ich lebte als politischer Emigrant in der Sowjetunion –, sondern die moralische: Die Sowjetunion stand unmittelbar vor dem Entscheidungskampf mit dem Faschismus. Ein überzeugter Kommunist konnte also nur sagen: ‚Right or wrong – my party.'"
(György Lukács: *Utam Marxhoz*. Bd. 2, S. 304.)

Das Ehepaar Lukács in Jalta 1940. (LA)

Lukács Ende der dreißiger Jahre. (LA)

„1939/40 entspann sich eine heftige Debatte nach dem Erscheinen meines Buches *Adalékok a realizmus történetéhez* [Beiträge zur Geschichte des Realismus] in russischer Sprache. (Das Buch enthält meine Aufsätze über Goethe, Hölderlin, Büchner, Heine, Balzac, Tolstoi und Gorki.) Die Debatte, die sich beinahe ein Jahr lang hinzog, drehte sich hauptsächlich darum, inwiefern man das Prinzip des Sieges des Realismus… auf die Literatur anwenden darf. Ob es eine Verletzung der ‚Idealität' der Literatur ist, wenn der Maßstab des literarischen Wertes das in der Schöpfung erscheinende, künstlerisch geprägte Weltbild ist und nicht die bewußte Weltanschauung des Schriftstellers, in dem die jeweilige aktuelle Stellungnahme der Partei direkt zum Ausdruck kommt? Dieser Debatte gingen Angriffe – in aktuellen Fragen – gegen Ussijewitsch voraus, vor allem wegen ihres Artikels über die politische Lyrik, in dem die damalige Produktion – im Vergleich zur Dichtkunst Majakowskis – als menschlich und dichterisch überaus geringwertig eingeschätzt wurde. Es muß festgestellt werden, daß keine der Debatten unmittelbare ‚organisatorische' Folgen hatte. Tatsache ist, daß die *Literaturny Kritik* 1940 ihr Erscheinen einstellte; wiederum ohne daß der Beschluß ausgesprochen auf diese Debatten Bezug genommen hätte. Damit war mir jedoch praktisch die russische literarische Presse verschlossen; nicht als Folge des Beschlußtextes, nur faktisch. Literarische Studien konnte ich jetzt nur noch in der deutschsprachigen *Internationalen Literatur* und in der ungarischen *Uj Hang* veröffentlichen… Die auf diese Weise entstandene ‚Freizeit' verwendete ich hauptsächlich für philosophische Studien."
(György Lukács: *Művészet és társadalom* [Kunst und Gesellschaft], a. a. O., S. 12.)

Diskussionsartikel von Lukács in der Nummer 1940/5 der Zeitschrift *Literaturnaja Gaseta*.

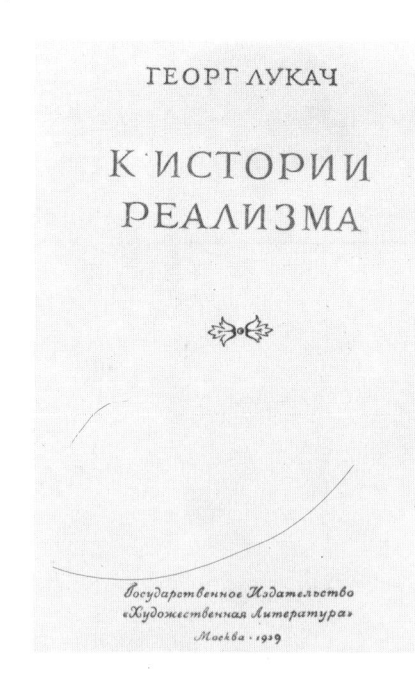

Band *Zur Geschichte des Realismus* von Georg Lukács. (LA)

Dedikation des in russischer Sprache erschienenen Bandes *Zur Geschichte des Realismus* von Lukács für Michail Lifschitz.

Michail Lifschitz im Jahre 1941, als er auch selbst an der Auseinandersetzung um das Buch von Lukács in den Spalten der *Literaturnaja Gaseta* beteiligt war. (Eigentum von M. A. Lifschitz)

Sowjetische Flugzeuge patrouillieren 1941 über Moskau. (MTI)

Während der Evakuierung nach Taschkent 1941/42 entstand das Manuskript von Lukács *Zur Entstehungsgeschichte der faschistischen Philosophie in Deutschland*. (LA)

Nummer 41 der Zeitung *Kanadai Magyar Munkás* vom 22. April 1943 mit dem Text des Aufrufes, in dem die in der Sowjetunion lebenden Ungarn (darunter Lukács) gegen die Teilnahme Ungarns am Krieg gegen die Sowjetunion protestieren. Dieser Aufruf an das ungarische Volk wurde in der ungarischen Sendung des Moskauer Rundfunks verlesen und auf Flugzetteln in Ungarn verbreitet. (PTI)

Jenő Varga (1879–1964), Volkswirtschaftler, kommunistischer Wirtschaftspolitiker. Sein persönliches Einschreiten bedeutete gegenüber den Gesetzwidrigkeiten — die während der Kriegszeit auch die Familie Lukács trafen — eine große Hilfe. Auf dem Bild Jenő Varga mit Frau und Tochter. (Eigentum der Familie Varga)

◁ Igor Alexandrowitsch Satz, einer der russischen Freunde von Lukács, im Jahre 1941 in Uniform. (Eigentum von M. A. Lifschitz)

Am 28. 8. 1943 erhielt Lukács auf Grund seiner Arbeit über den jungen Hegel von der Akademie der Wissenschaften der Sowjetunion den Titel Doktor der philosophischen Wissenschaften. (LA)

„Es ist z. B. bekannt, daß während des Krieges ein Beschluß gefaßt wurde, der Hegel für einen Ideologen der feudalen Reaktion gegen die französische Revolution erklärte. Darum konnte ich natürlich mein Buch über den jungen Hegel in dieser Zeit nicht veröffentlichen. Ich dachte: Man kann zwar sicherlich den Krieg auch ohne eine derartige unwissenschaftliche Dummheit gewinnen. Wenn aber die Anti-Hitler-Propaganda einmal darauf verfallen ist, so ist es momentan wichtiger, den Krieg zu gewinnen als über die richtige Auffassung Hegels zu streiten."
(A. a. O., S. 648.)

„Ich hoffe, meine Faust-Aufsätze werden meinen Lesern die Methode und Richtung zur richtigen Lösung des Problems weisen: Goethe als eine der größten Gestalten der sich damals konkretisierenden historischen Dialektik neben und parallel zu Hegel... Es versteht sich, daß das Goetheproblem auch dann nicht erschöpft wäre, wenn mein Buch auf alle diese Fragen ausführliche Antwort geben würde. Dazu wäre eine eigene Goethemonographie vonnöten. Eine solche habe ich jahrelang geplant, ja vorbereitet; leider ging in einer unglücklichen Wendung der Kriegsumstände dieses ganze Material verloren, so daß ich vorläufig auf die Vollendung dieser Arbeit verzichten muß."
(Lukács: *Goethe und seine Zeit*. Vorwort. In: Lukács: *Werke*, Bd. 7. Luchterhand, Neuwied 1964, S. 51.)

Marschkolonne deutscher Kriegsgefangener auf den Straßen von Stalingrad. (MTI)

Sammelband *Írástudók felelőssége* (Verantwortung der Schriftsteller) mit Lukács' Artikeln aus der Zeitschrift *Uj Hang*. (LA)

Igaz Szó, Zeitung der ungarischen Kriegsgefangenen in der Sowjetunion. Lukács besuchte regelmäßig ein Kriegsgefangenenlager in der Nähe von Moskau und hielt den ungarischen und deutschen Kriegsgefangenen, hohen Offizieren, darunter auch Paulus, Vorträge. (LA)

Kriegsgefangene in Moskau 1944. (MTI)

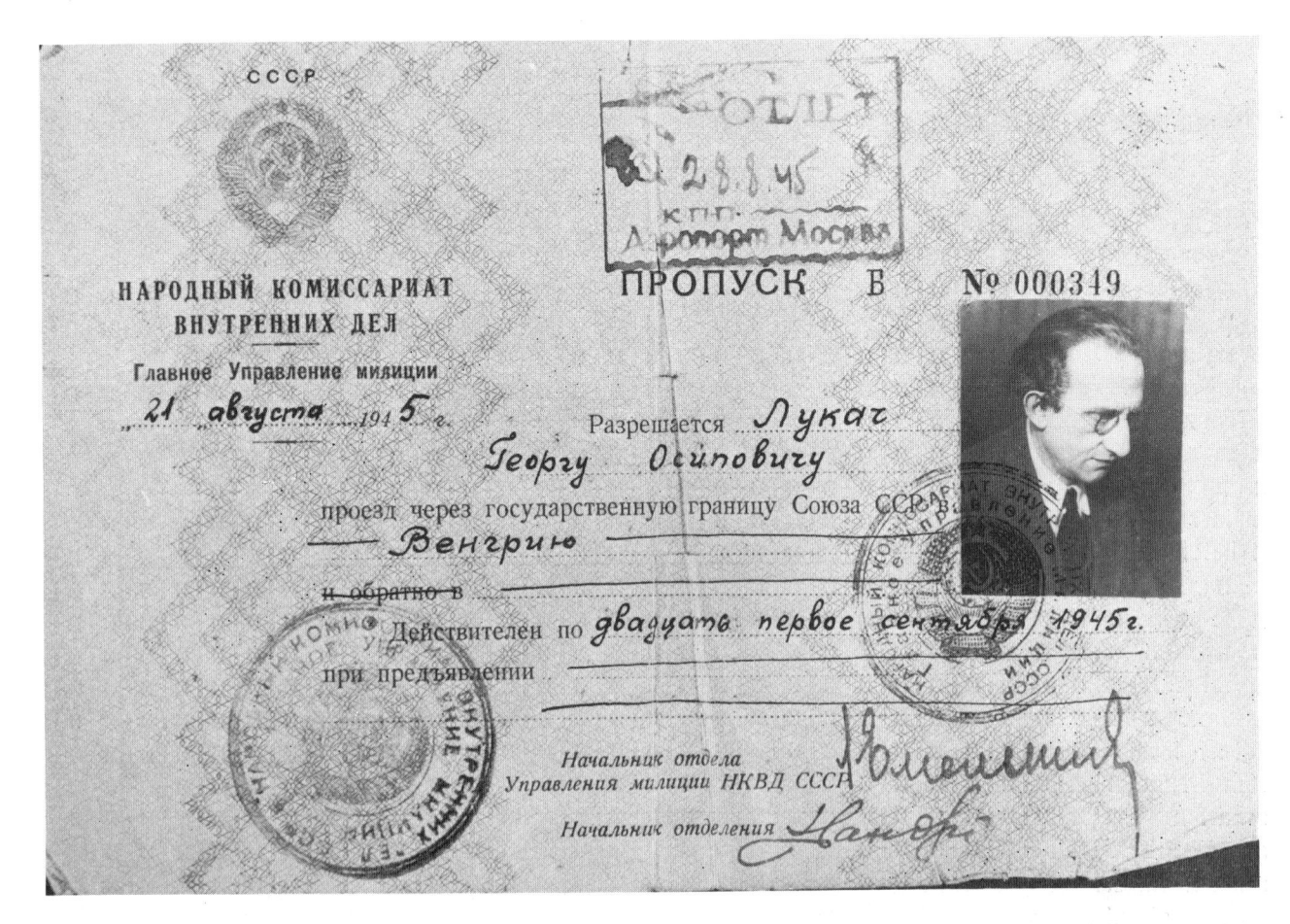

Genehmigung für Georg Lukács, die Grenze der Sowjetunion nach Ungarn passieren zu können. Datum des Grenzübertritts: 28. 8. 1945. (LA)

„Schon vor dem Krieg und während des Krieges war es die Grundlinie meiner Aufsätze, daß der Faschismus keineswegs eine historisch isolierte Krankheitserscheinung sei, keineswegs ein plötzlicher Einbruch des Barbarentums in die europäische Zivilisation. Der Faschismus als Weltanschauung ist vielmehr eine allerdings qualitative Kulmination von erkenntnistheoretisch irrationalistischen, sozialmoralisch aristokratischen Theorien, die in der offiziellen und nichtoffiziellen Wissenschaft, in der wissenschaftlichen und pseudowissenschaftlichen Publizistik seit vielen Jahrzehnten eine führende Rolle spielen. Weil hier ein organischer Zusammenhang vorhanden ist, können sich die geistigen Anhänger des Faschismus leicht zurückziehen; sie können Hitler und Rosenberg preisgeben und sich – für einen neuen Vorstoß unter günstigeren Bedingungen – in der Philosophie von Spengler oder Nietzsche verschanzen. Gelegentlich meiner Vorträge während des Krieges vor gefangenen deutschen Offizieren konnte ich diesen Prozeß schon in seinen Anfängen aus persönlicher Nähe beobachten."
(Lukács: „Aristokratische und demokratische Weltanschauung." [1946.] In: Lukács: *Werkauswahl*, Bd. 2. Luchterhand, Neuwied 1967, S. 403–404.)

„Die Aufsätze aus der Zeit nach der Befreiung sind größtenteils historischer und zugleich polemischer Natur. Durch diese doppelte Einstellung suchte ich damals jener politischen Linie zu dienen, die ich – zumindest anfangs – als durchführbar ansah: dem Aufbau des demokratischen Sozialismus in unserer Heimat. Es war kein Zufall, daß mir Révai in seinem Artikel, mit dem er die sogenannte Rudas-Debatte abschloß, vorwarf, die Grundlage meiner ganzen ideologischen Tätigkeit hätten die Blum-Thesen gebildet. Dieses Streben bestimmte z. B. meine Kritik gegen den damals vorherrschenden und sich entfaltenden Existentialismus, der imstande schien, die marxistische Ideologie zu beeinflussen; aus diesem Grund machte ich einen so scharfen Unterschied zwischen aristokratischer und demokratischer Weltanschauung; aus diesem Grunde ging ich daran, die wichtigsten Linien im Denken des jungen Marx zu skizzieren usw. Es ist klar, daß auch die ideologische Vorgeschichte des Faschismus [*Die Zerstörung der Vernunft* – der Hg.] diesem Zweck diente. Hinzuzufügen ist noch, daß sich all das in der Periode des kalten Krieges abspielte, in der der ideologische Kampf um die sozialistische Demokratie notwendigerweise mit dem ideologischen Ringen um die Erhaltung des Friedens verschmolz."
(Lukács: *Utam Marxhoz.* S. 27–28.)

Budapest 1945. (MMM)

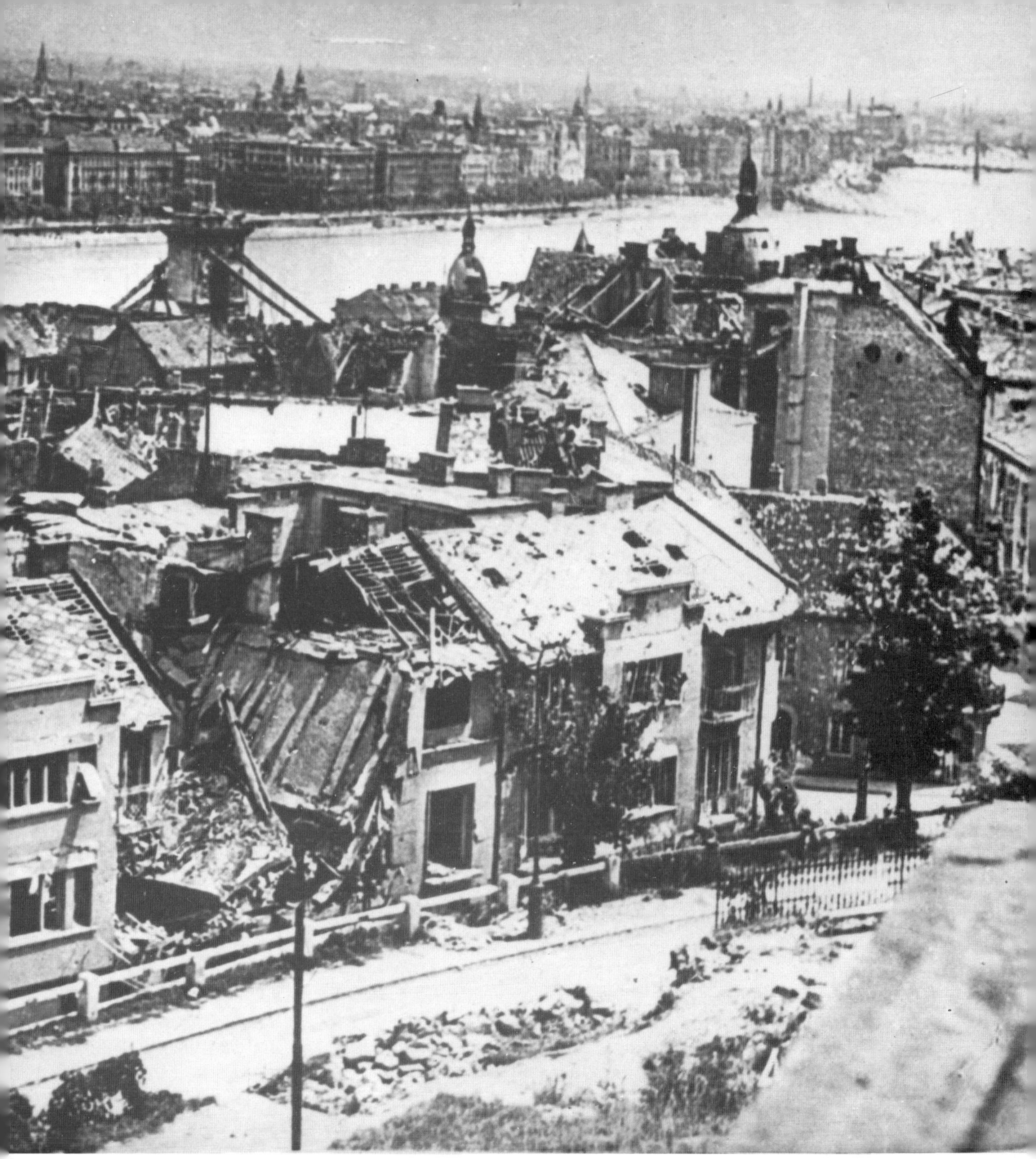

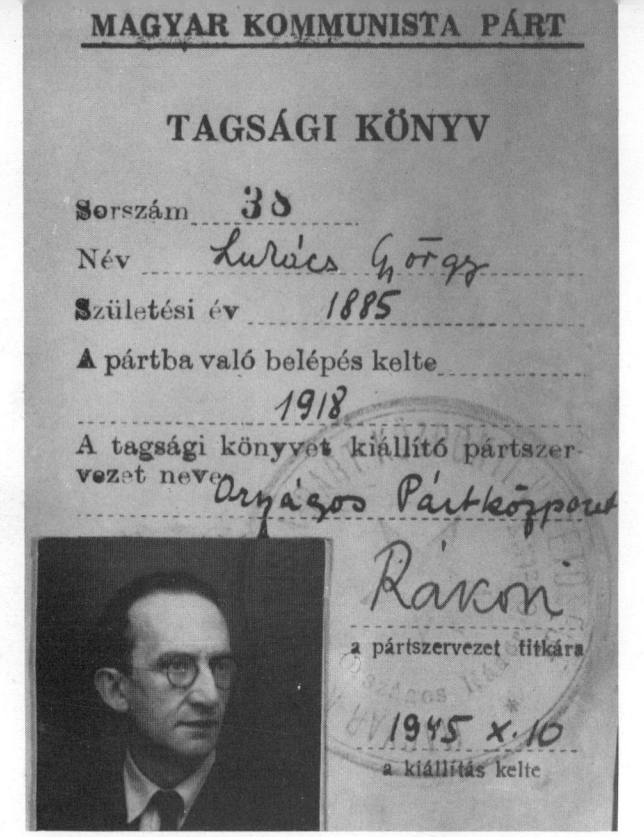

Mitgliedsausweis der KPU. Aussteller: Landesparteizentrale. Sekretär der Parteiorganisation: Rákosi. (LA)

Georg Lukács, Abgeordneter der Provisorischen Nationalversammlung. (LA)

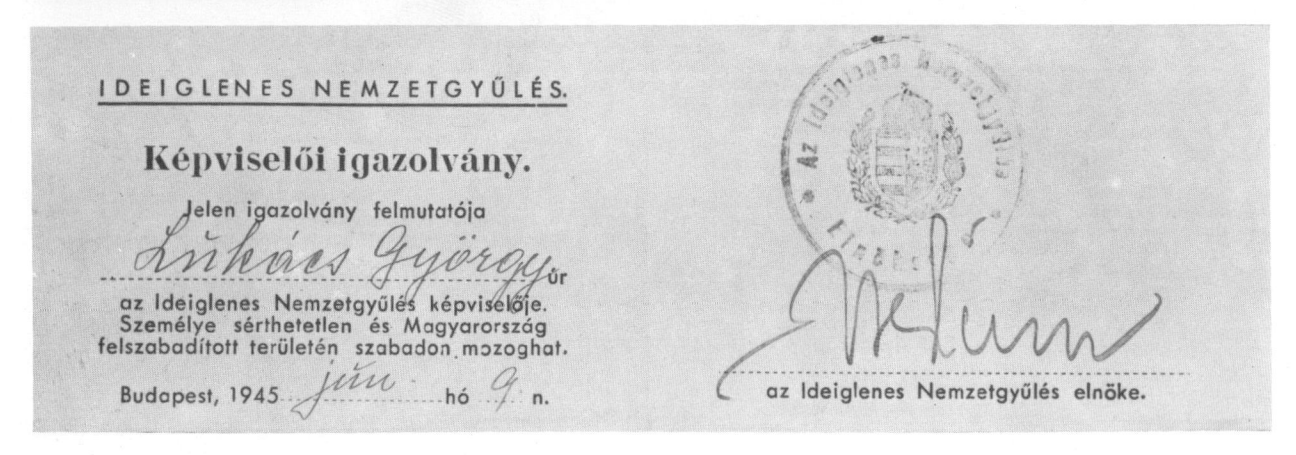

„Heimkehr mit Hoffnungen... Gute Folgen für Lebensanpassung: Heimkehr im eigentlichen Sinn; obwohl – objektive Gründe – wenig alte Freunde und Genossen (G. ja), (mit wenigen oberflächliche bündnishafte Zusammenarbeit).
Trotzdem Heimkehr. Wieder: da G. auch bei mir."
(Georg Lukács: „Gelebtes Denken." Manuskript, S. 49–50, LA.)

„Meine Berufung an den Lehrstuhl für Ästhetik an der hiesigen Universität erfolgte schon Anfang September einstimmig durch alle Hochschulinstanzen und wandert seither im Kultusministerium von einem Schreibtisch zum andern; offenbar hoffen die Herren, daß sie diesen bitteren Becher nicht leeren müssen. Wir werden sehen. Mich interessiert die Angelegenheit nur als politisches Symptom, denn wenn ich mit Vorträgen wirken oder Schüler erziehen will, so kann ich das – soweit ich sehe – auch ohne die Universität erreichen."
(Aus dem Brief von Lukács an Lajos Fülep vom 14. 10. 1945. Handschriftenarchiv der UAW.)

Aufschriften verkünden die Losungen der KPU zu den Wahlen. (MTI)

„Die ungarische Intelligenz ist in den Fragen der Demokratie durchaus nicht einheitlich. Ein ansehnlicher Teil von ihr atmete auf, als der Alpdruck der Horthy-Ära zu Ende ging. Ein anderer Teil nahm einen abwartenden Standpunkt ein. Er duldet die gegenwärtigen Verhältnisse und weiß noch nicht, wie er sich entscheiden wird. Ein geringer Teil aber leistet – offen oder verhüllt – Widerstand, ist ein Feind der demokratischen Ordnung."
(Lukács: „A magyar értelmiség és a demokrácia" [Die ungarische Intelligenz und die Demokratie]. In: *Szabad Nép* vom 30. 9. 1945.)

Gebäude der Universität Budapest mit der philosophischen Fakultät. (Foto: Demeter Balla)

„Der Herr Ministerpräsident hat mich mit seiner Note Nr. 10.266/1945. M.E.I. vom 1. November 1945 verständigt, daß er auf meine Vorlage mit seinem Beschluß vom gleichen Tage Sie, Herr Abgeordneter, zum ordentlichen Universitätsprofessor an dem Lehrstuhl für ‚Ästhetik und Kulturphilosophie' an der philosophischen Fakultät der Péter-Pázmány-Universität ernannt hat…"
Georg Lukács, der Gelehrte von internationalem Ruf, gelangte erstmalig im Alter von 60 Jahren zu einem Universitätslehrstuhl. (LA)

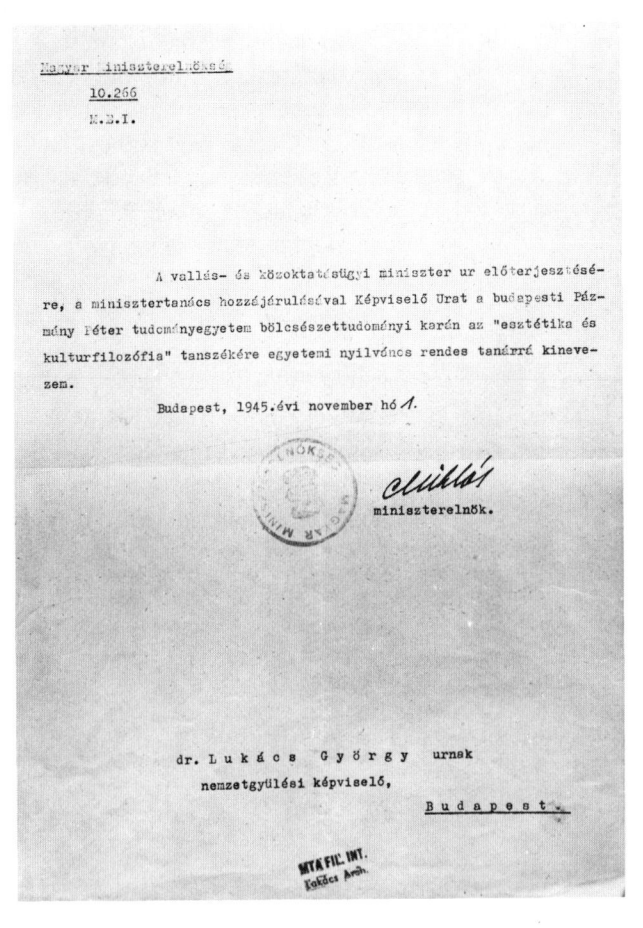

„Einladung zum Vortrag der Politischen Akademie der KPU am 26. 1. [1946], gehalten von Universitätsprofessor Dr. Georg Lukács mit dem Titel ‚Literatur und Demokratie'." (IM)

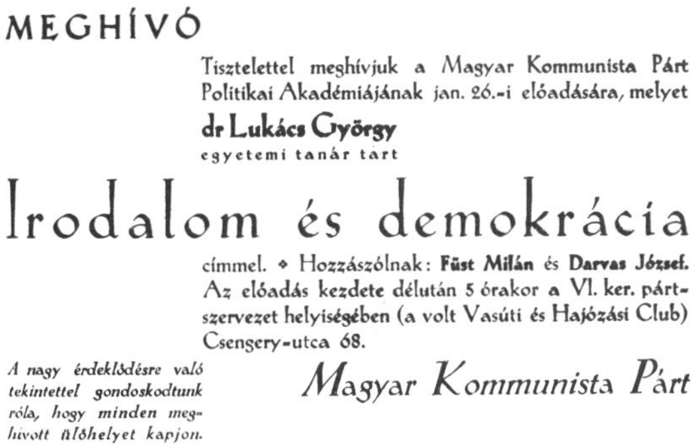

Georg Lukács 1945. (LA)

Einladung zum Lenin-Feier. (IM)

> „Die Parteidisziplin ist eine höhere, abstrakte Stufe der Treue, Treue eines Menschen in der Öffentlichkeit ist: eine weltanschauliche Beziehung zu irgendeiner geschichtlich gegebenen Richtung – und sie bleibt auch dann Treue, wenn in irgendeiner konkreten Frage keine völlige Einheit mit dieser geschichtlichen Tendenz besteht. Warum sollte eine solche Treue ein Hindernis für die individuelle und künstlerische Entwicklung eines Parteidichters sein? Dies ist um so weniger einzusehen, als die welthistorische Berufung der Partei gerade für den wirklich großen Parteidichter das lebendigste Ereignis bedeutet...
> Allerdings besteht ein ganz spezifisches Verhältnis zwischen Partei und Parteidichter. Kurz formuliert: Der Parteidichter ist niemals Führer oder ein einfacher Soldat, sondern immer Partisan. Das heißt, wenn er ein wirklicher Parteidichter ist, dann besteht eine tiefe Einheit mit der geschichtlichen Berufung der Partei, mit der großen strategischen Linie, die von der Partei bestimmt wird. Innerhalb dieser Einheit muß er sich jedoch mit eigenen Mitteln auf eigene Verantwortung offenbaren."
> (Lukács: „Parteidichtung." [1945.] In: Lukács: *Schriften zur Ideologie und Politik.* Luchterhand, Neuwied 1967, S. 400–401.)

Írástudók felelőssége (Verantwortung der Schriftsteller): Rezension des Buches *Magyarok* (Magyaren) von Gyula Illyés, mit Lukács' Korrekturen für die zweite Auflage. (LA)

Broschüren und Artikelsammlungen mit den Vorträgen aus der Zeit nach 1945. (Foto: Demeter Balla)

József Attila · *Ady* · *A marxista filozófia feladatai az új demokráciában* · *A "giccs"-ről és a "proletkult"-ról* · *Munkásszínpad* · *Lenin és a kultúra kérdései* · *Irodalom és demokrácia* · *Új magyar kultúráért* · *A marxi esztétika alapjai* · *A haladás és reakció harca a mai kultúrában* · *Írástudók felelőssége* · *Írástudók felelőssége* · *Népi írók a mérlegen*

„Die Teilnahme an der Genfer Konferenz erfolgte auf Grund einer ganz persönlichen Einladung. Zu dieser Zeit war im Westen dieser American way of life noch so tief verwurzelt, daß man mich, den man seit langem und als Schriftsteller kannte, doch ein wenig so empfing, wie es in den *Persischen Briefen* steht... Man verstand nicht, wie einer, der ein gebildeter Mensch ist, mehrere Sprachen und allerlei Kulturen kennt, ein Marxist sein kann. In dieser Hinsicht gab es auch eine kleinere Konfrontation zwischen mir und Jaspers... Das Wesentliche dabei war, ob es möglich ist, den Marxismus als wissenschaftliche Weltanschauung aufrechtzuerhalten und zu propagieren."
(Vezér-Eörsi-Interviews vom 22. 4. 1971, LA.)

„Ich sprach von der Krise der Demokratie, der Krise des Glaubens an die Vernunft und des Humanismus. Überall zeigte ich, daß infolge der Krisen konsequent gegen die Massen gerichtete, aristokratische Weltanschauungen entstanden, die die Intelligenz handlungsunfähig machten. Das wurde noch durch jene Eigenart der modernen aristokratischen Weltanschauungen gesteigert, daß sie das öffentliche Leben als gegnerisch, die Politik und Ökonomie als eine niedrigere Sphäre betrachten und den Menschen auf diese Weise einzig und allein auf die individuelle, private Sphäre verweisen. In dieser Verstümmelung des Menschen steht die heute gangbarste philosophische Strömung, der Existentialismus, an der Spitze, der auf dieser Zusammenkunft vom Heidelberger Professor Jaspers vertreten wurde. Gegen Ende meines Vortrages *nahm ich für die Herausbildung der demokratischen Weltanschauung Stellung,* ich betonte, daß der Ausweg *in einem Zusammenschluß aller demokratischen Kräfte besteht,* wie es das Bündnis der Sowjetunion, der Vereinigten Staaten und Englands 1941 gegen den Faschismus war."
(Interview von Georg Lukács über seine Genfer Reise. In: *Szabad Nép* vom 6. 10. 1946.)

Georg Lukács und seine Frau Anfang September 1946 auf dem Genfer Philosophenkongreß. (LA)

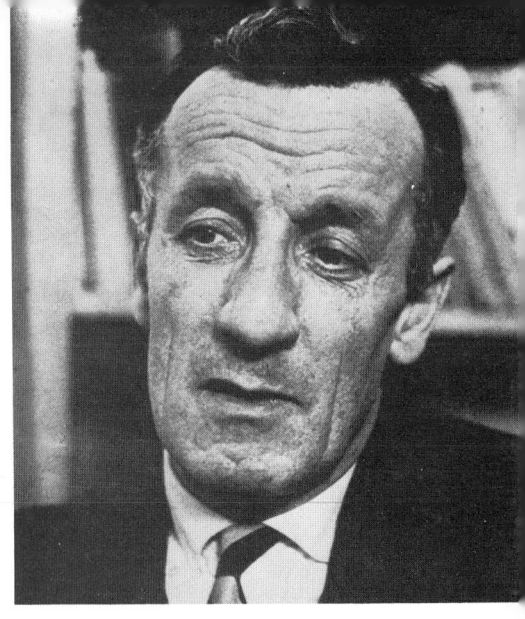

Karl Jaspers. (Repr.)
Maurice Merleau-Ponty. (Repr.)

„Während der zweiten Woche der Zusammenkunft stand die Auseinandersetzung zwischen Marxismus und Existentialismus im Vordergrund, die ich bzw. Jaspers vertraten. An dieser Auseinandersetzung beteiligten sich auch die Franzosen, in erster Linie der neben Sartre führende Ideologe der Existentialisten, Merleau-Ponty." (A. a. O.)

In der Zeitschrift *La Nef* erschien das Material des im September 1946 abgehaltenen Genfer Philosophenkongresses, darunter der Vortrag von Lukács „Über die aristokratische und demokratische Weltanschauung". (EK)

Georg Lukács spricht in der Diskussion am zweiten Tag des III. Parteitags der Kommunistischen Partei Ungarns über das Verhältnis von Intelligenz und Demokratie. (Eigentum von Márton Horváth)

„Angehöriger der Intelligenz! Dein Platz ist in unserer Mitte!"
„Die Kommunistische Partei Ungarns ist die Partei der Taten!"
„Wir bauen das Land für das Volk, nicht für die Kapitalisten!" (PTI)

Lukács unter den Teilnehmern des Parteitags.
(Eigentum von Márton Horváth)

KÁROLYI MIHÁLY ELŐADÁST TARTOTT A MAGYAR ÍRÓK SZÖVETSÉGÉBEN »KÜLSŐ ÉS BELSŐ EMIGRÁCIÓ« CIMMEL

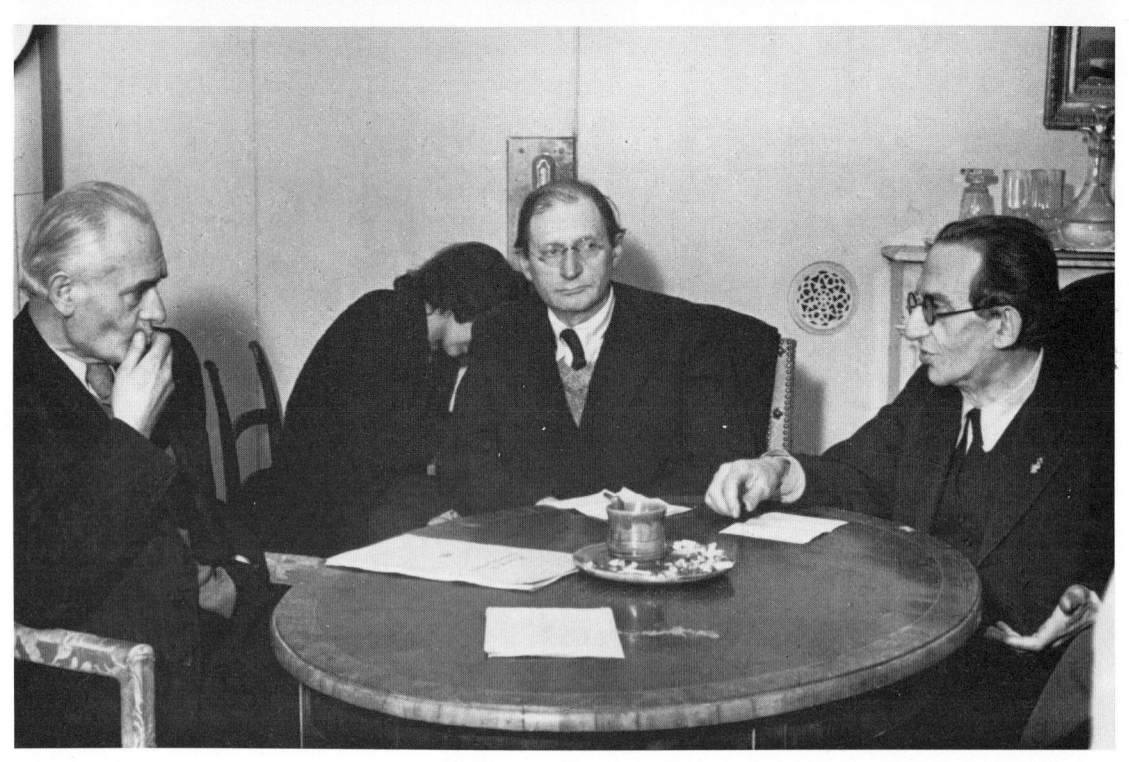

Georg Lukács auf der Schriftstellerversammlung im Buchverlag Szikra. (*Mafirt Chronik*, 18. 1. 1946.) (FA)

Szabad Nép 1946. Weihnachtsnummer mit dem Artikel von Lukács „Marxismus und bürgerliche Intelligenz". (OSZK)

△ Georg Lukács hört dem Vortrag von Mihály Károlyi im Verband Ungarischer Schriftsteller zu. (NA)

◁ Lukács und Fogarasi in der Lafontaine-Gesellschaft, Januar 1946. (MTI)

Forum

Szerkesztőbizottság
DARVAS JÓZSEF
LUKÁCS GYÖRGY
ORTUTAY GYULA

Szerkeszti
VÉRTES GYÖRGY

3

II. ÉVFOLYAM

Im November 1946 erscheint die fortschrittliche, theoretisch-ideologische Zeitschrift *Forum*. Georg Lukács ist Mitglied des Redaktionsausschusses. (OSZK)

„Im Forum gab es keine Differenz darüber, daß eine solche intime Beziehung zwischen dem radikalsten Teil der nichtkommunistischen Bewegungen und der kommunistischen Bewegung wiederhergestellt werden muß."
(Vezér-Eörsi-Interviews, 22. IV. 1971, LA.)

Gyula Ortutay
József Darvas
Redakteure der Zeitschrift *Forum*, neben Lukács. (MTI)

Lukács signiert seine Werke am „Tag des Buches" 1947. (Foto: Sándor Bojár)

„Ein Staat wie die Sowjetunion kann keineswegs auf der Basis der unmittelbaren Demokratie regiert werden. Völlig verfehlt ist jedoch die – angebliche – Erfahrung des 19. und 20. Jahrhunderts, wonach eine solche Feststellung die völlige Ausschaltung der unmittelbaren Demokratie als Institution bedeutete. Ganz im Gegenteil: Die Entwicklung geht in die Richtung – parallel mit der institutionellen und gesellschaftlich bewußten Hebung des politischen Bewußtseins der Massen –, einen immer entscheidenderen Teil des staatlichen, sozialen und kulturellen Lebens unter die unmittelbare Initiative, unmittelbare Leitung, unmittelbare Kontrolle der daran interessierten Massen zu stellen. Diese demokratischen Aspekte der sowjetischen Entwicklung wollten die betreffenden reaktionären Kritiker nicht bemerken; lange konnten sie – infolge ihrer sektiererischen Befangenheit – auch viele der revolutionär gestimmten Anhänger des Sozialismus nicht sehen. Dabei ist das eine zentrale Frage dessen, was wir, die wir noch nicht in einer sozialistischen Gesellschaft leben, die wir den Sozialismus nicht als sofort durchführbar ansehen (wenngleich wir nie auf die sozialistische Perspektive der Entwicklung verzichtet haben), aus dem Gesellschaftsaufbau und der Kultur der Sowjetunion lernen können."
(György Lukács: *Irodalom és demokrácia* [Literatur und Demokratie], Budapest 1946.)

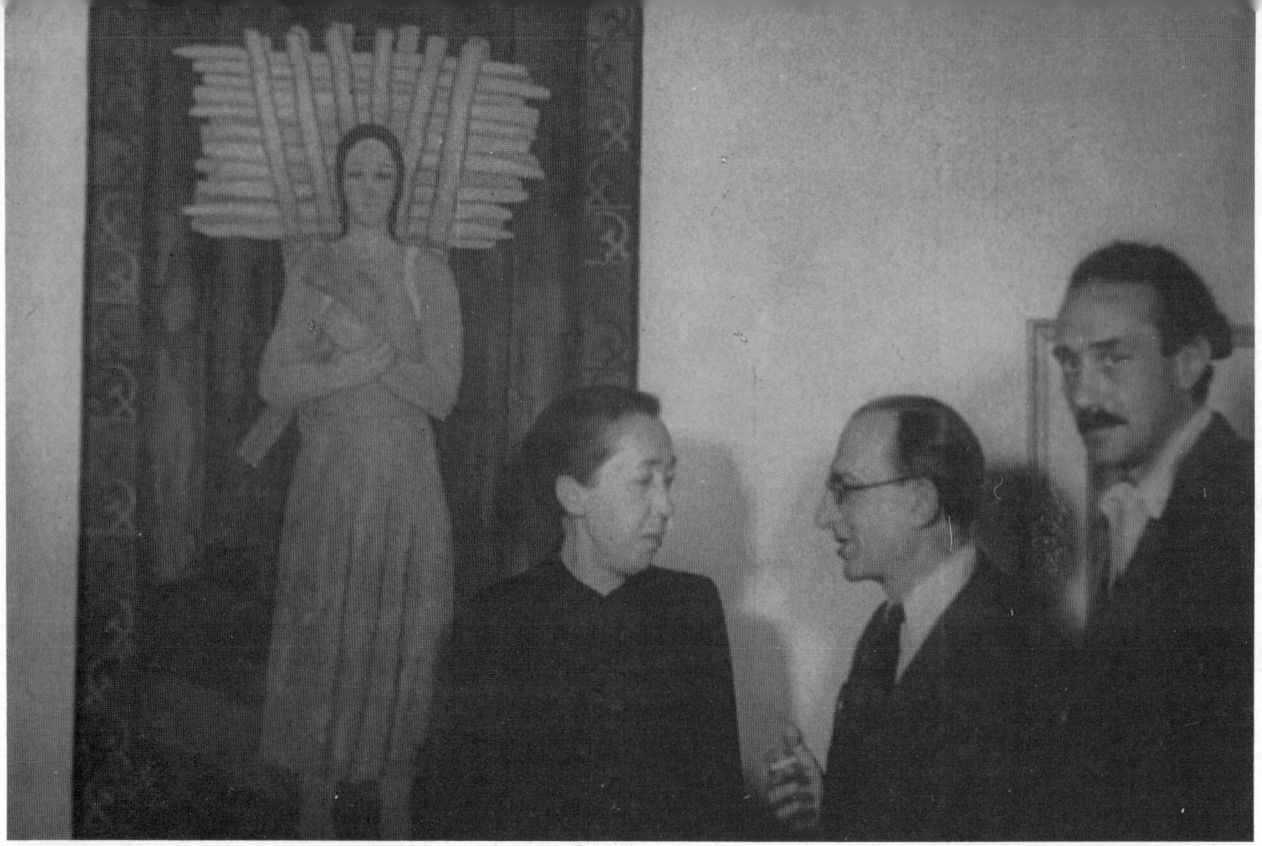

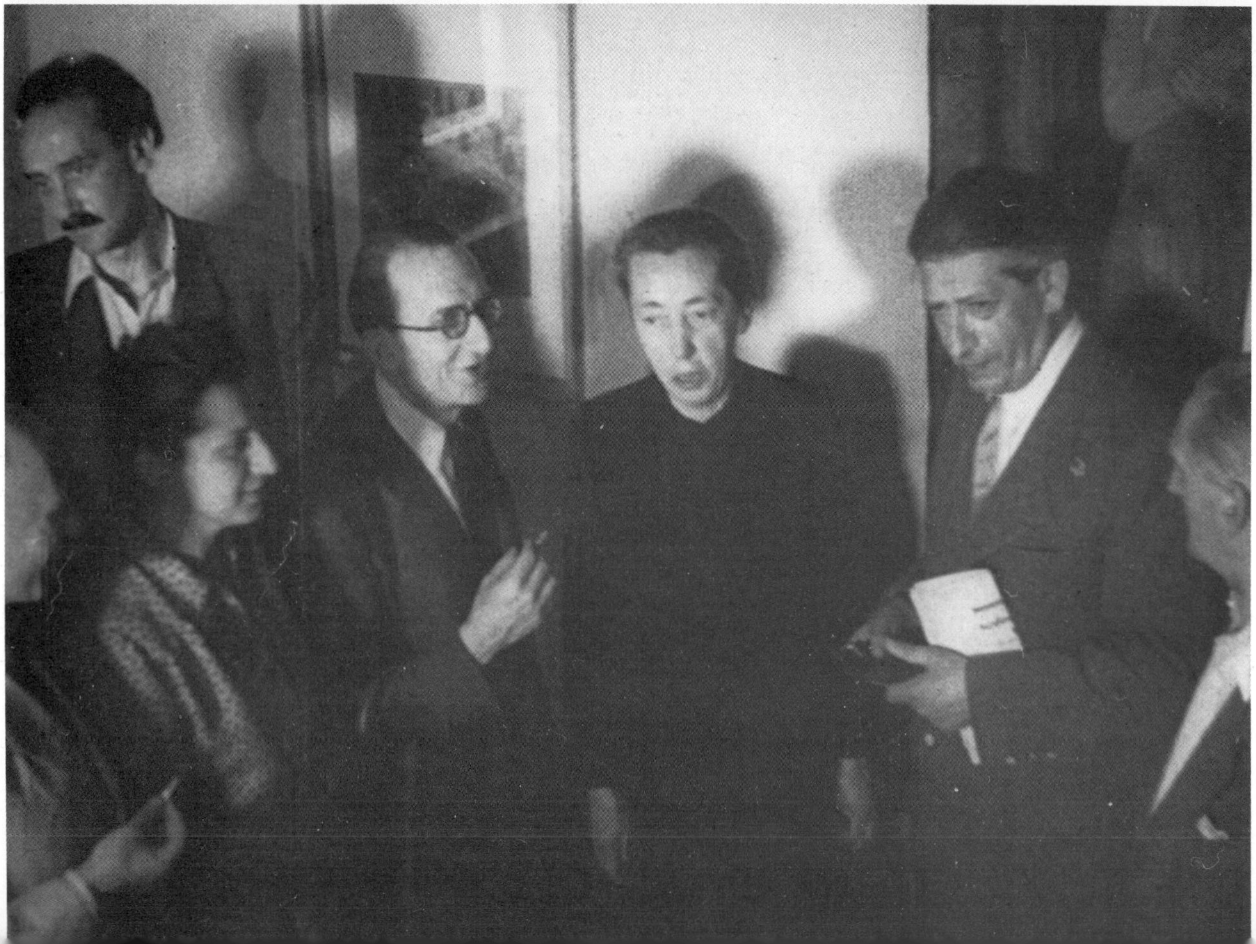

◁ Georg Lukács auf der Gobelin-Ausstellung von Noémi Ferenczy. (*Mafirt Chronik*, 1947, Nr. 74.) (FA)

Lukács eröffnet die Ausstellung der Statuen von Attila József. (LA)

Éluard-Abend im Jahre 1948 in der Budapester Musikakademie. Der Dichter Gyula Illyés, Lukács und Paul Éluard. (MTI)

LUKÁCS GYÖRGY

BALZAC
STENDHAL
ZOLA

HK
HUNGÁRIA

LUKÁCS GYÖRGY

NÉMET REALISTÁK

SZÉPIRODALMI KÖNYVKIADÓ
1955

LUKÁCS GYÖRGY

A POLGÁRI FILOZÓFIA
VÁLSÁGA

II. BŐVÍTETT KIADÁS

HK
HUNGÁRIA 1949

LUKÁCS GYÖRGY

GOETHE
ÉS
KORA

LUKÁCS GYÖRGY

A REALIZMUS
PROBLÉMÁI

NÉMET EREDETIBŐL FORDÍTOTTA:
GÁSPÁR ENDRE

ATHENAEUM

LUKÁCS GYÖRGY

NIETZSCHE
ÉS A
FASIZMUS

LUKÁCS GYÖRGY

A TÖRTÉNELMI REGÉNY

HK
HUNGÁRIA

LUKÁCS GYÖRGY

NAGY OROSZ REALISTÁK

MÁSODIK, JAVÍTOTT ÉS BŐVÍTETT KIADÁS
2.001–13.000

SZIKRA KIADÁS BUDAPEST 1949

„Die zentrale Kategorie und das zentrale Kriterium der realistischen Literaturauffassung ist der Typ, eine eigenartige, hinsichtlich der Charaktere sowie der Situationen das Allgemeine und das Individuelle zusammenfassende Synthese. Der Typ wird nicht durch seine Durchschnittlichkeit, aber auch nicht durch seine bloße, wenn auch noch so vertiefte Einmaligkeit zum Typ, sondern dadurch, daß in ihm alle menschlich und gesellschaftlich wesentlichen, bestimmenden Momente irgendeines historischen Abschnitts zusammenlaufen und sich verknüpfen; daß die Typenschaffung diese Momente auf ihrer höchsten Entwicklungsstufe, in der letzten Entfaltung der in ihnen befindlichen Möglichkeiten wiedergibt, in einer extremen Darstellung der Extreme, die in gleicher Weise die Spitzen sowie die Grenzen der Vollkommenheit von Mensch und Epoche konkretisiert."
(Lukács: *Balzac, Stendhal, Zola.* Vorwort. Budapest 1946.)

„Die Regierung der Ungarischen Republik hat Georg Lukács in Anerkennung seiner Arbeit auf dem Gebiet der Ästhetik und Literaturgeschichte den Kossuthpreis I. Klasse mit den dazugehörenden zwanzigtausend Forint zuerkannt." (LA)

Georg Lukács erhielt unter den ersten die höchste ungarische staatliche Auszeichnung, den Kossuthpreis. (LA)

◁ Nach 1945 erschienen nacheinander die noch meist in der Sowjetunion geschriebenen Werke von Lukács: *Goethe und seine Zeit, Der historische Roman* sowie seine Aufsatzsammlungen *Probleme des Realismus, Deutsche Realisten, Nagy orosz realisták* (Große russische Realisten), *Balzac, Stendhal, Zola,* die die Verbreitung der Realismus-Konzeption von Lukács in Ungarn ermöglichten. (Foto: Demeter Balla)

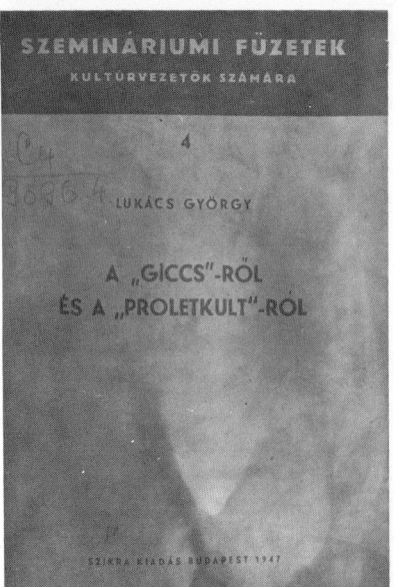

Am 9. 4. 1948 hielt Lukács auf der Politischen Akademie der KPU einen Vortrag über „Die Kommunistische Partei Ungarns und die Kultur". (MTI)

Eines der Seminarhefte mit Vorträgen von Lukács. (OGYK)

„Nach meiner Heimkehr habe ich viele Gespräche mit den Menschen geführt. Was empfanden diese Menschen in dem von den Kommunisten vertretenen Verhalten als fremd, verletzend und alarmierend? Kurz gesagt: die prinzipielle Schärfe, die rücksichtslose Erfassung der Realität und die schonungslose Verkündung des Erfaßten, auch dann, wenn es einen Bruch mit unseren besten Freunden, mit unserer eigenen Vergangenheit bedeutet. Ein hervorragender Dichter hat dieses Verhalten geradezu als unmenschlich bezeichnet; er hielt die Zuneigung zu alten Freunden, zu alten Kampfgenossen für menschlich, selbst dann, wenn sich diese in der Zwischenzeit politisch und ideologisch zu Gegnern entwickelt hatten. Ein Student, der der Nationalen Bauernpartei angehört, drückte die gleiche ablehnende Stimmung folgendermaßen aus: Es ist nicht gut, in der Gesellschaft von Kommunisten zu sein, weil man nicht um das Los des ungarischen Volkes trauern kann; sie sind dazu nicht nur gedanklich zu scharf, zu rationalistisch, sondern auch verletzend optimistisch."
(Lukács: „A Magyar Kommunista Párt és a kultúra" [Die Kommunistische Partei Ungarns und die Kultur]. Vortrag auf der Politischen Akademie der KPU am 9. 4. 1948.)

Seine Frau und Andor Gábor in den Reihen der Zuhörer. (LA)

Die Universitätsbibliothek. (MTI)

Vortragssaal der Eötvös-Loránd-Universität, wo Lukács Geschichte der Philosophie und Ästhetik lehrte. (MTI)

„Sehr wichtig: Verbindungen und Gespräche. Die ersten Schüler. Ein Sich-Finden in den pädagogischen Bezügen (G's Einfluß)... So allmählig: vielversprechende Jugend. Niveau immer höher."
(Georg Lukács: „Gelebtes Denken." Manuskript, S. 49. A.)

Gehaltseinstufung für Universitätsprofessor Georg Lukács. (LA)

Kollegbuch der Studentin Ágnes Heller, einer Schülerin von Lukács. Vorlesungen von Lukács: Analyse moderner Literaturschöpfungen, Dialektische Kulturphilosophie bei Hegel, Geschichte der Ästhetik von Kant bis Hegel. (Eigentum von Ágnes Heller)

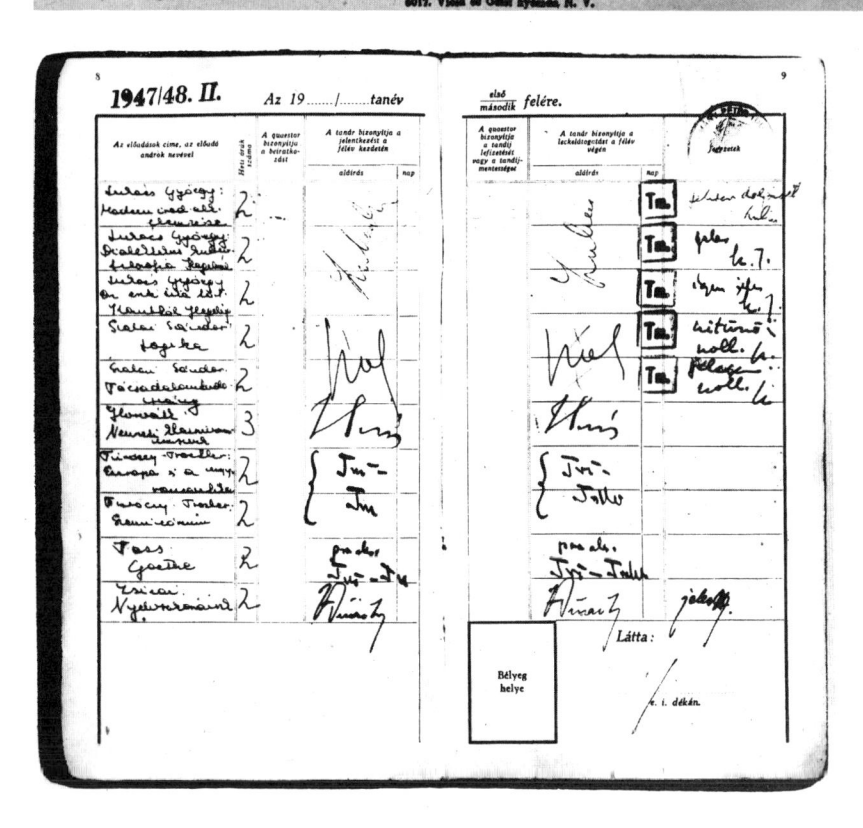

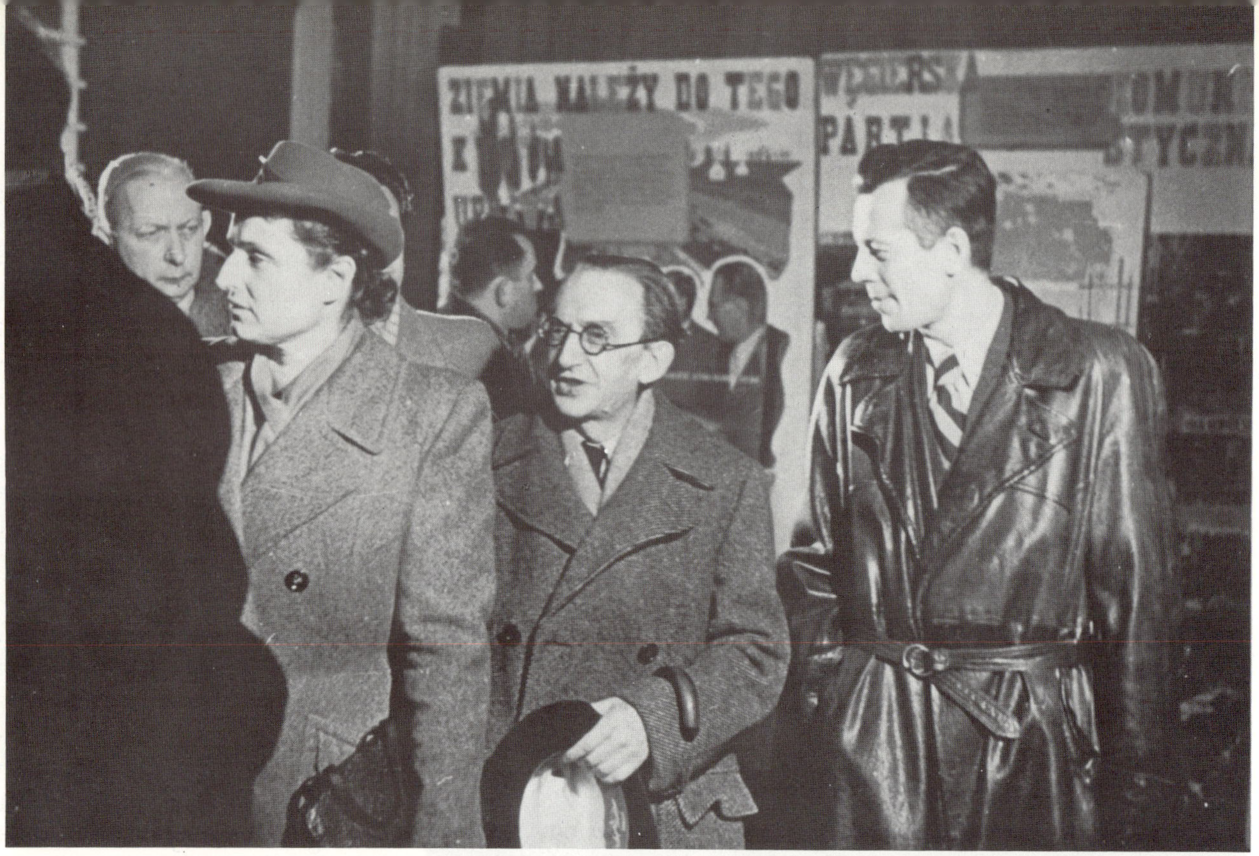
ZIEMIA NALEŻY DO TEGO
PARTIA

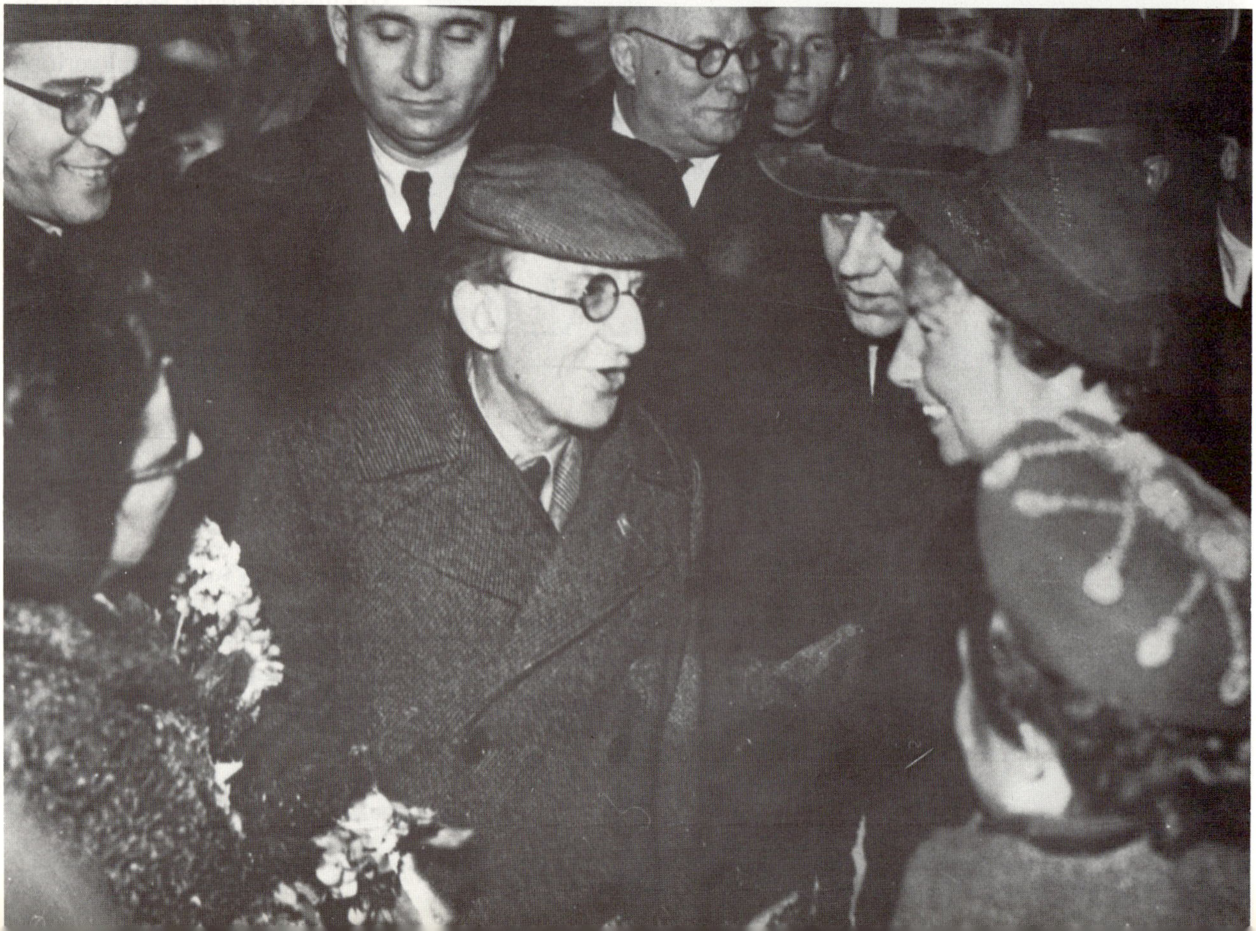

◁ Ankunft von Georg Lukács auf dem Friedenstreffen in Wrocław. (LA)

Lukács berichtet auf einer Monsterversammlung der Intelligenz in der Musikakademie über den Beschluß von Wrocław. Links am Rande des Bildes der Bildhauer Márk Vedres, rechts der Journalist Iván Boldizsár. (MTI)

„Der siegreich beendete Krieg änderte die ganze Lage radikal. Ich konnte nach einer Emigration von 26 Jahren in meine Heimat zurückkehren. Mir schien, als seien wir in eine neue Periode eingetreten, in welcher, wie im Krieg, ein Bündnis der demokratischen Kräfte der Welt, ob sozialistische oder bürgerliche, gegen die Reaktion möglich geworden wäre. Meine Rede bei den ‚Rencontres Internationales' in Genf 1946 drückte diese Stimmung deutlich aus. Ich wäre freilich blind gewesen, hätte ich seit Churchills Fultoner Rede nicht gesehen, wie stark die Gegentendenzen in der kapitalistischen Welt waren, wie stark einflußreiche Kräfte des Westens bestrebt waren, das Kriegsbündnis zu liquidieren und sich den Feinden aus dem Krieg politisch und ideologisch anzunähern. Schon in Genf traten Jean-R. de Salis und Denis de Rougement mit Konzeptionen auf, die bestimmt waren, Rußland aus der europäischen Kultur auszuschließen. Es wäre aber ebenfalls Blindheit gewesen zu ignorieren, daß die Reaktion darauf im sozialistischen Lager viele Züge jener Ideologie trug, deren Auslöschen ich und mit mir sehr viele vom Frieden, von der Erstarkung des Sozialismus durch das Entstehen der Volksdemokratien in Mitteleuropa erwarteten. Eben weil ich an diesen Bestrebungen, die, wie ich glaubte und glaube, die neue Weltlage imperativ vorschrieb, festhielt, habe ich mich auf dem Kongreß in Wrocław begeistert der Friedensbewegung angeschlossen und bin bis zum heutigen Tag ein überzeugter Anhänger geblieben. Bezeichnenderweise war der Gegenstand meiner Wrocławer Rede die dialektische Einheit und Verschiedenheit des gestrigen und heutigen Gegners: der imperialistischen Reaktion."
(Lukács: Postscriptum, 1957, S. 649–650.)

Thomas Mann, zu dessen 70. Geburtstag die Thomas-Mann-Aufsätze von Lukács beim Berliner Aufbau-Verlag erschienen. (MTI)

„Sehr verehrte Frau Lukács,
Für Ihre Zeilen vom 4. vielen Dank. Der ‚Aufbau' mit der Fortsetzung des Aufsatzes Ihres Gatten ist unterdessen zu mir gelangt. Ich habe die großartige Arbeit mit gespanntem Interesse und mit Bewegung zu Ende gelesen und bin stolz darauf, daß mein Roman den wohl bedeutendsten Literaturkritiker unserer Tage zu einer seiner besten Studien anregen konnte."
(Aus einem Brief von Thomas Mann vom 22. 3. 1949, LA.)

Brief von Thomas Mann an Gertrud Lukács. (LA)

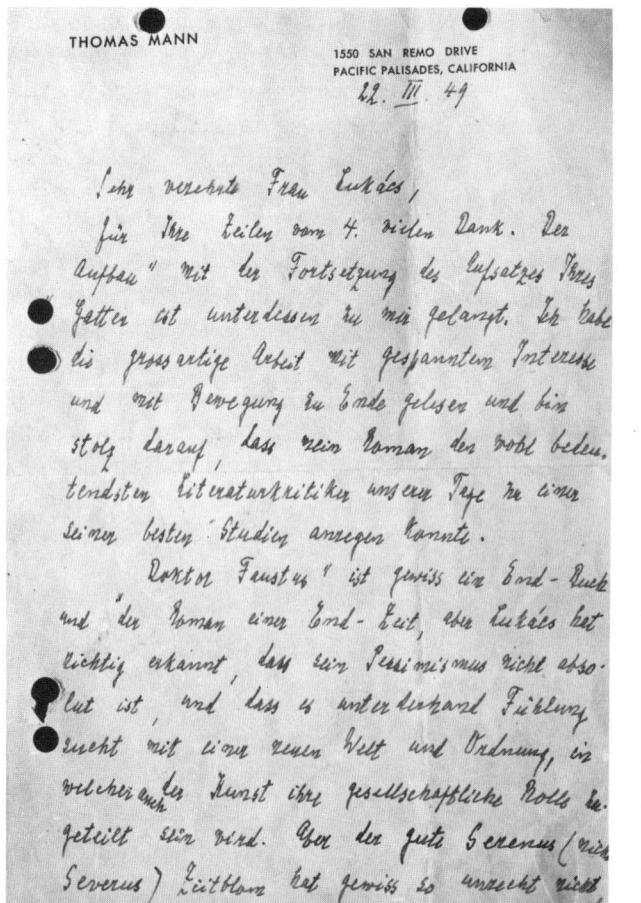

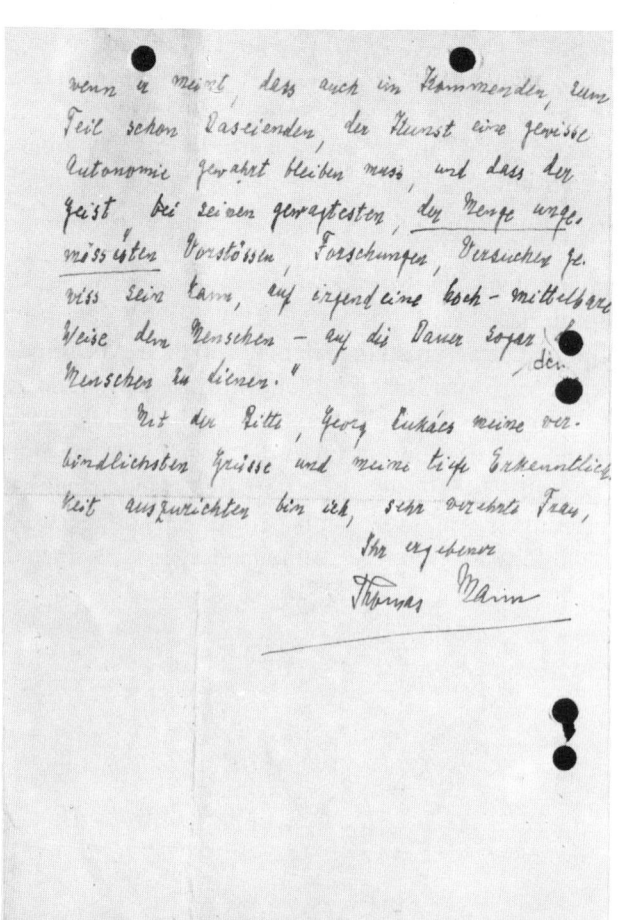

Lukács am Ende der vierziger Jahre. (LA)

„Sehr geehrter Herr Thomas Mann!
Ich habe mit großer Freude und Genugtuung Ihre Bemerkungen über meine Aufsätze in ‚Die Entstehung des Doktor Faustus' gelesen. Es freut mich insbesondere, daß der Zusammenhang, den ich zwischen Ihren Spätwerken und Jugendwerken aufzudecken versucht habe, auch Ihnen glaubhaft scheint."
(Aus einem Brief von Lukács vom 29. 6. 1949, LA.)

Antwortbrief von Lukács an Thomas Mann. (LA)

```
Georg Lukács
Budapest IV.
Belgrád rkp.2.
V.em.5.
                                    Budapest, den 29.VI.1949

Sehr geehrter Herr Thomas Mann!
         Ich habe mit grosser Freude und Genugtuung Ihre Bemer-
kungen über meine Aufsätze in "Die Entstehung des Doktor Faustus"
gelesen. Es freut mich insbesondere, dass der Zusammenhang, den
ich zwischen Ihren Spätwerken und Jugendwerken aufzudecken versucht
habe, auch Ihnen glaubhaft scheint.
         Nur eine kleine Bemerkung muss ich in Bezug auf die
damalige Nichtbehandlung der Joseph-Legende machen. Aus meinem
Faustus-Aufsatz konnten Sie ja inzwischen ersehen, dass Ihre Hypo-
these nicht stichhaltig war, dass mich die Gestaltungsform der
Josephlegende nicht verhindert, diesen Zyklus im Zusammenhang Ihres
Lebenswerkes klar zu sehen. Die Ursache der Nichterwähnung in 1945
war eine viel einfachere und prosaischere: ich konnte damals noch
den Abschlussband des Zyklus nicht erhalten, teils weil infolge des
Krieges der Bücherverkehr mit Schweden stockte, teils weil die Mos-
kauer Bibliotheken in 1941 grösstenteils evakuiert wurden, die
Bücherschätze kamen zwar später zurück nach Moskau, aber die Anord-
nung dauerte noch lange. Ich wollte nun über ein so wichtiges Werk
nicht schreiben, bevor ich das Ganze vom Blickpunkt des Abschlusses
nicht übersehen konnte. Sie sehen aus diesem kleinen Beispiel, wie
oft die Vorurteile über unseren "Totalitarismus" immer wieder sich
als unbegründete Vorurteile erweisen.

                    Mit besten Grüssen auch von meiner Frau
                                    Ihr
                                    Georg Lukács
```

„Ihre geistige Umsicht und freie Bildung offenbart sich in der Ausführung der Lukács, Benjamin, Bloch, die ungeheuer richtig gekennzeichnet sind. Es ist, verdammt nochmal! wohl unzweifelhaft die *gescheiteste* Sphäre heute, wie immer man dies Attribut nun bewerten möge, und ich kann nicht umhin, mich geschmeichelt zu fühlen, wenn ein Wort des Lobes mich von dorther erreicht. Lukács, der mir irgendwie wohlwill (und sich im Naphta offenbar nicht erkannt hat), hat vielleicht den besten Artikel zu meinem 70. Geburtstag geschrieben..."

(Aus einem Brief von Thomas Mann an Max Rychner vom 24. 12. 1947. In: *Thomas Mann. Briefe 1937–1947*. S. Fischer Verlag, Frankfurt/Main 1963, S. 579.)

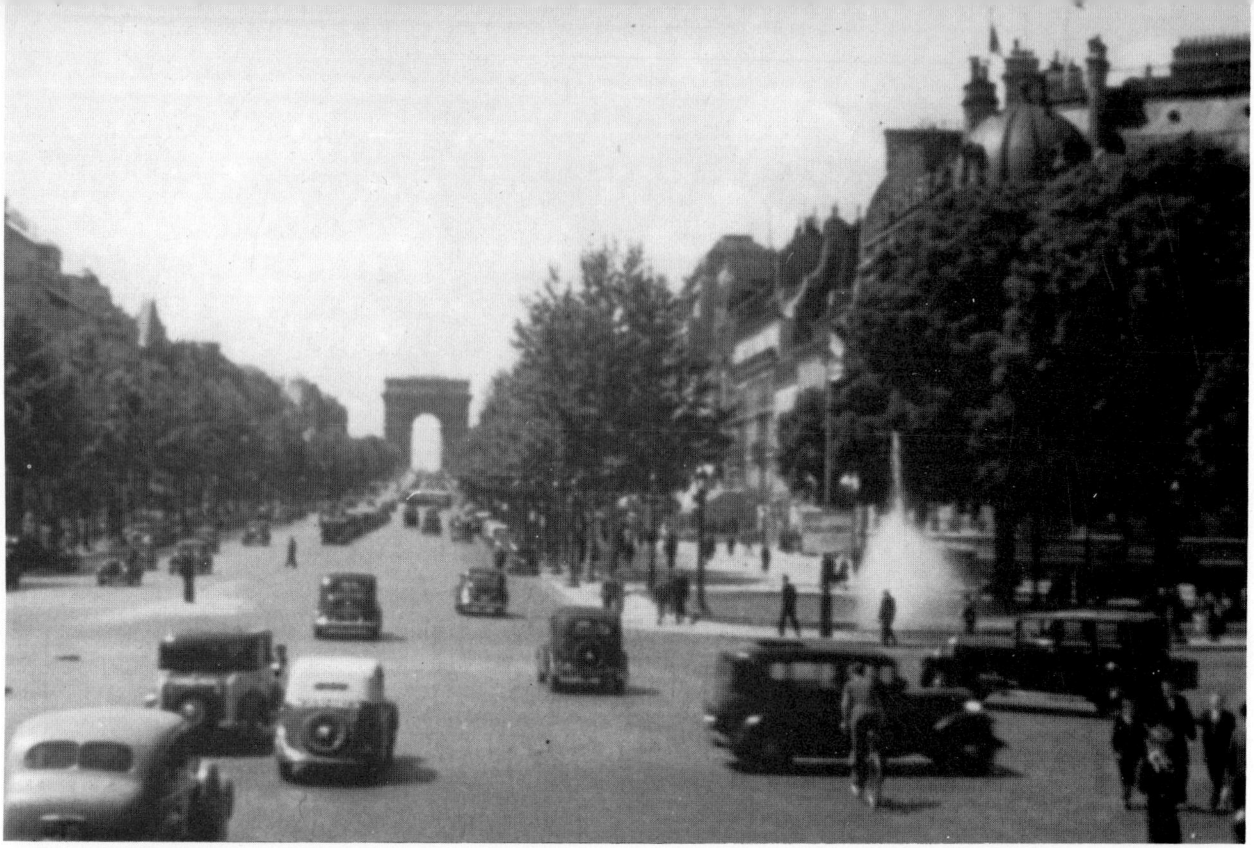

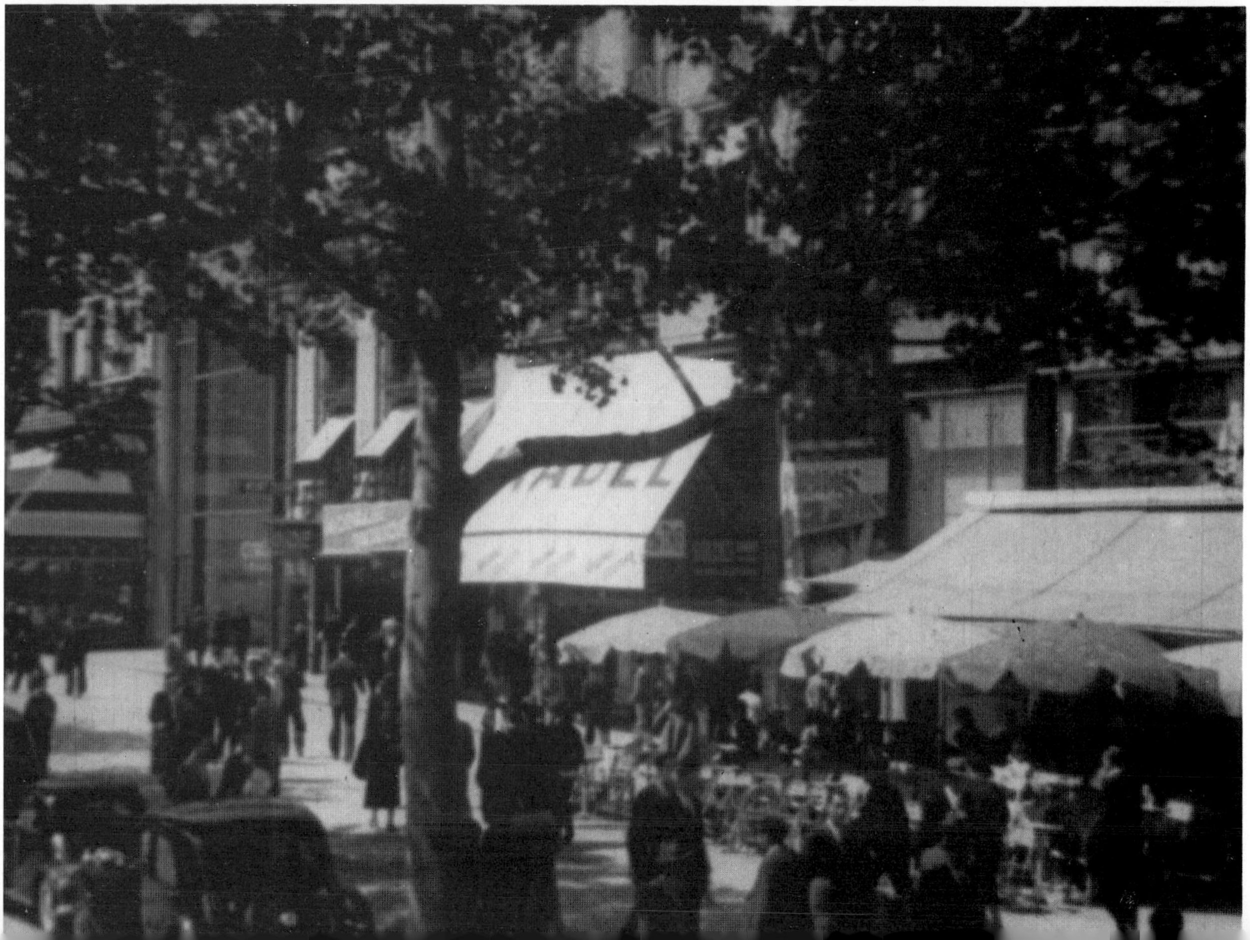

Ausschnitte aus dem Kurzfilm *Az élet csatája* (Die Schlacht des Lebens) über den Pariser Weltfriedenskongreß 1949. (FA)

„Mir persönlich wurde die Einsicht in die Widersprüchlichkeit zwischen neuer Basis und alter Ideologie wesentlich erleichtert durch die Diskussion, die 1949–1950 in Ungarn um mein Buch *Literatur und Demokratie* ausbrach. Seit meiner Heimkehr im Jahre 1945 war ich, obwohl in organisatorischem Sinne niemals ein leitender Funktionär, ständig bemüht, aus der neuen Lage die entsprechenden Konsequenzen zu ziehen, den Übergang zum Sozialismus in einer neuen, allmählichen, auf Überzeugung fundierten Weise durchzusetzen. Die Aufsätze und Reden, die das obenerwähnte Buch enthielt, waren diesem Bestreben gewidmet. Obwohl ich sie heute in mancher Hinsicht für mangelhaft, für nicht genügend zielklar und folgerichtig halte, so haben sie sich in der richtigen Richtung bewegt. Die Diskussion zeigte die völlige Hoffnungslosigkeit einer fruchtbaren Auseinandersetzung mit den Ideologen des Dogmatismus." (Lukács: Postscriptum 1957, S. 651.)

„Wir wissen, daß es zwischen der literarischen und politischen Entwicklung keine *starre* Parallele gibt, aber doch eine Parallele besteht, und daher haben wir das Recht zu fragen, was in Lukács' literarischen Kämpfen der Entwicklung entsprach, die auf politischer Ebene von der Parole der nationalen Einheitsfront gegen die Deutschen bis zur Parole ‚Das Land gehört dir, du baust es für dich' geführt hat. Nichts. Genosse Lukács hat sich nicht von der Stelle gerührt. Im Gegenteil, er hat Schritte zurück gemacht. Als der Kampf der Partei gegen die Kapitalisten immer schärfer wurde, als die Wende schon längst erfolgt war, machte er – im Frühjahr 1949 – eine Schwenkung nach *rechts* und begann den Kampf – nicht um den sozialistischen Realismus, sondern im wesentlichen dagegen, gegen jene literarischen Strömungen, die die Entwicklung zum sozialistischen Realismus repräsentierten."

(József Révai: „Megjegyzések irodalmunk néhány kérdéséhez" [Bemerkungen zu einigen Fragen unserer Literatur]. In: *Társadalmi Szemle*, 1950/3–4.)

Die August-September-Nummer 1949 der Zeitschrift *Társadalmi Szemle*. Inhalt:
Mátyás Rákosi: Die Verfassung der Ungarischen Volksrepublik
Márton Horváth: Unsere Flagge: Petőfi
Aladár Mód: Gegen den Nationalismus
Géza Kassai: Band IX der Werke Stalins
Georg Lukács: Kritik und Selbstkritik
István Simonovits: Idealistische Theorien in der Biologie und Medizinwissenschaft. (PTI)

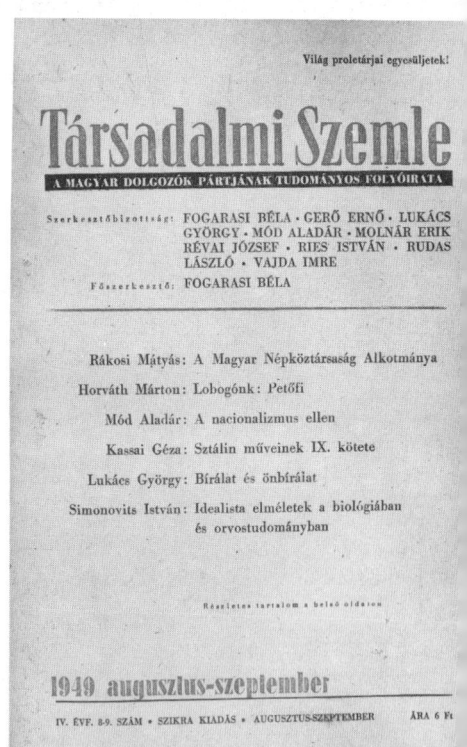

Lukács zur Zeit der „Literaturdebatte". (FA)

„Lieber Józsi,
wie Sie aus dem Manuskript sehen, habe ich den überwiegenden Teil Ihrer Streichungen angenommen und an manchen Stellen, wo der nach der Streichung stehengebliebene Teil für mich den Sinn verloren hat, sogar noch mehr gestrichen als Sie...
Im letzten Absatz habe ich an Stelle des ausgelassenen Satzes einen neuen eingefügt, in dem ich hervorhob, daß ich ein zufälliges Objekt des ‚Schutzes' seitens der westlichen Imperialisten bin. Ich halte das Belassen auch dieses Satzes für unbedingt notwendig."
(Brief von Lukács an József Révai vom 18. 5. 1950. MTA)

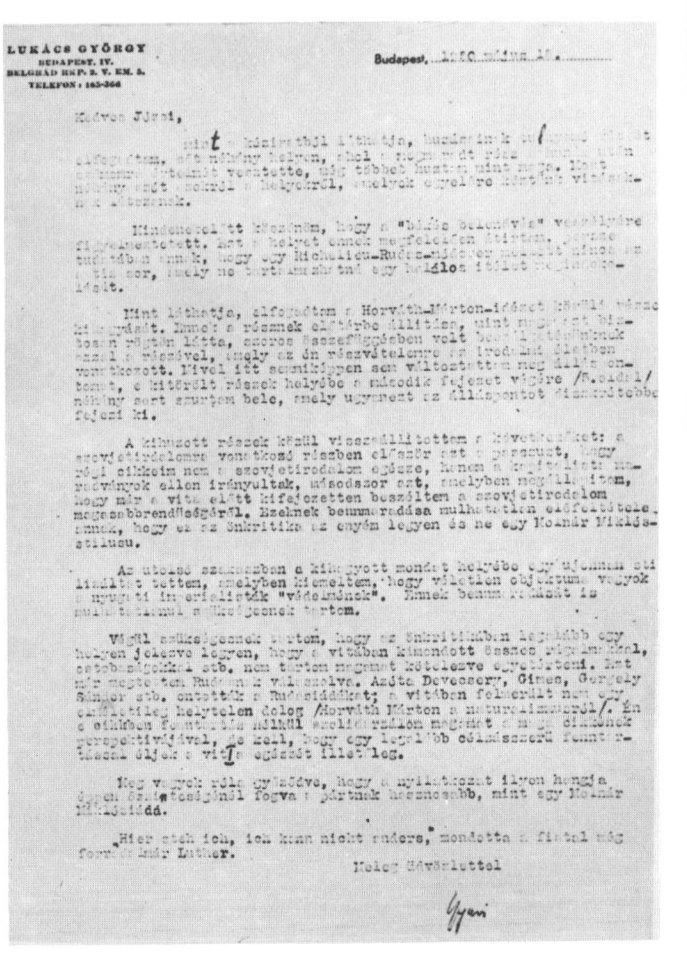

József Révai, Minister für Volksbildung, der in seinem Schreiben „Megjegyzések irodalmunk néhány kérdéséhez" (Bemerkungen zu einigen Fragen unserer Literatur) scharfe Kritik an der Tätigkeit Lukács' übte. (MMM)

Brief von Lukács an József Révai. (MTA)

Belgrád Kai 2. Im fünften Stock dieses Hauses am Donauufer wohnten Georg Lukács und seine Frau. (Foto: Demeter Balla)

210

„Der erste große Vorteil, den mir diese Diskussion und mein darin vollzogener taktischer Rückzug – es war die Zeit der Rajk-Prozesse – brachte, war die Möglichkeit, meine weitverzweigte Funktionärstätigkeit aufzugeben und mich ausschließlich auf die theoretische Arbeit zu konzentrieren."
(Lukács: Postscriptum, 1957, S. 651.)

Lukács und seine Frau bei der Arbeit, 1951. (LA)

Das Gebäude der Ungarischen Akademie der Wissenschaften. Georg Lukács wurde erst 1949, nach der Reorganisation der ▷
Akademie, ihr Mitglied. (Foto: László Csigó)

Lukács in der Akademie. Der Redner ist Gyula Illyés. Im Präsidium: Sándor Rónai, Márton Horváth, Georg Lukács, Anna Seghers, Zoltán Kodály. (Eigentum von Márton Horváth)

„Die zweite Frage, über die ich sprechen will, ist ein tatsächlich ernster Mangel in unserer bisherigen Arbeit. Der dialektische Materialismus spielt nämlich in unseren wissenschaftlichen Forschungen, in der Arbeit jedes einzelnen Forschers nicht die Rolle, die er spielen müßte. Einer der Gründe dafür besteht in der Tatsache, auf die hier unser Kollege Alexits hingewiesen hat, daß nämlich ein Großteil unserer Wissenschaftler den Marxismus-Leninismus nicht kennt, und da es sich hier um reife, gebildete Wissenschaftler handelt, müssen wir an sie persönlich appellieren. Sie gehen schließlich nicht zur Schule, können und müssen es auch nicht. So wie sie sich im Laufe ihrer eigenen Studien sehr viele andere Disziplinen angeeignet haben, so müssen sie sich auch auf diese Frage konzentrieren."
(Beitrag von Lukács auf der Generalversammlung der Ungarischen Akademie der Wissenschaften am 2. 12. 1950.)

Besucherkarte von Lukács für die Bibliothek der Akademie. (LA)

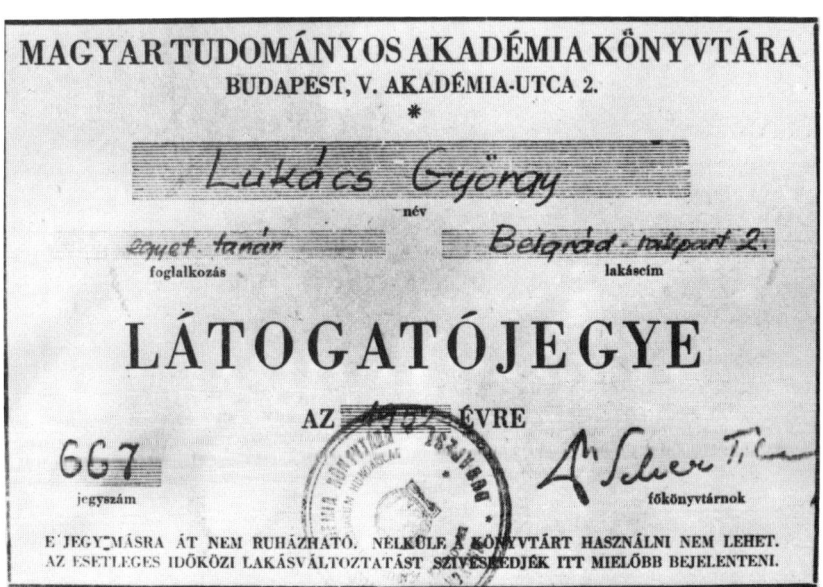

Beratung des ersten Kongresses der ungarischen Schriftsteller am 30. 4. 1951. Vierter von links in der zweiten Reihe ist Lukács. (NA)

Artikel von Lukács in der Februarnummer 1952 der Zeitschrift *Csillag*: „A sematizmus elleni harc mai állása" (Der heutige Stand des Kampfes gegen den Schematismus). (OSZK)

„Besonders möchte ich betonen, daß ich gerade damit einverstanden bin, womit meine frühere Tätigkeit als Kritiker getadelt wurde, in der ich den Fehler machte, die Sowjetliteratur zu vernachlässigen. Es war ein Versäumnis, daß ich die hervorragenden, uns den Weg zeigenden Werte nicht hervorhob, die in der sowjetischen Literatur zum Ausdruck kamen... Gegenstand meines heutigen Beitrags ist der gleiche, einige Fragen aus diesem großen Komplex aufzuwerfen: Was können wir aus der Sowjetliteratur lernen?"
(Beitrag von Lukács auf dem ersten Kongreß der ungarischen Schriftsteller.)

Aufsatzband von Georg Lukács über die sowjetische Literatur. (LA)

Lukács und Anna Seghers auf dem Kongreß der Schriftsteller mit Péter Veres (oben) und Tibor Déry (unten). (LA)

Georg Lukács empfängt Pablo Neruda auf dem Flughafen Ferihegy. (MTI)

Der III. Weltfriedenskongreß in Budapest. (FA)
„Professor Georg Lukács spricht." Ausschnitte aus dem Kurzfilm *Népünk békét akar* (Unser Volk will Frieden). (FA)

„Die Sitzung des Weltfriedensrates vom 1. bis 6. November in Wien war, wie alle bisherigen Sitzungen, ein machtvoller Aufmarsch der kriegsgegnerischen Schriftsteller, eine Ordnung ihrer Reihen. Schon der Zeitpunkt der Beratung bildete ein kämpferisches Moment. Die Kämpfe in Korea, Vietnam, Malaysia gehen weiter, die amerikanische Delegation sucht noch immer die Waffenstillstandsverhandlungen in die Länge zu ziehen und zu vereiteln, die Gegensätze zwischen den Völkern des Nahen und Mittleren Ostens und den angelsächsischen Imperialisten verschärfen sich unentwegt, die Konferenzen von San Francisco und Ottawa bringen die japanische und westdeutsche Aufrüstung in eine noch gefährlichere Nähe als bisher usw. Andererseits verlautete unmittelbar vor der Ratssitzung die historisch bedeutsame Deklaration des Genossen Stalin über die konkrete Möglichkeit einer Verhinderung des Atomkrieges."
(Lukács: „A Béke-világtanács bécsi ülésszaka" [Die Wiener Sitzungsperiode des Weltfriedensrates]. In: *Társadalmi Szemle*, 1951/12.)

„Es ist die hohe Mission der Dichter unserer Zeit, mit ihrer Vox humana in jedem, auch in dem vom Kapitalismus verunstalteten und entstellten Menschen, das Humane zu erwecken, seine Vernunft und seine Gefühle gegenüber dem Gift der vom Imperialismus tagtäglich massenhaft produzierten Unmenschlichkeit zu immunisieren. Es ist das große Verdienst Bechers, daß er an dem Ringen schon seit langer Zeit auf führendem Posten teilnimmt, daß die formale Vollentfaltung seiner Lyrik in diesem Kampf zu einer wirksamen Waffe wurde."
(Lukács: *Politikai pártosság és költői kiteljesedés* [Politische Parteilichkeit und dichterische Vollentfaltung]. Budapest 1951.)

Lukács und Johannes R. Becher auf der Berliner Sitzung des Weltfriedensrates im Jahre 1951. (LA)

Lukács zur Zeit des Erscheinens des Werkes *Die Zerstörung der Vernunft*, für das er 1955 zum zweitenmal den Kossuthpreis erhielt. (LA)

Erste Ausgabe des Bandes *Die Zerstörung der Vernunft* beim Aufbau-Verlag. (LA)

„"... was wir hier und später immer wieder beweisen wollen: es gibt keine ‚unschuldige' philosophische Stellungnahme. Ob die Ethik und Geschichtsphilosophie bei Bergson selbst nicht bis zu faschistischen Konsequenzen führt, ist neben der Tatsache, daß Mussolini aus seiner Philosophie ohne Fälschungen eine Ideologie des Faschismus herausentwickeln konnte, in bezug auf die Verantwortung vor der Menschheit völlig irrelevant; es kommt ebensowenig in Betracht wie es keine Entlastung für Spengler oder Stefan George als ideologischer Vorläufer Hitlers bedeutet, daß der verwirklichte ‚Nationalismus' ihrem persönlichen Geschmack nicht ganz entsprach. Die bloße Tatsache der hier angedeuteten Zusammenhänge muß ein gewichtiges discite, moniti für jeden ehrlichen Intellektuellen des Westens sein."
(Georg Lukács: *Die Zerstörung der Vernunft*. Vorwort. Budapest 1952. In: Lukács: *Werke*, Bd. 9. Luchterhand, Neuwied 1974, S. 34.)

„Genosse Georg Lukács ist siebzig Jahre alt. Ein halbes Jahrhundert philosophischer, ästhetischer, literaturhistorischer und literaturkritischer Tätigkeit liegt hinter ihm. Eine Tätigkeit, die sich sehen läßt! Seinerzeit wurde er als bürgerlicher Denker in der europäischen wissenschaftlichen Welt bekannt – heute kennt man ihn in aller Welt als bahnbrechenden Arbeiter des marxistischen ästhetischen und philosophischen Denkens...
Gestalt und Lebenswerk des Genossen Lukács gehören uns – der Partei, der ungarischen und internationalen revolutionären Arbeiterbewegung, der ungarischen und internationalen Arbeiterklasse..."
(József Szigeti: „Lukács György 70. születésnapjára" [Georg Lukács zum 70. Geburtstag]. In: *Szabad Nép* vom 13. 4. 1955.)

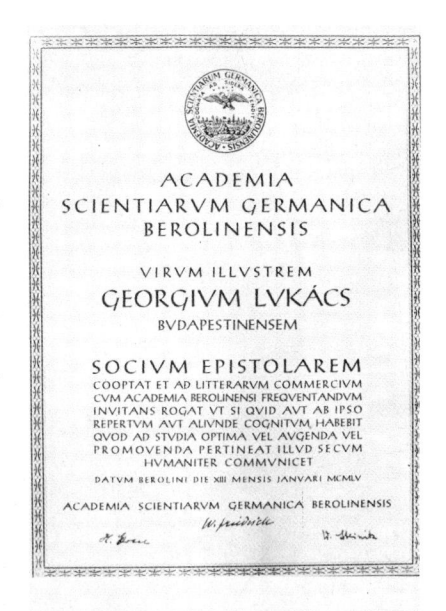

Urkunde der Deutschen Akademie der Wissenschaften. (LA)

◁ Artikel in der Zeitung *Szabad Nép* zum 70. Geburtstag von Georg Lukács. (OSZK)

Plakette der Ungarischen Akademie der Wissenschaften für den 70 jährigen Georg Lukács (LA)

Mit dem Schriftsteller Tibor Déry anläßlich des Erscheinens seines Novellenbandes. (LA)

Bericht über die Freunde in Moskau. Ein Brief von Igor Satz an Lukács 1955. (LA)

„Tibor Déry ist sechzig Jahre alt.
Dieses Datum hat bei Tibor Déry aus dem Grunde eine besondere Bedeutung, weil er einen sehr langen Weg zurückzulegen hatte, bis er aus einem spontanen und romantischen Rebellen gegen den ungarischen Kapitalismus zu einem umfassenden und kritischen Geschichtsschreiber seiner Zeit wurde, bis er nicht nur die Epoche selbst darstellte – in ihren imperialistischen und südosteuropäischen, in ihren einheimischen Verhältnissen, in ihrer universalen und zugleich doch provinziellen Eigenart –, sondern auch aufzeigte, welche Kräfte sie stürzen, an ihre Stelle treten, ein neues Ungarn schaffen werden."

(Lukács: „Déry Tibor 60 éves" [Tibor Déry ist 60 Jahre alt]. In: *Irodalmi Újság,* 1954.)

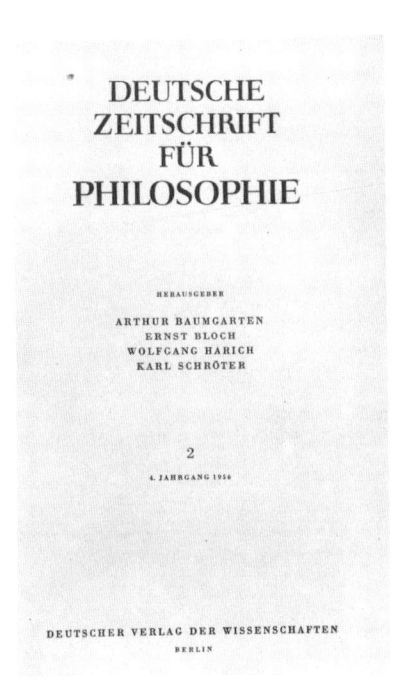

Die *Deutsche Zeitschrift für Philosophie* brachte Anfang 1956 ein Kapitel aus dem Werk *Die Besonderheit als Kategorie der Ästhetik* von Lukács. (OGYK)

Auf einem Ausflug.
(Foto. György Szomjas Schiffert)

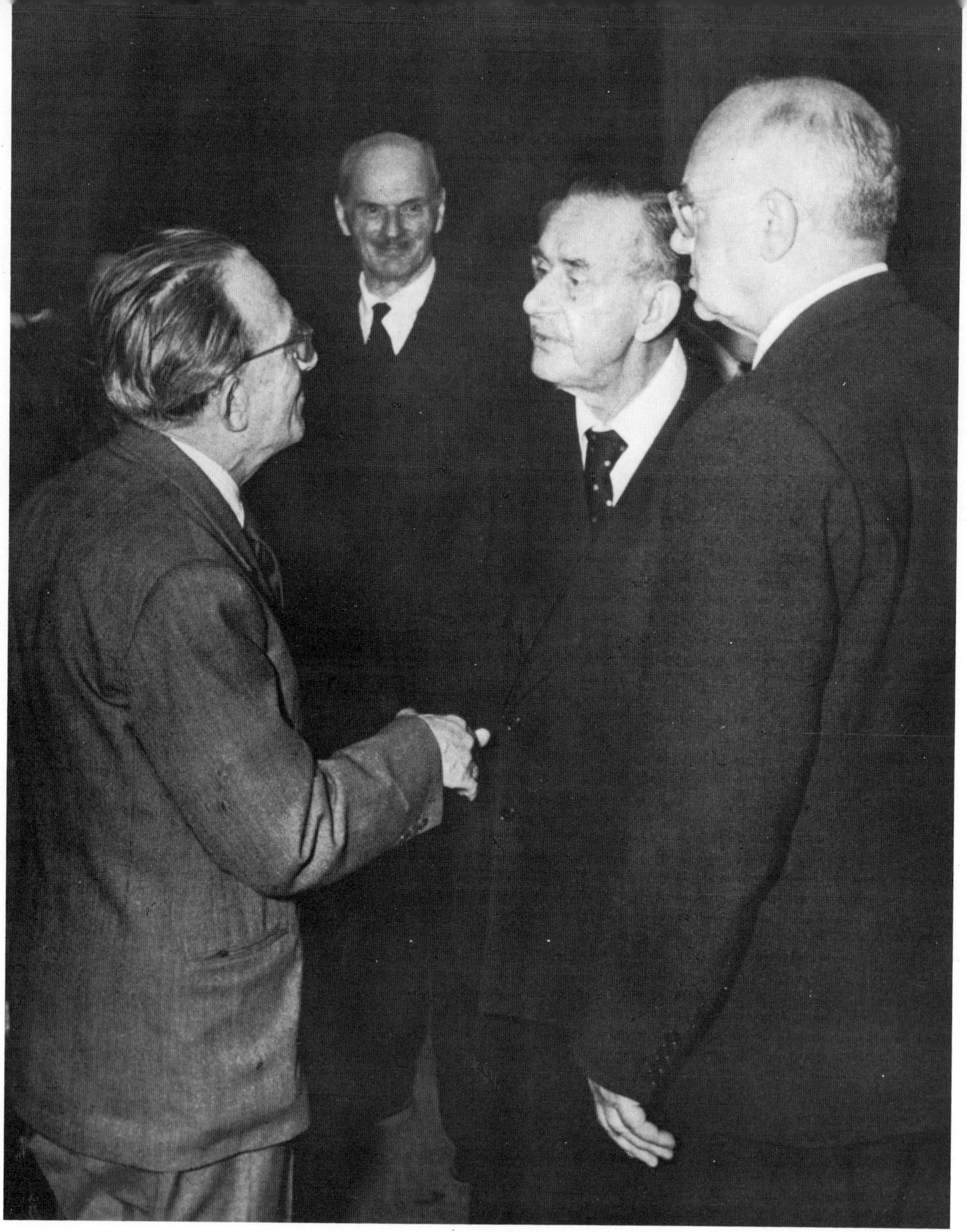

◁ Händedruck von Lukács und Thomas Mann in Weimar, Mai 1955. Rechts Johannes R. Becher. (LA)

„Fast zugleich kam auch der eindrucksvolle Artikel mir zu, den Georg Lukács zu meinem 70. Geburtstag... veröffentlicht hatte. Dieser Kommunist, dem das ‚bürgerliche Erbe' am Herzen liegt und der imstande ist, über Raabe, Keller oder Fontane fesselnd und verständnisvoll zu schreiben, hatte schon in seiner Aufsatz-Serie über die deutsche Literatur im Zeitalter des Imperialismus meiner mit Klugheit und in Ehren gedacht...
Dies nun vollends, der Geburtstags-Essay *Auf der Suche nach dem Bürger* war eine soziologisch-psychologische Darstellung meiner Existenz und Arbeit, wie ich sie in so großem Stil noch nicht erfahren hatte, und stimmte darum zu ernster Dankbarkeit – nicht zuletzt auch, weil der Betrachtende das Meine nicht nur ‚historisch' sah, sondern es mit deutscher Zukunft in Beziehung brachte."
(Thomas Mann: *Die Entstehung des Doktor Faustus*. Bermann-Fischer Verlag, 1949, S. 126–127.)

Das Schiller-Haus in Weimar, Schauplatz der Feierlichkeiten anläßlich des 150. Todestages von Schiller. (MTI)

Lukács auf der Schiller-Feier. (LA)

Auf dem Begräbnis von László Rajk am 6. 10. 1956. Rajk war im gesetzwidrigen Prozeß 1949 zum Tode verurteilt worden. (KA)

„Wenn wir die Situation nach dem XX. Parteitag betrachten, dann sieht die Lage so abstrakt aus, daß die Verbreitung des Marxismus-Leninismus im Weltmaßstab noch niemals solche Aussichten hatte wie nach dem XX. Parteitag... Wir müssen am meisten darum kämpfen, das Ansehen des Marxismus wiederherzustellen, den aufgestauten Haß gegen den Marxismus zu beseitigen, um Vertrauen zum Marxismus wiederzuerwecken..."
(Beitrag von Lukács in der philosophischen Debatte am 15. 6. 1956. In: Lukács: *Werkauswahl*, Bd. 2. Luchterhand, Neuwied 1967, S. 593–602.)

Der Parteitag der KPdSU. (Repr.)

Im Frühjahr 1956 hielt Lukács Vorträge an den Universitäten in Rom, Florenz, Bologna, Turin und Mailand. Lukács in Italien. (LA)

„Die Koexistenz, das friedliche Nebeneinanderleben der beiden Gesellschaftssysteme muß man wörtlich verstehen: in dem Sinne, daß beide Welten entsprechend ihren eigenen inneren Entwicklungsgesetzen leben können. Das anerkennt jede Seite für die andere. Wir bleiben also, was wir sind: Marxisten, Kommunisten; als solche wollen wir mit euch, mit der bürgerlichen Welt, in Frieden leben... so viel und so intensiv als möglich, wir wollen mit euch Berührung suchen, die ihr nach euren eigenen Gesetzen, nach eurer eigenen gesellschaftlichen Ordnung und nach eurer eigenen Weltanschauung lebt. Und auf dieser Basis möge dann der Dialog, die Diskussion, das Zwiegespräch zustandekommen, die ständige Berührung auf einer möglichst hohen Stufe, angefangen von der Politik und der Wirtschaft bis hin zur Kultur."
(Georg Lukács: „Der Kampf des Fortschritts und der Reaktion in der heutigen Kultur." In: *Aufbau*, 1956/9, S. 765.)

Fiatalok kérdeznek – Lukács György válaszol

A fiatal értelmiség problémáiról hirdetett ankétot kedden este az Eötvös Loránd Tudományegyetem irodalmi és történettudományi kara. Az ankéton a fiatalok írásban benyújtott kérdéseire Lukács György válaszolt. Az alábbiakban néhány közérdekű kérdést, s Lukács Györgynek a kérdésekre adott válaszát ismertetjük kivonatos formában.

1. Mi a véleménye a szocialista realizmusról folyó vitáról, kodifikálható-e ez az irány, míg megfelelő magasszínvonalú művek nem bizonyítják be érvényét?

Semmiféle művészeti irány nem kodifikálható – válaszolta Lukács György –, mert minden nagy műalkotást az jellemez, hogy kitágítja az esztétika meglevő törvényeit, új megfogalmazásra készteti az esztétikusokat. Például Thomas Mannt idézte Lukács György, akinek művészete kitágította a kritikai realizmus korábban ismert törvényeit. Ugyanakkor hangsúlyozta válaszában, hogy a szocialista realizmus nem szűkíthető néhány 1949 és 53 között magyarul megjelent közepes alkotásra. Igenis beszélhetünk a szocialista realizmus történetéről, mert ennek útját Gorkij, Nexö, Solohov, Déry Tibor neve jelzi. A mi vitáinkban nehezíti a helyzetet, hogy olyankor ismerkedtünk meg a szocialista realizmus fogalmával, amikor számos dekadens irány és elmélet hatott irodalmunkban, amikor – 1945-ben – még a realizmus győzelme sem volt maradéktalan. Holott – és ezt nem győzte az előadó hangsúlyozni – minden haladó irodalomnak a realizmus az ismertetőjele. Az irodalom története többszörűleg is az antirealista tendenciáknak és műveknek.

2. Érvényes-e napjainkban Lenin 1905-ben a pártosságról írott cikke, és helyesen értelmezik-e ma ennek tételeit vitáinkban?

Lenin nem a diktatúra körülményei közt... kérdés az, hogy a győzelem, és az 1948 körül kialakult új világhelyzet után is fenntartották az antidemokratikus módszereket, s ezek leépítését csak a XX. kongresszus kezdte meg.

4. Mi a véleménye Lukács elvtársnak a XX. századi és jelenkori nyugati irodalom szélesebbkörű propagálásáról?

Az első lépések e téren már megtörténtek – válaszolta Lukács György – ám ne beszéljünk „propagálásról". Mi egyszerűen lehetővé tesszük azoknak, akik érdeklődnek, hogy megismerkedjenek korunk világirodalmával. Ez a lehetőség nem jelentheti Franz Kafka, Joyce, és a többiek propagálását, mint ahogy a vita szabadsága sem jelentheti marxista álláspontunk feladását.

Ugyanígy helytelen lenne a ma divatos nyugati filozófusok oeuvre-je fordításának közzététele. E művek az érdeklődők a világ minden táján *eredetiben olvassák.*

Ehhez a kérdéshez kapcsolódott egy később felvetődött probléma, a könyvtárak zárt anyagával kapcsolatban. Válaszában Lukács György elmondotta, hogy a túlzott éberség, a „szigorúan bizalmas" elburjánzása nálunk valóságos betegség, amelynek szimptómái a könyvtárakban is felismerhetők. Fel kell számolni az ilyen jelenségeket könyvtárainkban, de ugyanakkor szükségtelen és helytelen, hogy a szabadság örve alatt, mondjuk, Hitler műveit olvastassuk. Természetesen a korral foglalkozó történészeknek biztosítani kell minden mű olvasásának lehetőségét.

Arra a kérdésre, vajon szükségesnek tartja-e Lukács elvtárs a közélet képviselőinek újjáértékelését, a felelet hangsúlyozta, hogy megkülönböztetéssel kell élnünk. Herczeg Ferenc rehabilitálása nem lehet célunk, a Herczeg-kérdés nem szorul revízióra. De ugyanakkor nem szabad bűnnek nyilvánítani a győriek Bizánc előadását sem. Csak éppen a ...

kodó egészségtelen protekcionizmusról elhangzott, érdemes a további nyilvános vitára. Meggyőző szenvedéllyel áradt a hallgatókból a kívánság, biztosítsák az egyetemen az elhelyezkedés során is a szabad versenyt, a tehetség döntse el, ki milyen munkakörbe kerül. A tantervvel kapcsolatos felszólalások közül a legtöbb azt kérte, vezessék be a bölcsészkaron, a lengyel egyetemekhez hasonlóan, a *fakultatív* orosz nyelvoktatást, és nyújtsanak több lehetőséget a hallgatóknak a szakmai fejlődésükhöz nélkülözhetetlen modern nyugati nyelvek elsajátításához. Megdöbbentő kép bontakozott ki az egyetemi hallgatók szociális helyzetéről. Az egykor nyolcvan személyes Eötvös-kollégium épületében ma (az Irodalomtörténeti Intézettel társbérletben) háromszáznál több hallgató szorong. Ilyen zsúfoltság mellett a hallgatóknak nincs meg a lehetőségük az elmélyült munkára. Az ösztöndíjrendszer, és a jelenlegi menzaellátás önmagában nem biztosítja új értelmiségünk zavartalan tanulását. Az itt elhangzottak nagymértékben alátámasztották egy korábbi kari javaslat indokoltságát, s a hallgatóság nagy örömmel fogadta Varga János dékánhelyettes bejelentését, amelynek értelmében Szalai professzor vezetésével nagyobb munkacsoport kezdett hozzá az egyetemi hallgatók szociális helyzetének feltérképezéséhez.

A késő esti órákba nyúló vitában helyes és helytelen felszólalások váltakoztak. De a szenvedély, az igazságszeretet, a tanulnivágyás ereje arról győzött meg, hogy az egykori „szabad fórumok" nyomán megszervezett nyilvános egyetemi viták jelentős lépést jelentenek előre az egyetemi életdemokratizmusának kibontakozásában.

„Jugendliche fragen, Georg Lukács antwortet." Interview in der Zeitschrift *Irodalmi Újság*. (OGYK)

„Genosse Lukács berichtete, daß in seinen letzten Jahren auch Lenin die Herausbildung der die proletarische Demokratie zurückdrängenden bürokratischen Zentralisation besorgt verfolgte. Das alles hängt natürlich mit der Politik einer raschen Industrialisierung in einem industriell rückständigen Lande zusammen... Der Sieg im Vaterländischen Krieg hat die Berechtigung dieser Politik bestätigt, es ist jedoch offensichtlich, daß die Stalin-Ära in dieser Beziehung weit über das notwendige Maß hinausgegangen ist. Der Abbau der antidemokratischen Methoden begann erst mit dem XX. Parteitag."
(Auszug aus dem Interview.)

225

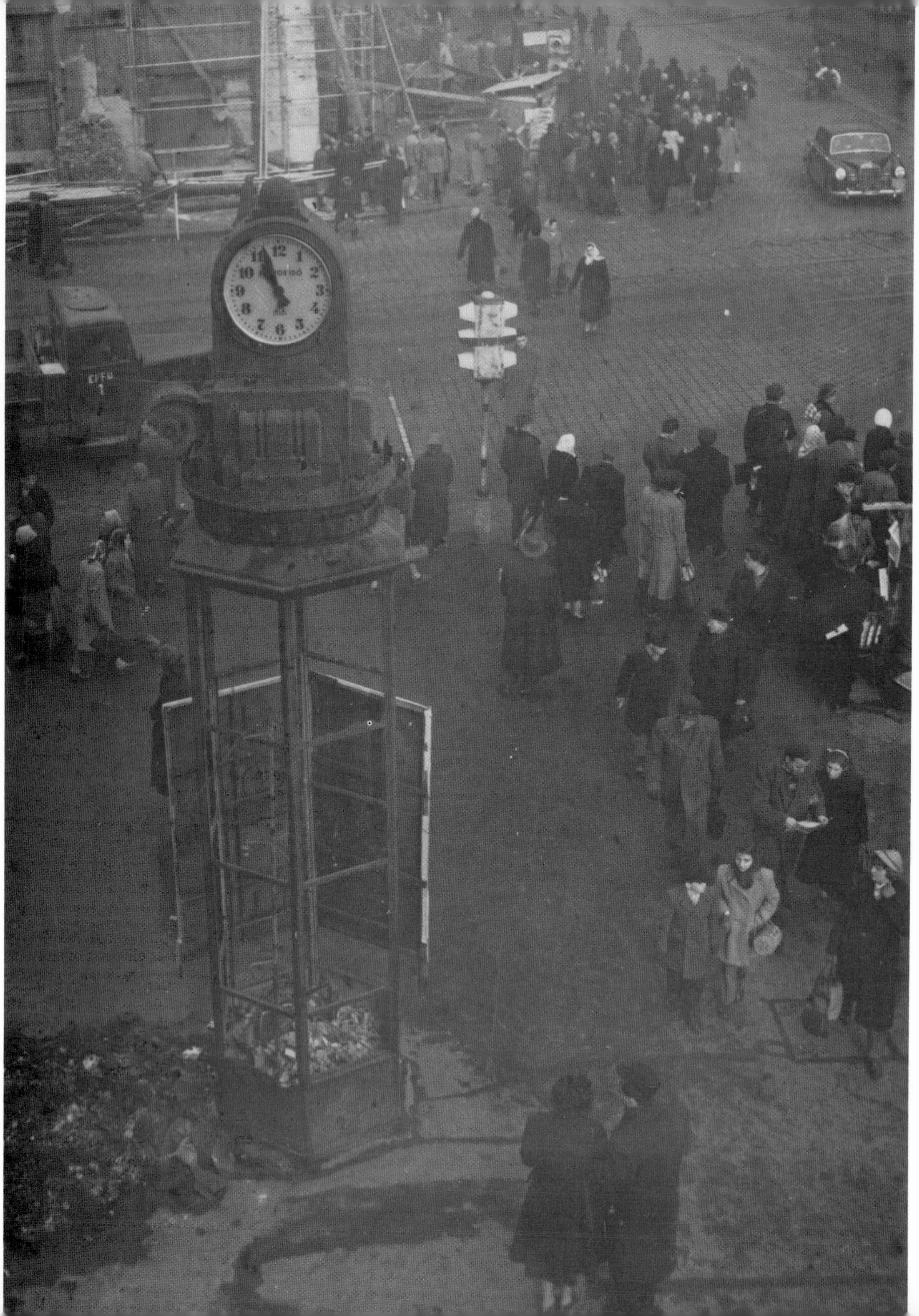

◁ Budapest im Herbst 1956. (Foto: Ibolya Váradi, NA)

„Dadurch Lage klar: gegen Rákosi, gegen Illusionen sowohl einer partikularen, immanenten ‚Reform' seines Regimes, wie gegen bürgerlich-liberale Reformtendenzen (auch in Nagy Imres unmittelbarer Umgebung verbreitet. Umschlag dazu auch bei orthodoxen Rákosisten.) Nagy: kein Programm. So Position: rein ideologisch. Diese Forderungen des XX. Kongresses als Postulat an öffentliche Meinung, damit Stimmung entsteht, dies auch politisch zu verwirklichen."
(Lukács: „Gelebtes Denken". Manuskript, S. 52. LA.)

Georg Lukács wurde Minister für Volksbildung in dem am 25. Oktober gebildeten Kabinett Imre Nagy. In wichtigen politischen Fragen vertrat er eine Sondermeinung, im Gegensatz zum Standpunkt der Regierung war er gegen den Plan eines Austritts aus dem Warschauer Vertrag. Am 4. November begab er sich — ähnlich wie einige andere Mitglieder der Regierung — mit seiner Frau auf die Budapester jugoslawische Gesandtschaft. Später bezeichnete Lukács diesen Schritt als einen politischen Fehlgriff. Die ganze Gruppe kam später nach Rumänien. Im April 1957 konnte er nach Budapest zurückkehren. Nach seiner Rückkehr ersuchte er um seine Übernahme in die unter dem Namen Ungarische Sozialistische Arbeiterpartei reorganisierte kommunistische Partei. Dieses Ersuchen wurde von der Partei 1967 erfüllt.

Lukács und seine Frau Mitte der fünfziger Jahre. (MTA)

„Im Herbst 1956 hatte die Aktivierung der Feinde der Volksdemokratie infolge der früheren Willkür der Rákosi-Clique und wegen der desorientierenden Tätigkeit des Revisionismus eine derartige Spannung im Lande erzeugt, daß eine Explosion drohte. Hierzu trugen auch äußere Faktoren bei: Die Anzeichen einer Krise im Lande begannen sich zu verschlimmern und führten auch zur erhöhten Aktivität der äußeren Feinde der Volksdemokratie. Diese versuchten mit den unterschiedlichsten Mitteln – von der Propaganda bis zur Unterstützung der illegalen Organisierung – die konterrevolutionären Kräfte im Lande von außen zu fördern. Dies alles führte im Oktober 1956 zur bewaffneten Konterrevolution in Ungarn."
(Die Geschichte Ungarns. Hg. Ervin Pamlényi. Corvina Verlag, Budapest 1971, S. 652—653.)

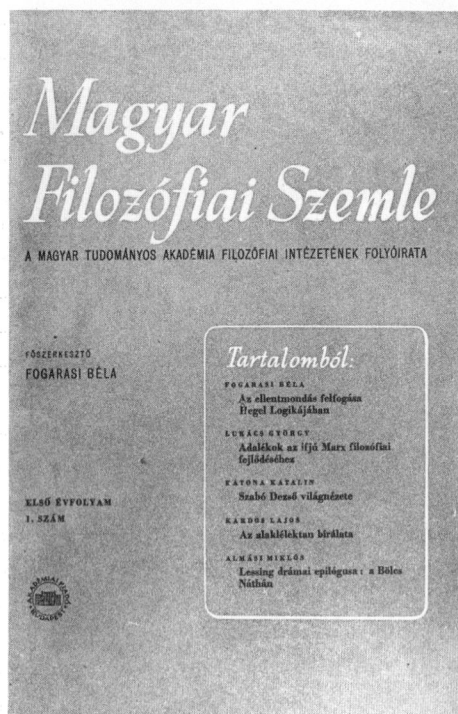

Georg Lukács mit seiner Frau im Jahre 1957. (MTA)

Die Zeitschrift des Philosophischen Instituts der Ungarischen Akademie der Wissenschaften *Magyar Filozófiai Szemle*, Jahrgang I, Nr. 1 mit dem Artikel von Georg Lukács „Adalékok az ifjú Marx filozófiai fejlődéséhez" (Beiträge zur philosophischen Entwicklung des jungen Marx). (EK)

„Besonders schädlich sind die antimarxistischen politisch-ideologischen Ansichten von György Lukács. Die Konzeption, daß in der Periode der friedlichen Koexistenz der Staaten mit verschiedener Gesellschaftsordnung der wesentlichste Gegensatz im Kampf auf internationaler Ebene nicht zwischen Sozialismus und Kapitalismus, zwischen Arbeiterklasse und Bourgeoisie liegt, sondern zwischen Demokratie und Antidemokratie, bedeutet in Wirklichkeit einen Verzicht auf den Klassenkampf. Diese Theorie ist nicht nur bei uns, sondern überall auf der Welt ein Schaden verursachender Triumph in der Hand der Revisionisten, um so mehr, als diese Auffassung von Lukács sich in größerem oder kleinerem Maße auch in seinen Schriften sowie Stellungnahmen über Fragen der Politik, der Gesellschaftswissenschaften, der Philosophie, Ästhetik, Kunst und Kultur ausdrückt."
(„Az MSZMP művelődési politikájának irányelvei" [Bildungspolitische Richtlinien der USAP]. 25. 7. 1958. In: *A Magyar Szocialista Munkáspárt határozatai és dokumentumai 1956–1962*. [Beschlüsse und Dokumente der Ungarischen Sozialistischen Arbeiterpartei 1956–1962]. Hg. Henrik Vass. Budapest 1964, S. 298.)

József Szigeti: „Még egyszer a Lukács-kérdésről" (Noch einmal zur Lukács-Frage). (PTI)

Aussicht aus Lukács' Wohnung. (Foto: Demeter Balla)

„Den Rückzug von der aktuellen Politik... nutzte ich in erster Linie dazu, unter Verwertung der jahrzehntelangen Erfahrungen meiner ästhetischen Arbeiten die Abfassung einer philosophisch wirklich gut fundierten marxistischen Ästhetik zu beginnen. Nach Beendigung meines kleineren, als Prolegomena der Ästhetik anzusehenden Buches: *Die Besonderheit* gelang es tatsächlich, den ersten grundlegenden Teil unter dem Titel *Die Eigenart des Ästhetischen* unter Dach und Fach zu bringen (1963). Es besteht kein Zweifel, daß die Grundlage der Abfassung in den fast ein Menschenalter ausfüllenden Studien besteht. So kommt z. B. das nicht unbedeutende ‚homogene Medium' bereits im Heidelberger Fragment vor und erscheint sogar schon im Werk *Die Seele und die Formen* usw... Schon in Heidelberg ging ich über Kants erkenntnistheoretischen Ausgangspunkt hinaus, in dem die methodologischen Grundlagen für die Ästhetik in der Setzung der ästhetischen Urteile und in der Bestätigung ihrer Gültigkeit bestehen. Ich erblickte schon damals die Grunderscheinung der ästhetischen Sphäre in der Kunstschöpfung selbst. Das war natürlich auch damals schon eine Überwindung der Kantschen Lösung, aber erst auf dem Weg vom subjektiven Idealismus zum objektiven Idealismus. Wenn also der philosophische Ausgangspunkt der Ästhetik in der Gegebenheit der Kunstschöpfung besteht, so verschiebt zugleich der sozial-historische Charakter dieser Gegebenheit die ganze Fragestellung in die Richtung der gesellschaftlichen Ontologie. Daher spielt die eigenartige, existentielle und ideologische Eigenart des alltäglichen Lebens eine so grundlegende Rolle im gesamten Aufbau der neuen Ästhetik. Die Ableitung der Möglichkeit der Kunstschöpfung hört nunmehr endgültig auf, eine erkenntnistheoretische Frage zu sein. Genese und Gültigkeit werden in gleicher Weise zu existentiellen Momenten des immer historisch gearteten gesamtgesellschaftlichen Seins."
(Lukács: *Utam Marxhoz*. S. 28–29.)

Lukács mit seiner Frau nach dem Erscheinen des Buches *Die Besonderheit*... (LA)

Das Ehepaar Lukács mit Piri, der Haushälterin. (LA)

In Balatonalmádi, 1960. (LA)

Das Ehepaar Lukács auf Urlaub in Mátraháza, 1958. (Foto: György Szomjas-Schiffert)

Lukács und seine Frau. (LA)

Letztes Bild von Gertrud. (Foto: Elemér Vattay)

„50 Jahre lang war sie die stets mitdenkende Gefährtin seines Lebens und seiner Arbeit. Sie gehört zu Lukács' Charakterbild: Es war die harmonischste und glücklichste Ehe, der ich je in meinem Leben begegnet bin."
(Aus dem auf Gertrud bezüglichen Teil der Grabrede von Tibor Déry für György Lukács. In: *Élet és Irodalom* vom 19. 6. 1971.)

„Lieber Ernst, liebe Lou!

Es ist mir sehr schwer, auf Euren Brief entsprechend zu antworten. Was Du, lieber Ernst, über Gertrud schreibst, ist wirklich ein schönes, tief empfundenes Gedicht. Es hat mich sehr tief berührt. Ich pflege über meine eigene Substanzialität oft sehr skeptische Gedanken zu haben. Ihr Gegengewicht war immer, daß ich Gertrud doch erkannte und mit ihr in einer Weise jahrzehntelang zusammenleben konnte, die auch für sie fördernd war. Das ist die größte Selbstbestätigung meiner Existenz.

Was Du über mich schreibst, akzeptiere ich, soweit es eine Verpflichtung der Zeit gegenüber betrifft. Ich bin historisch unter günstigen Umständen geboren, konnte noch die erste Vorkriegszeit und insbesondere die Renaissance der marxistischen Methode durch Lenin erleben. (Wenn ich auf diese unmittelbar auch nicht adäquat reagiert habe, so ist noch nachträglich ein lebendiges und fruchtbar wirkendes Bild entstanden.) Darum ist es, daß heute tatsächlich ich zu den wenigen gehöre, die imstande sind, die Gegenwart als Brücke zwischen Vergangenheit und Zukunft zu begreifen und gedanklich zu gestalten. Unter Vergangenheit meine ich in erster Reihe die Klassiker des Marxismus, aber auch jenen großen Blick auf die Vergangenheit, den sie besaßen und der dann lange Zeit in Vergessenheit geraten ist. Darum weiß ich, daß ein

Brückenbau wie meine Ästhetik und, wie ich hoffe, meine Ethik heute von niemand anderem gemacht werden könnte, und daraus folgen natürlich sehr bindende Verpflichtungen. Daß diese Brücke möglicherweise eine provisorische Pontonbrücke ist und sein wird, die von der unvermeidlichen Renaissance des Marxismus durch eine wirkliche Brücke ersetzt wird, ändert nichts an den Verpflichtungen. Ich werde also selbstredend die Arbeit gewissenhaft fortsetzen. Natürlich auf einem unendlich reduzierten Lebensniveau.
Ich danke Euch für die Einladung nach Wien. In der unmittelbaren Zukunft bin ich aber nicht imstande, unsere Wohnung, die überall von Gertruds Dasein erfüllt ist, zu verlassen, noch weniger in eine fremde Umgebung zu kommen, ohne in dieser mit ihr zu sein. Das ist natürlich nicht als absolute Absage gemeint, nur für den Akklimatisationsprozeß, von dem ich freilich nicht im voraus wissen kann, wie lange er dauern wird. Jedenfalls dürft Ihr Euch deshalb nicht verletzt fühlen, Ihr gehört zu den wenigen Menschen, mit denen ich heute imstande wäre, nicht rein sachlich zu sprechen.
Ich danke Euch nochmals für Euren Brief. Er hat mir sehr wohl getan. Gyuri."
(Brief von Lukács an Ernst Fischer und Frau vom 5. 5. 1963, LA.)

Arbeitszimmer von Lukács. An der Wand Gertruds Bilder. (Foto: Demeter Balla)

„Der ästhetische Typ..., in dem sich das Eigenartige künstlerisch am prägnantesten ausdrückt, bezeichnet den Weg der konkreten Vervollkommnung des Menschengeschlechts. Er ist deshalb die zentrale Kategorie der Kunstschöpfung, weil er dadurch auf dem großen Weg des Sich-Suchens und Sich-Findens des Menschengeschlechts den sinnlich gelösten und zusammengefaßten konkreten Abglanz der Verkörperung je eines Abschnittes bildet. Die künstlerischen Kategorien, selbst die abstraktesten, entwachsen den tiefsten Bedürfnissen des menschlichen Lebens, bestimmen ihre – positiven oder negativen – Erfüllungsformen und werden durch sie bestimmt. Aus diesem Grunde steht die künstlerische Widerspiegelung der Wirklichkeit im Mittelpunkt der Ästhetik. Ich weiß wohl: Jeder bürgerliche und bürgerlich beeinflußte, dogmatische Subjektivismus protestiert leidenschaftlich gegen dieses In-den-Mittelpunkt-Stellen, er erblickt darin eine Erniedrigung der ‚heiligen' Subjektivität, der ‚unbeschränkten' Schöpferkraft, wenn die künstlerische Phantasie objektiv notgedrungen mit der Realität verknüpft ist... Der Mensch ist ein antwortendes Wesen; auf allen Gebieten seiner Existenz und Tätigkeit offenbart er seine Größe, seine Entwicklungsfähigkeit... nicht durch subjektivistische Klü-

Lukács zur Zeit des Erscheinens des Buches. *Die Eigenart des Ästhetischen*. (Foto: László Vámos)

> *Die Werke, in denen ich die wesentlichsten Ergebnisse meiner Entwicklung zusammenzufassen gedenke, meine Ethik und meine Ästhetik, deren erster, selbständiger Teil hier vorliegt, sollten als bescheidener Versuch einer Danksagung für mehr als vierzig Jahre Gemeinschaft an Leben und Denken, an Arbeit und Kampf*
>
> *Gertrud Bortstieber Lukács, gestorben am 28. April 1963, gewidmet sein. Jetzt kann ich sie nur ihrem Andenken widmen.*

Widmung des Buches. (LA)

geleien, sondern gerade dadurch, daß er die ‚Listen' der Wirklichkeit entsprechend zu an ihn gerichteten Fragen umformen kann... Sind wir imstande, den Weg des Menschengeschlechtes zu erkennen und für unsere eigene individuelle Entwicklung zu nutzen, so haben wir dies nicht zuletzt der Kunst, den Verwirklichungen der künstlerischen Widerspiegelung zu verdanken."
(György Lukács: *Művészet és társadalom* [Kunst und Gesellschaft]. A. a. O., S. 15.)

Die ungarische Ausgabe des Buches *Die Eigenart des Ästhetischen* erschien 1965.

Lukács mit Tibor Déry in Balatonfüred. (Eigentum von Frau Déry)

Budapest mit der neuen Elisabethbrücke Mitte der sechziger ▷ Jahre. (MTI)

Marcell Benedek. (IM)

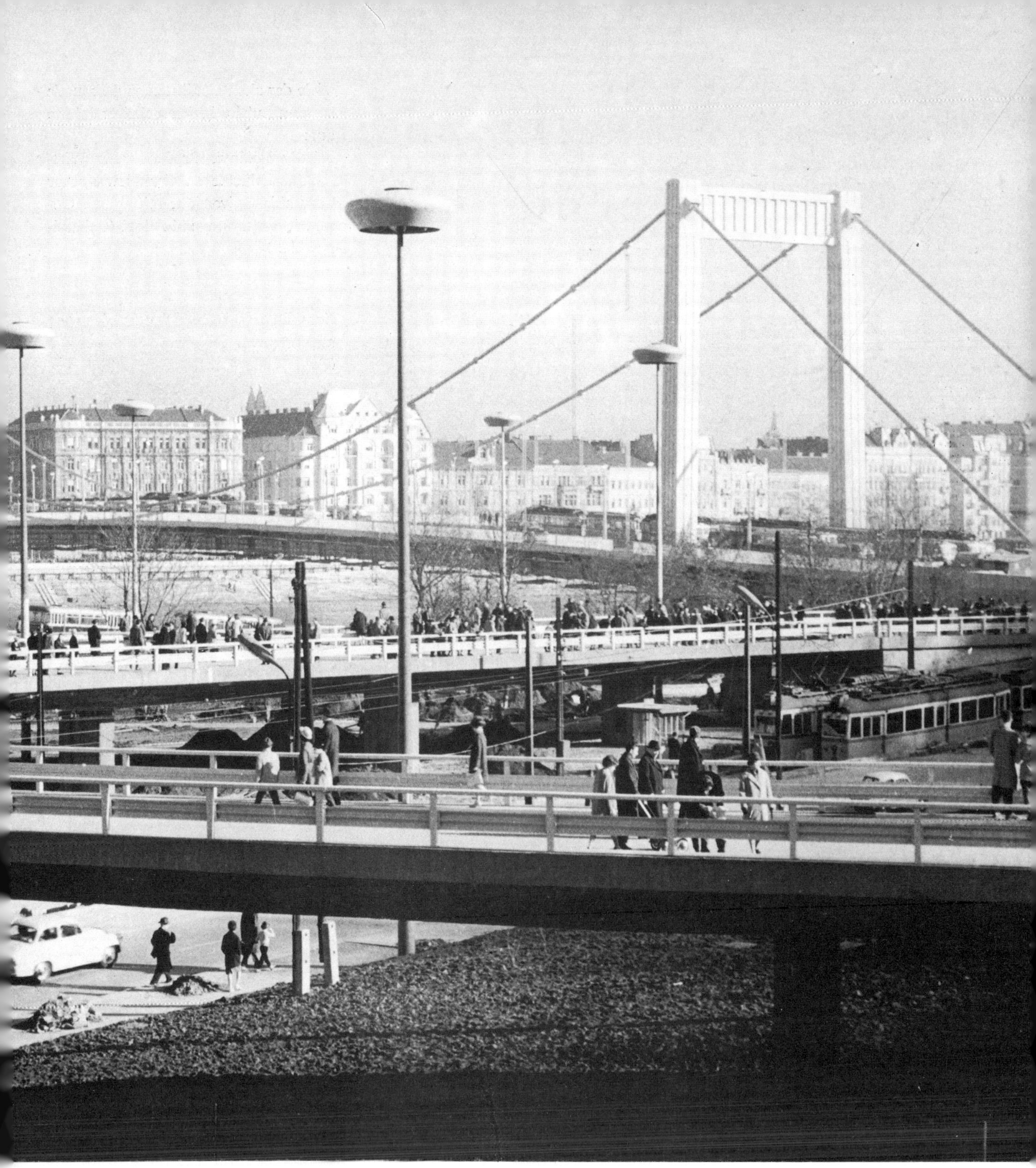

Viele der alten Gefährten und Freunde suchten Lukács in den sechziger Jahren auf:
Károly Polányi, Professor für Wirtschaftsgeschichte an der New-Yorker Columbia-Universität, mit seinen Geschwistern Laura und Adolf. (Polányi-Nachlaß)

Ilona Duczynska besuchte Lukács 1964 mit ihrem Mann, Károly Polányi. (Polányi-Nachlaß)

Charles de Tolnay, Professor für Kunstgeschichte, Direktor des Michelangelo-Museums in Florenz. (Eigentum von Charles de Tolnay)

Georg Lukács in der Gesellschaft von Anna Lesznai, die unter dem Titel *Spätherbst im Eden* in einem Roman die Geschichte ihrer gemeinsamen Jugendzeit, der geistigen Gärung der Jahre vor der Revolution beschrieb. (Foto: Rosie Ray, IM)

Arnold Hauser, Kunstsoziologe, kehrte gegen Ende seines Lebens nach Ungarn heim und führte Ende der sechziger Jahre ein interessantes Radiogespräch mit Lukács. (Foto: Zsuzsa Koncz)

Lukács' Schwester in Budapest. (Foto: Demeter Balla)

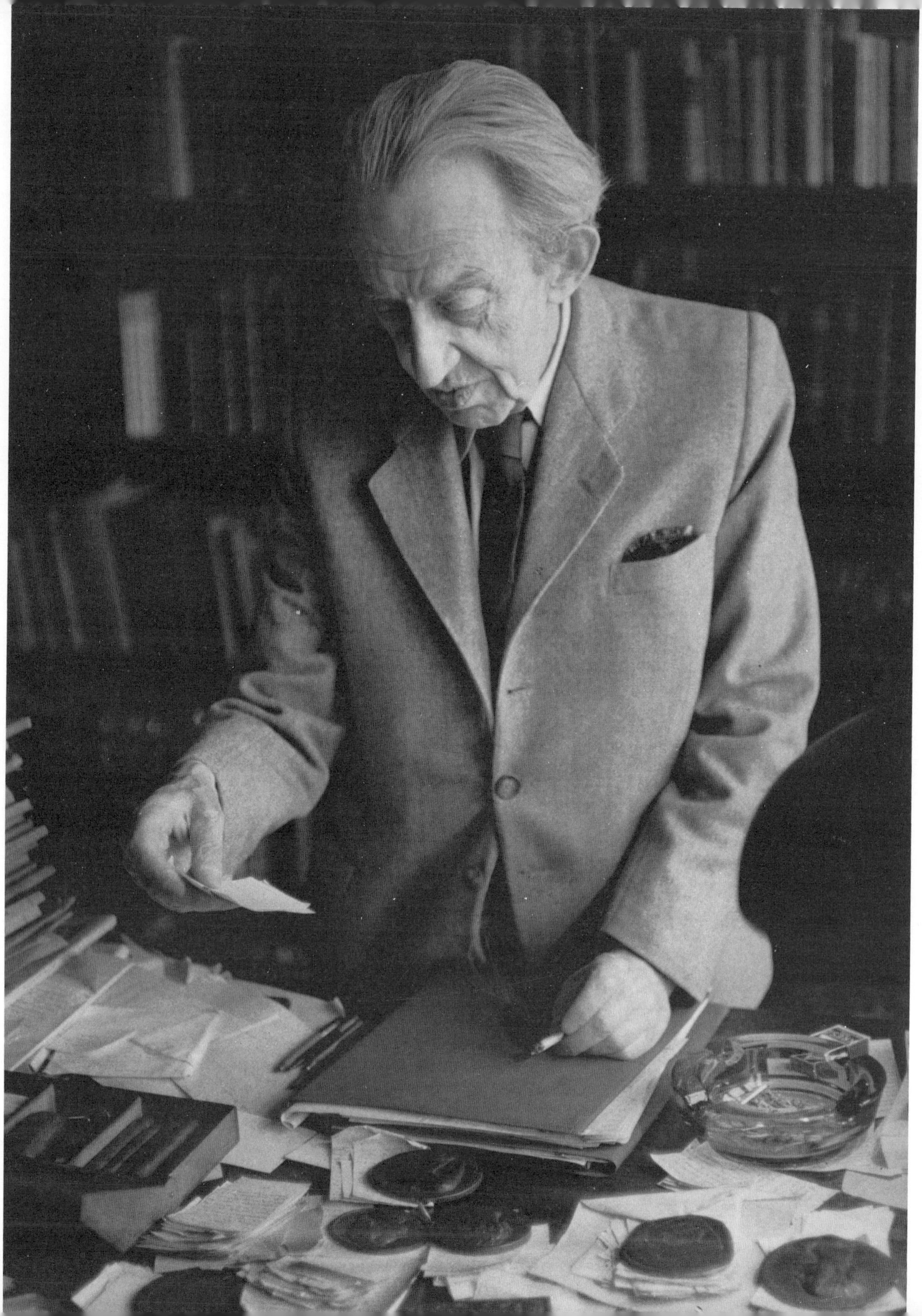

„Mein Weg zu Marx." Karikatur von Tibor Kaján. (LA)

Fülöp Ö. Beck: Büste von Georg Lukács.
(Foto: István Petrás)

◁ Der achtzigjährige Georg Lukács an seinem Schreibtisch. (Foto: Mária Sziklás — MTI)

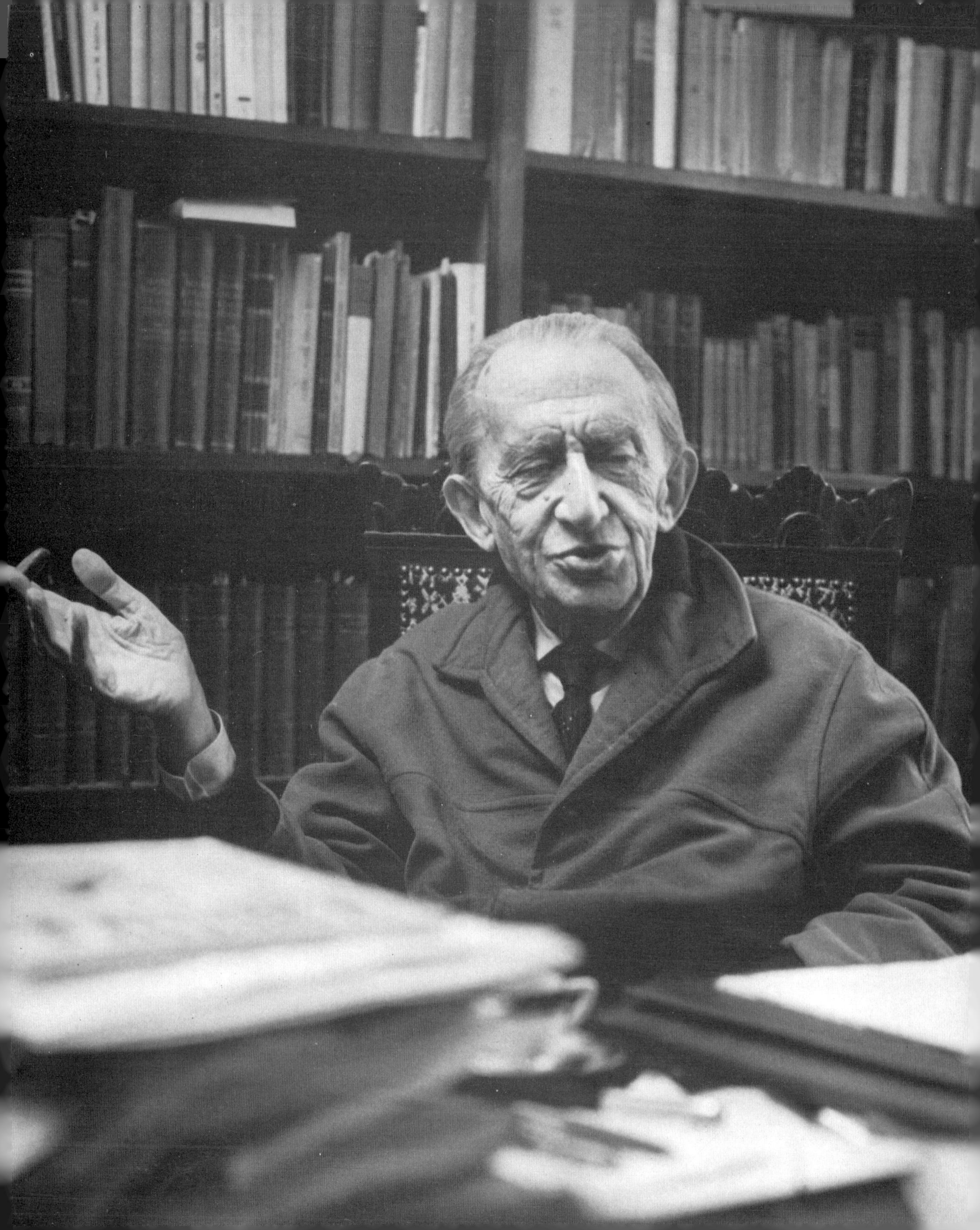

„Ich war, insofern ich Gelegenheit hatte, mit kompetenten Genossen zu sprechen, immer der Meinung, man soll diesem marxistischen Standpunkt Redefreiheit gewähren, man soll auch meinen Standpunkt als eine Meinung innerhalb des Marxismus anerkennen und die Möglichkeiten als einen wichtigen Abschnitt des jetzt angebahnten, theoretischen Kampfes um die volle Herstellung der Ehre des Marxismus betrachten, in dem jedem guten Willen Redefreiheit zu geben ist, und überlassen wir es dem historischen Verlauf, welche Ansichten sich letzten Endes als echt marxistische Ansichten konsolidieren werden."
(Lukács: „A békés egymás mellett élés néhány problémája" [Einige Probleme der friedlichen Koexistenz]. In: *Kortárs*, 1968/5.)

Aus der Serie des Fotokünstlers Károly Gink.

Die Mitarbeiter des Blattes *Népszabadság* Pál Pándi und Péter Rényi machten Ende 1967 mit Georg Lukács ein Interview, ▷ das in der Weihnachtsnummer erschien. (NA-OSZK)

„Es ist ein großes Verdienst der ungarischen Partei, daß sie auch hier die Notwendigkeit konkreter Taten erkannte, und der neue Mechanismus bildet ein wichtiges Experiment, die sozialistische Produktion in einer von Verzerrungen befreiten Form zu verwirklichen. Meiner Ansicht nach ist das etwas enorm Positives im neuen Mechanismus. Das ist ein Schritt, der eine Renaissance des Marxismus möglich und notwendig macht, andererseits eine Rückkehr dazu, was wir in den ersten, von Lenin geführten Zeiten als proletarische Demokratie zu bezeichnen pflegten...

...es ist unmöglich, in irgendeinem sozialistischen Land einen echten Roman vom heutigen Menschen zu schreiben, der nicht das Streben zur Abrechnung mit der Stalin-Epoche beinhaltet. Wenn wir nämlich von den heute Zwanzigjährigen absehen, machte jeder von uns diese Zeiten mit, und eine der wichtigsten Komponenten dessen, wie er jetzt lebt, was er spricht und fühlt, besteht darin, wie er auf jene Zeiten reagierte und reagiert...

...Meiner Meinung nach ist auch der schlechteste Sozialismus besser als der beste Kapitalismus. Das ist meine tiefe Überzeugung, mit dieser Überzeugung habe ich jene Zeiten durchlebt..."

(Interview von Péter Rényi und Pál Pándi mit Lukács. In: *Népszabadság* vom 25. 12. 1967.)

VILÁG PROLETÁRJAI, EGYESÜLJETEK!

32 oldal – Ára 2 forint

NÉPSZABADSÁG

1967*KARÁCSONY

1967. dec. 24, vasárnap   AZ MSZMP KÖZPONTI LAPJA   XXV. évf., 304. sz.

Bizalommal, lendülettel

Három napra kiürülnek a gyárak csarnokai, csend ül a tsz-irodákban, zárva a közhivatalok. Hóbunda alatt alszik a határ is. Karácsony van. Most egy nagyot pihenhetünk, aztán meg néhány munkanap és itt az új esztendő. Rászolgáltunk egy kis szusszanásra hisz egész évben tele volt a kezünk munkával. Ha most visszatekintünk, nem kell szégyenkeznünk. A tervezettnél gyorsabban fejlődött az ország gazdasága, s ha nem is sokkal, de nőtt az életszínvonal is. S miközben tettük napról napra, amit kellett, munka közben elkészítettük az új gazdasági mechanizmus épületét is. Teljes üzem közben nem könnyű építkezni, dolgozva a régin, lerakni az új alapjait: nem egyszerű dolog teljesíteni a tervet s közben új feltételeket teremteni a jövő számára.

Pedig ezt tettük országos méretekben, s mert sikerrel tettük, nem megalapozatlan az az optimizmus, amely a parlament karácsony előtti ülését jellemezte.

Sok még a gondunk. Ez is, az is kellene a családban. „Nézd csak,

S ezzel már válaszoltunk is egy gyakori aggályra. Amit most útjára indítottunk, *szocialista mechanizmus*. Olyan gazdaságirányítási rend, mely a szocializmus termelési viszonyaira épül s a szocializmus termelőerőinek gyorsabb fejlődését van hivatva serkenteni. Igaz, számunkra kicsit szokatlan, eddig jobbára a kapitalizmussal kapcsolatban emlegetett fogalmakkal ismerkedünk. Piac, konjunktúrakutatás, nyereség, konkurrencia — hogy csak néhányat említsünk közülük. De ne felejtsük el, hogy mindez olyan viszonyok között, amikor az állam a népé s a termelőeszközök a nép államának vagy a dolgozók szövetkezeteinek tulajdonában vannak. Nem a tervgazdaságról mondunk le akkor, amikor véget vetünk a tervek lebontásának, hanem *a szocialista gazdaság tervszerű, arányos fejlődésének, s magának a tervezésnek is jobb feltételeit teremtjük meg.* Mindenről ott döntsenek, ahol a döntéshez szükséges ismeretek a leginkább megvannak — olyan elv ez, amely szárnyakat ad az alkotó-

zánk térképén. S ami talán nem ilyen szembetűnő: műveltebb, egészséges nép lakja a Duna–Tisza tájékát, mint annak előtte. Munkás, dolgos esztendő lesz 1968 is. Lesznek, biztos lesznek nehézségek. Úttörő munka ennélkül elképzelhetetlen. Vállaljuk őket, mint ahogy vállaltuk azokat is, amelyeket becsülettel megoldottunk.

„Úgy érzem magam, mint a diák vizsga előtt. Megtanultam a „leckét", de vajon a vizsgáztatók milyen kérdéseket tesznek fel, s hogyan fogadják a válaszomat?" — hallottuk a minap egy gyárigazgatótól. S kiküből is áll az a vizsgabizottság, amitől a mi igazgatónk tart, talán jobban, mint korábban a minisztériumi felelősségre vonástól. Mi vagyunk ezek a bírálók, mi mindannyian, akik nemcsak a piacra termelünk, de közkeletűen szólva, a piacról is élünk. Nem hivatalok bizottsága előtt kell majd helytállnia az új terméknek, hanem a vásárló ítéletét kell elviselnie. Nem a minisztérium egy osztályvezetőjével kell elfogadtatni a gyártmány minőségét, árát, hanem a

---

NÉPSZABADSÁG
21

beszélgetés lukács györggyel

Lapunk munkatársai, Rényi Péter és Pándi Pál felkeresték Belgrád rakparti lakásán Lukács Györgyöt, s beszélgetést folytattak vele a gazdasági és kulturális élet aktuális kérdéseiről. A nyolcvanharmadik évében járó világhírű marxista teoretikus, az alkotó filozófus, szigorú munkaterv szerint dolgozik ma is. Szenvedélyesen érvel nézetei mellett, s szívesen veszi, ha nyílt vitára kerül a sor.

— **Örülünk annak, hogy sor kerülhetett erre a beszélgetésre. Mindjárt rátérhetünk az első kérdésre. Mi a véleménye Lukács elvtársnak az új gazdasági mechanizmus bevezetéséről, mit vár az új gazdasági mechanizmustól?**

— Itt, az én véleményem szerint, egy rendkívül fontos és pozitív lépés történt, ami folytatása annak az útnak, amelyet a Szovjetunió Kommunista Pártjának

a marxizmus igazi módszere, hogy az események analíziséből alakítunk ki egy stratégiát és taktikát, a taktikai elhatározások voltak — helyes vagy helytelen elhatározások — a döntőek, amire ráépült a teória. Mondok olyan példát is, ahol én egyetértek Sztálinnal taktikailag. Az 1939-es paktumra gondolok, amelyet Hitlerrel kötött s amely szerintem az első

tartom magamat praktikus gazdasági szakembernek. Én a „megrázkódtatást" azért tartom fontosnak, hogy a népet az újra tudjuk mozgósítani, s az én véleményem szerint az ilyen mozgósításra szükség van. Én „megrázkódtatásról" szólva nem a rendszer megrázkódtatásáról beszélek. Lenin sem állította, hogy szakítunk a szocializmussal, ha a NEP-et bevezetjük. Ellenkezőleg: azt mondta, hogy egy ránk kényszerített, kikerülhetetlen rossz lépés után tegyünk egy lépést vissza és aztán tegyük meg a helyes lépést előre. Amit én itt keresek, az a mód, miként lehet a mechanizmus ke-

Gespräche mit Georg Lukács. Gesprächspartner: Leo Kofler, Wolfgang Abendroth, Hans-Heinz Holz. Der Text der Gespräche erschien auch in Buchform: *Gespräche mit Georg Lukács*. Rowohlt, Hamburg 1967. (Repr.)

„...das aktuelle Problem der Entfremdung hat heute eine andere Physiognomie als zu Marx' Zeiten vor 120 Jahren, und die Aufgabe besteht darin, diese neue Form der Entfremdung herauszuarbeiten, wozu die ganze historische Dialektik dieses Problemkomplexes notwendig ist, denn es gibt heute außerordentlich kluge, tapfere, gute Leute, für die ich die größte menschliche und intellektuelle Wertschätzung habe, die in den Fetischismus verfallen, als ob die technische Entwicklung ein Moloch wäre, der in einer unwiderstehlichen Weise alles verschlingt.

...Die marxistische Aufgabe wäre hier, den fetischisierten Fatalismus aus dem Kopf der Menschen zu bringen und zu zeigen, daß Technik immer nur ein Mittel in der Entwicklung der Produktivkräfte war und daß die Produktivkräfte letzten Endes immer die Menschen und ihre Fähigkeiten sind, und daß es eine neue Phase des Marxismus bedeuten würde, wenn man eine Reform der Menschen zur zentralen Aufgabe setzt. Ich meine, das ist gar nicht antimarxistisch gesagt, denn vergessen Sie nicht, in der Kritik der Hegelschen Rechtsphilosophie sagt noch der junge Marx, daß die Wurzel für den Menschen der Mensch selber ist. Diese Seite des Marxismus muß jetzt nicht in einer leer propagandistischen Weise, sondern auf Grundlage der Analyse des heutigen Kapitalismus in den Vordergrund gestellt werden, und damit kann dann eine Basis für einen Kampf gegen die heutige Entfremdung gefunden werden."
(Hans-Heinz Holz, Leo Kofler, Wolfgang Abendroth: *Gespräche mit Georg Lukács*. Rowohlt, Hamburg 1967, S. 45–46.)

Interviews, Gespräche in den verschiedensten Sprachen. (Foto: Demeter Balla)

AUTORITA
l'Unità
PAG. 3 / attualità
Il 7 settembre in edicola il primo dei quarantacinque fascicoli
I comunisti nella storia d'Italia:
LA NOUVEL
CRITIQUE
INTERVISTA DI GYÖRGY LUKÁCS ALL'UNITÀ
LA RIFORMA ECONOMICA IN UNGHERIA E I PROBLEMI DELLA DEMOCRAZIA SOCIALISTA
Rencontre avec Georges Lukacs
atti
Conversazioni con Lukács
Gespräch mit Georg Luk
über wirtschaftliche und politische Prob
beszélgetés lukács györggyel
CAMBR
REVIE
LUKÁC
AN INTERVIEW
LESZEK KOLAKOWSKI:
LUKÁCS GYÖRGY
caderno especial
A autocrítica do marxismo
Gespräche mit Georg Lukács
l'homme et la société
revue internationale
rches et de synthèses sociologiques
entretien avec georg lukács
l'évolution de la pensée de lukács
pour une sociologie de l'impérialisme
vers une sociologie hégélienne
la question de la fin de l'histoire
Nº 20
Avril Mai Juin 1971
18 F.
ÖTÉVES A BÉKE-VILÁGTANÁCS
BESZÉLGETÉS LUKÁCS GYÖRGGYEL
gazdasági irányítás és a szocialista kultúra
wolfgang abendroth
hans heinz holz,
leo kofler, theo pinkus
entretiens
avec
rg lukacs
cahiers libres 160
Das Problem der Perspektive
Alianza Editorial
Abendroth
Conversaciones con Lukács
NVERSANDO
COM
LUKÁCS
RAZGOVORI SA
GYÖRGYEM LUKÁCSEM
Vietnam ist die
elt nicht mehr dieselbe

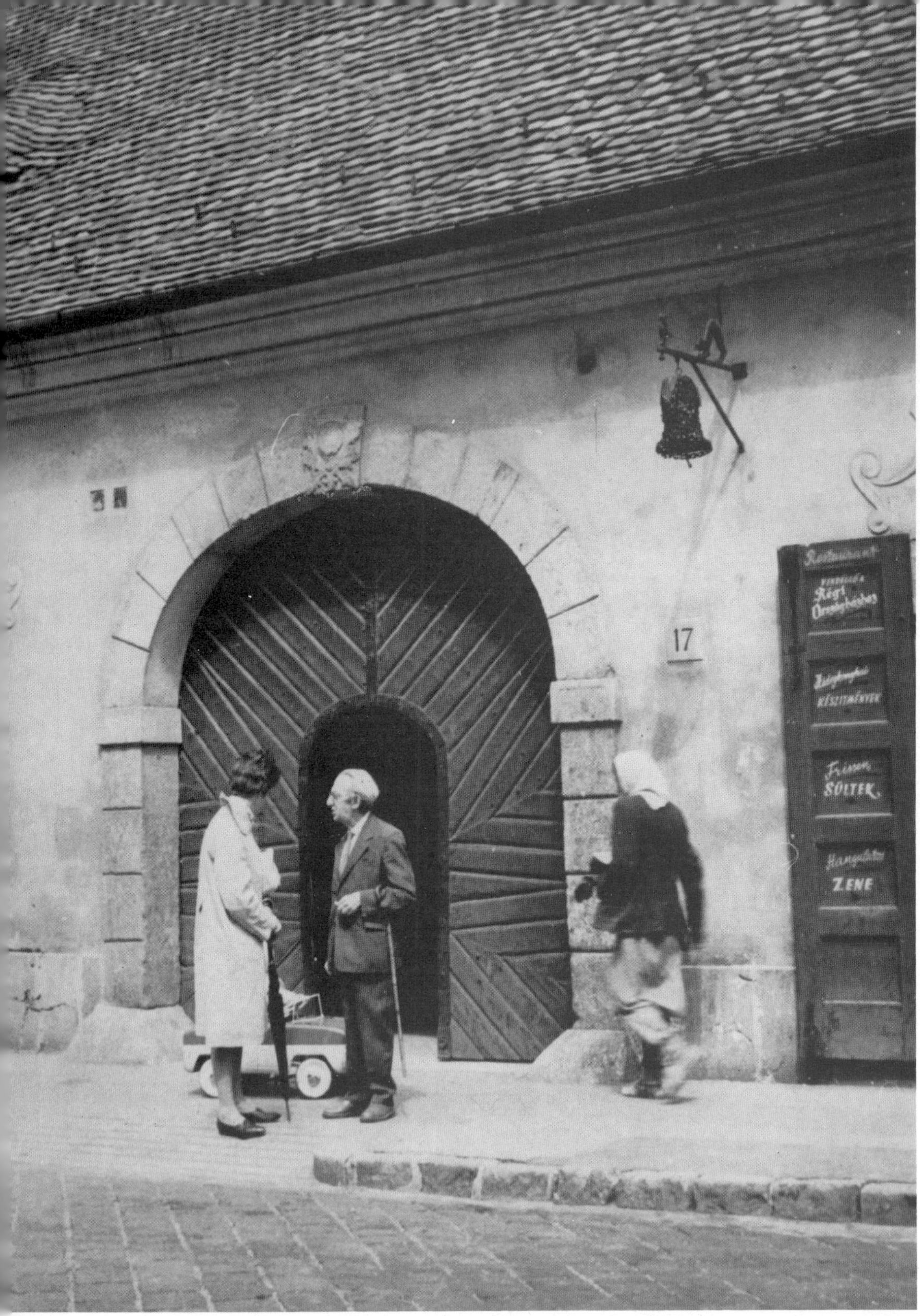
17
SÜLTEK
ZENE

Spaziergang im Burgviertel von Budapest. (LA)

Anläßlich des 20. Jahrestages der Friedensbewegung wurde Georg Lukács mit dem Joliot-Curie-Friedenspreis ausgezeichnet. Lukács mit der Auszeichnung. (MTI)

„In einem sozialistischen Staat gibt es keine Schicht, die am Krieg interessiert wäre. Und damit ergibt sich eine Möglichkeit zum Schutz des Friedens, die in keinem einzigen kapitalistischen Staat existiert. Das ist natürlich, wie denn auch die Beispiele in einem wirklichen Geschehen nie hundertprozentige Beweise sind. Vergessen Sie jedoch nicht, daß die Welt in den letzten fünfzig Jahren zweimal in großer Gefahr schwebte. Die eine Gefahr bestand darin, daß Hitler die Welt verschlingt. Nun, es steht außer Zweifel, daß das Stalinsche Rußland dies verhinderte und die Welt vor der Herrschaft Hitlers rettete. Dann, als sich Amerika nach dem Hitler-Regime die Atombombe verschaffte, bestand die Gefahr, daß der amerikanische Monopolkapitalismus im Alleinbesitz der Atombombe eine Weltdiktatur ausüben könnte. Da war es wieder das Stalinsche Rußland, das uns mit Hilfe des Atoms... davor bewahrte. So viele Zufälle dabei auch eine Rolle spielen – denn auch eine Menge Zufälle spielten da mit –, hat uns letzten Endes doch der Sozialismus vor diesen beiden welthistorischen Gefahren bewahrt, und das darf man meiner Meinung nach nie vergessen."
(Aus dem Fernsehinterview von András Kovács am 2. 10. 1969. In: *Kritika,* 1973/6.)

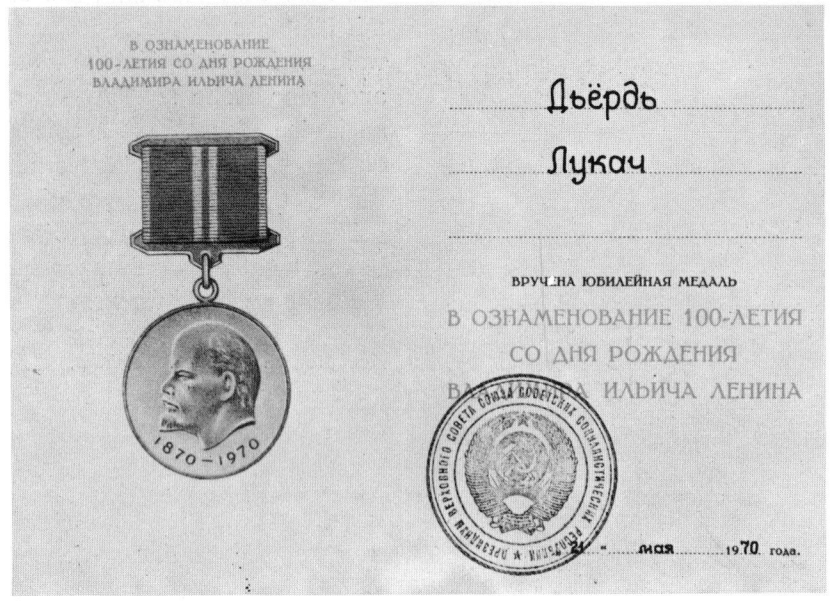

Die anläßlich des 50. Jahrestages der Gründung der KPU ausgezeichneten Zoltán Szántó, Sándor Nógrádi, Jolán Hevesi und Georg Lukács mit János Kádár. (MTI)

„... Genosse Lukács setzt in seiner Erklärung in *Népszabadság* und in seinen anderen Erklärungen den Akzent auf die Diskontinuität... Was die zu Recht verworfenen Methoden betrifft, gibt es natürlich keine ‚Kontinuität' zwischen dem Personenkult und den damit verknüpften Verzerrun-

Sowjetische Auszeichnung für Georg Lukács zum 100. Geburtstag Lenins. (LA)

Manuskript von Lukács, 1968. (LA)

gen einerseits und der Bewegung andererseits, die die Leninschen Normen als Grundlage ihrer Tätigkeit wieder eingesetzt hat... Wir halten die ‚Stalinsche Ära' und besonders den Ausdruck ‚Stalinismus' nicht für zutreffend, da diese Ära gleichzusetzen ist mit dem Aufbau des Sozialismus, dem Schutze der Sache der Menschheit..."
(György Aczél: *Sozialistische Demokratie und Kultur*. Corvina Verlag, Budapest 1975, S. 19, 21—22.)

Neuere Ausgabe des Werkes *Lenin* von Georg Lukács in finnischer Sprache. (LA)

„Das zentrale Problem einer derartigen ‚nichtklassischen' sozialistischen Entwicklung, einer derartigen Vorbereitung des Kommunismus hat bisher noch niemand, nicht einmal Lenin, theoretisch formuliert: Die Frage ist, wie soll in dieser Übergangsperiode das Verhältnis zwischen der einfach auf ein Aufholen der Rückständigkeit gerichteten wirtschaftlichen Praxis und der bereits unmittelbar auf die sozialistische Demokratie inspirierenden Taten und Einrichtungen sein...
Dabei spielt natürlich der Umstand eine große Rolle, daß die bürgerliche Ideologie daran interessiert ist, die Stalinschen Verzerrungen der sozialistischen Demokratie auf Lenin zurückzuführen. Der bürokratische Konservativismus, der die Stalinschen Prinzipien aufrechterhalten möchte, und die Ideologie des kalten Krieges, die auf ihre Weise gegen sie kämpft, streben gleichermaßen danach, die Grundlagen für die Theorie und Praxis Stalins möglichst bei Lenin zu finden. Nur eine marxistische Kritik der Tätigkeit Stalins ist imstande, die theoretische und praktische Diskontinuität zwischen Lenin und Stalin zu erhellen."
(György Lukács: „Lenin és az átmeneti korszak kérdései" [Lenin und die Fragen der Übergangsperiode]. 1968. In: György Lukács: *Lenin*, Budapest 1970, S. 226—227.)

Georg Lukács wurde an seinem 85. Geburtstag von Pál Losonczi, dem Vorsitzenden des Präsidialrates, begrüßt. (MTI)

Der Dichter Gyula Illyés gratuliert, neben ihm Tibor Erdey-Grúz. (MTI)

„Du gehörst zu den Wenigen, die standhaft an den damaligen – langfristigen – Hoffnungen festhalten. Ebendeshalb möchte ich Dich zu den nahen Aufgaben, zur Schaffung der Voraussetzungen des Anfangs zurückbringen. Ich bin davon überzeugt, daß wir die gute Verwirklichung der großen Gemeinschaft der Völker mit einer Schaffung unserer engeren Gemeinschaft – in unserem Fall der Gemeinschaft der ungarisch Sprechenden – beginnen müssen. Wir müssen die spezifischen Probleme unseres Volkes erschließen und im Besitz unserer heutigen Kenntnisse (Erfahrungen, bitteren Erlebnisse) einer neuen Analyse unterziehen, erst unter uns, dann gemeinsam mit denen, die es angeht."
(Brief von Gyula Illyés an György Lukács. In: *Népszabadság*, Oktober 1970.)

Auf der Feier im Gelehrtenklub der Ungarischen Akademie der Wissenschaften gratuliert der Dichter István Simon. (MTI)

Georg Lukács dankt für die Glückwünsche. Im Hintergrund: István Király, Miklós Almási. (MTI)

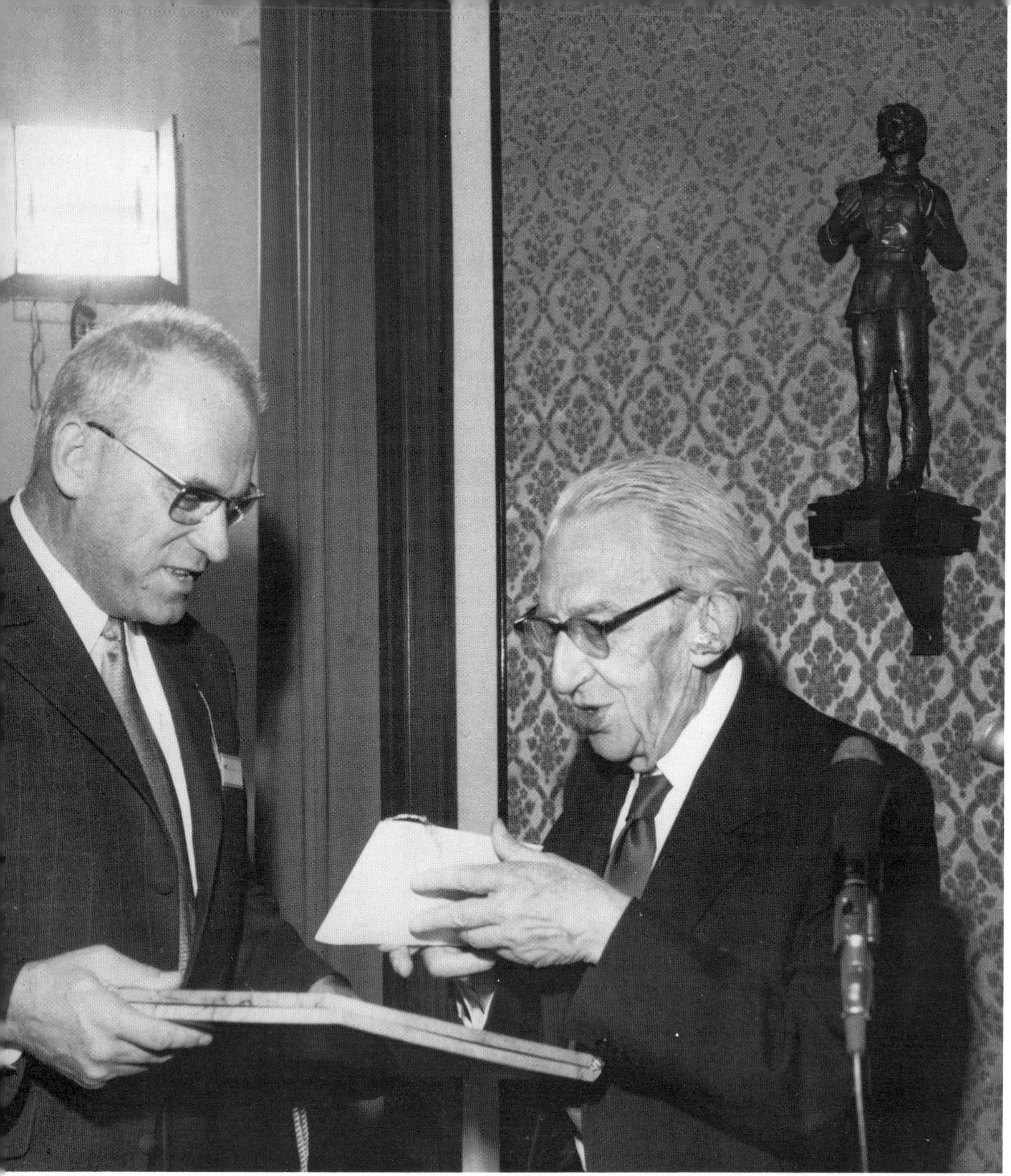

Auf dem Bild: Walter Möller, István Sarlós und Irving Fetscher mit Georg Lukács im Sitzungssaal des Budapester Stadtrates. (MTI)

◁ Georg Lukács nimmt vom Oberbürgermeister der Stadt Frankfurt am Main, Walter Möller, den Goethe-Preis des Jahres 1970 entgegen. (MTI)

Der Goethe-Preis. (Foto: Edit Molnár — MTI)
Lukács bot die gesamte Summe des Preises für die Aktion zur Rettung von Angela Davis an und wandte sich mit einem Aufruf an die progressive Intelligenz der Welt, gegen die Diskriminierung der kommunistsichen Philosophin zu protestieren.

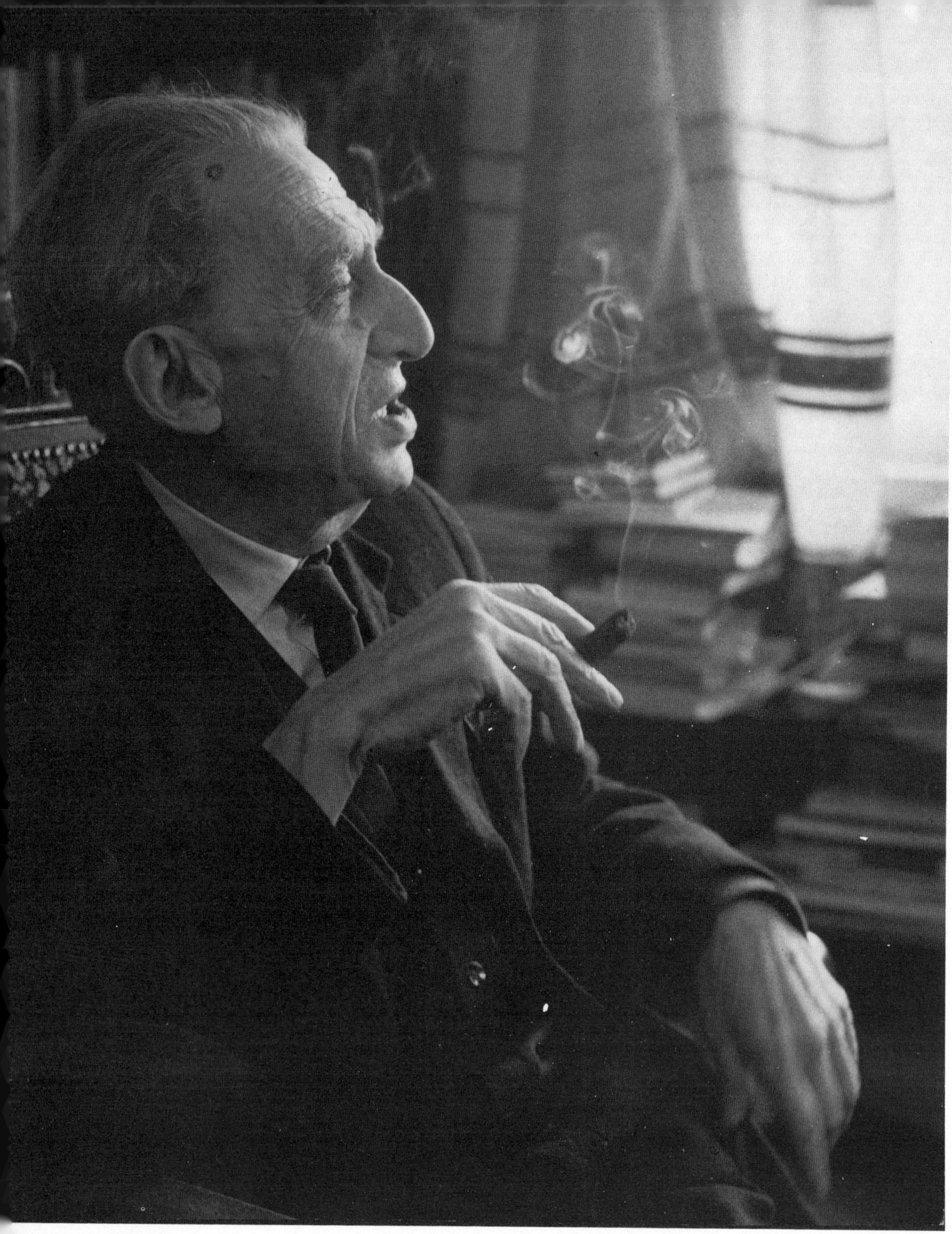

„In den letzten Jahren habe ich mich mit der Vorbereitung meiner *Ontologie* befaßt. Die *Ästhetik* ist eigentlich eine Vorbereitung zur *Ontologie,* insofern sie das Ästhetische als ein Moment des Seins, des gesellschaftlichen Seins, behandelt. Die *Ontologie* dachte ich mir ursprünglich als eine philosophische Untermauerung der *Ethik,* aber dann wurde die *Ethik* von der *Ontologie* verdrängt, in der es um die Struktur der Realität, nicht um eine besondere Form geht..."
(Vezér-Eörsi-Interviews vom 22. 4. 1971, LA.)

Lukács und seine Aufzeichnungen zur *Ontologie*. (Foto: Zsuzsa Sándor)

◁ Georg Lukács in seiner Wohnung bei einem Gespräch. (Foto: Edit Molnár — MTI)

„Wenn ich kurz antwortete, würde ich sagen, ich hatte riesiges Glück, ein so bewegtes, an großen Wendungen reiches Leben leben zu können, und als besonders glücklich empfinde ich, daß ich die Zeiten von 1917 und 1919 erleben konnte, denn ich stamme ja aus der Bourgeoisie, mein Vater war in Budapest Bankdirektor, und wenn ich auch in der *Nyugat* einen gewissen eigenen oppositionellen Standpunkt einnahm, so gehörte ich doch im Grunde genommen zur bürgerlichen Opposition. Ob nun der erste Weltkrieg, seine völlig negative Wirkung auf mich, hinreichend gewesen wäre, um aus mir einen Sozialisten zu machen, das wage und könnte ich nicht sagen. Sicher ist, daß die russische Revolution und die darauffolgenden ungarischen revolutionären Bewegungen einen Sozialisten aus mir gemacht haben und ich in meinem ganzen Leben dabei geblieben bin. Das halte ich für eine der positivsten Seiten meines Lebens. Eine andere Frage ist, daß sich mein Leben in seiner Gesamtheit auf und ab, in alle Richtungen bewegte, aber man kann sagen, daß es hier eine gewisse Einheit gab. Wenn ich jetzt nachträglich zurückblicke, so waren diese Fragen, mich selbst auszudrücken und nach 1917 der sozialistischen Bewegung zu dienen – wie ich es jederzeit auffaßte –, zwei Tendenzen, die konvergierten. In dieser Hinsicht hatte ich nie Konflikte. Nachträglich stelle ich mit einer gewissen Genugtuung fest, daß ich in jedem einzelnen Abschnitt bemüht war, mich so gut wie möglich auszudrücken. Sehr oft stellte sich nachträglich – auch für mich – heraus, daß das, was ich gemacht hatte, verfehlt war, und das stelle ich wieder mit einer gewissen Ruhe fest. Ich halte es für richtig, daß ich mich selbst von meinen früheren Ansichten distanziert habe, die ich jetzt für unrichtig halte. Letzten Endes darf ich doch ruhig sagen, daß ich jederzeit bemüht war, meine Aussagen so gut wie möglich auszudrücken. Wie nun der Wert und die Form der Aussage ist, darüber werde nicht ich entscheiden, das ist nicht meine Sorge. Dafür wird in irgendeiner Form die Geschichte sorgen. Meinerseits kann ich mit diesem Streben zufrieden sein, insofern darf ich sagen, daß ich in dieser Hinsicht ein zufriedener Mensch bin. Und in der kurzen Frist, die mir noch beschieden ist, suche ich gewisse Gedanken noch besser, noch genauer, noch wissenschaftlicher und dem Marxismus noch besser entsprechend auszudrücken."
(„Az egész ember" [Der ganze Mensch]. Gespräch mit Georg Lukács. In: *Szabad Szó* vom 1. 1. 1970.)

Eine der letzten Aufnahmen. (Foto: Demeter Balla)

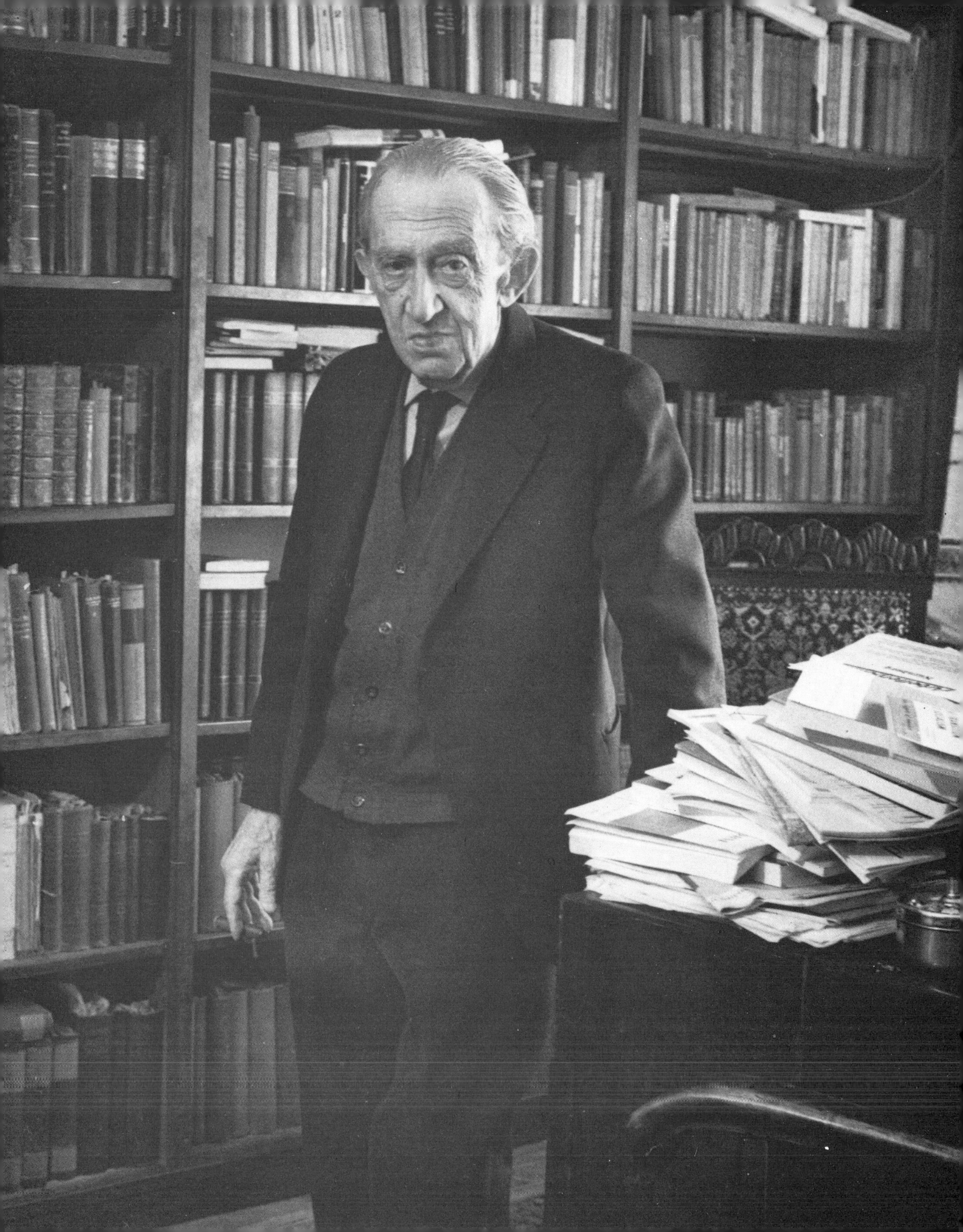

Sein Schreibtisch. (Foto: Demeter Balla)

Das gemeinsame Grab von Georg Lukács und seiner Frau. Georg Lukács starb am 4. Juni 1971. (Foto: Demeter Balla)

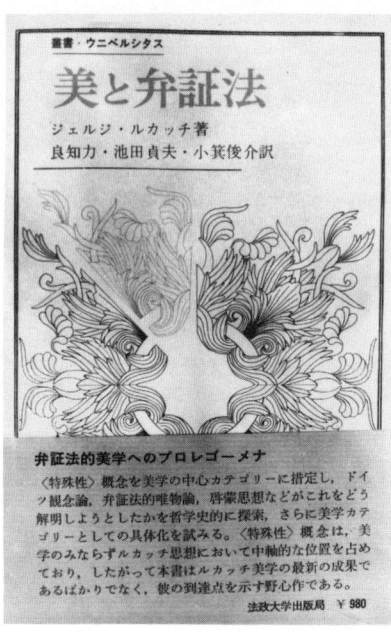

GEORGES LUKACS **LA THÉORIE DU ROMAN** MEDIATIONS	叢書・ウニベルシタス **美と弁証法** ジェルジ・ルカッチ著 良知力・池田貞夫・小箕俊介訳 弁証法的美学へのプロレゴーメナ 〈特殊性〉概念を美学の中心カテゴリーに措定し、ドイツ観念論、弁証法的唯物論、啓蒙思想などがこれをどう解明しようとしたかを哲学史的に探究、さらに美学カテゴリーとしての具体化を試みる。〈特殊性〉概念は、美学のみならずルカッチ思想において中軸的な位置を占めており、したがって本書はルカッチ美学の最新の成果であるばかりでなく、彼の到達点を示す野心作である。 法政大学出版局　¥980	**Georg Lukács** **The Historical Novel** a Peregrine Book
GEORG LUKÁCS ENSAIOS SÔBRE LITERATURA Editôra Civilização Brasileira S.A.	**REALISMO** **CRÍTICO** **HOJE** LUKACS COORDENADA EDITÔRA DE BRASÍLIA	GYLDENDALS UGLEBØGER **GEORG** **LUKÁCS** **Kunst** **og** **kapitalisme** Essays udvalgt af Bente Hansen

Seine Werke in verschiedenen Sprachen der Welt. (LA)